文史哲學集成

張仁青著

駢文學

下冊

文史哲出版社印行

駢文學

張仁青 著

目次

表目錄

第六章　美文淵府——昭明文選

彙選文學作品以爲一書，始於詩經。次則劉向所編定之楚辭。然二書皆局於一體，且詩經向列於經部，已成儒家宣揚敎化之寶典，故言文章之總集皆不及也。其選集歷代文爲一書者，當以晉杜預之善文五十卷爲最先。稍後有李充之翰林論五十四卷，翰林論於纂集之外，復有評隲之言，以明去取之意。再後有摯虞之文章流別集六十二卷，志二卷，論二卷，集者所選之文，志者作家之傳，論者自述論文之意也。又有謝混文章流別本等十種，均見錄於隋書經籍志，然皆亡佚不傳。今尚行於世者，實以蕭統所編之文選爲最早，巍然稱我國現存純文學總集之弁冕。

文選又稱昭明文選，以編者蕭統謚號曰昭明，故予合稱。選錄周秦晉宋齊七代之詩文，凡六十卷，作者一百三十人。不惟古代作家賴其書以傳慧命，學文者亦無不奉之如經典，家絃戶詠，蔚爲時尚，至有『文選爛，秀才半』見陸游老學庵筆記之說，可謂同五經以並壽，亙萬古而常新，其沾溉文苑，衣被詞人，蓋靡有紀極焉。

抑自隋唐以來，文選一書，已成專門之學，所謂『選學』『選體』諸詞，陸續出現於文壇。而『音釋』『箋注『考論』『評點』『續選』之書，併計存佚，當不下二三百種。卽如唐李善之注，引書一千六百八十九種，又舊注二十九種，古籍之亡失者，多賴此注以存佚文，此固非蕭氏之所及料，嚮使無蕭選，古籍佚文恐將無所依附以傳世矣。此則蕭氏之有功於學術界者也。

尤有進者，昭明選文原則，大抵皆偶詞韻語之文，卽間有奇詞無韻之文，亦必奇偶相雜，音節朗暢。易詞言之，凡文之入選者，必當合於『綜緝辭采，錯比文華，事出沉思，義歸翰藻』（蕭統文選序語）之條件，以其與著作之文殊科，爲『綺縠紛披（按以今語言之，卽所謂色彩之美），宮徵靡曼（按卽聲調之美），脣吻遒會（按卽韻律之美），情靈搖蕩（按卽情致之美）』（梁元帝語，見金樓子立言篇）之標準化的純文學也。從是以觀，則駢文一體，實爲文體之正宗矣。矧夫詞林萃海，可以攬色於古秀，濬慧於淵深也哉。

至注釋之傳世者，以唐初李善注爲最著。至開元間，呂延祚復集呂延濟、劉良、張銑、呂向、李周翰五人共爲之注，是爲五臣注。二書長短互見，並行於世。南宋以後，取二書合刻，稱六臣注文選。清孫志祖有文選李注補正，補苴罅漏，厥功甚偉。近人高步瀛有文選李注義疏，最稱詳贍，咸推爲集選學大成之作，惜未刊畢。而駱鴻凱之文選學，則敍其義例，明其源流，蓋爲研習是書標示津梁，導引途轍者，亦極富價值。

一　蕭統之文學思想

蕭梁享國雖淺，而文學理論家輩出，撰述宏富，紛然雜陳，要而歸之，略分三派：一曰守舊派，鍾嶸、裴子野、劉之遴（梁書劉之遴傳：之遴好屬文，多學古體，與河東裴子野、沛國劉顯常共討論書籍，因爲交好。）等屬之。二曰趨新派，蕭綱、蕭子顯、徐陵等屬之。三曰折衷派，劉勰、蕭統、劉孝綽等屬之。折衷云者，謂調和於新舊之間，而不爲已甚。此派以劉勰開其先，蕭統主其盟，劉孝綽等則其羽翼者也。

蕭統字德施，武帝長子，世稱昭明太子。少有文譽，引納才學之士，賞愛無倦。恆自討論篇籍，或與學士商榷古今，間則繼以文章著述，率以爲常。于時東宮有書幾三萬卷，名才並集，文學之盛，晉宋以來，未之有也。著有文集二十卷，又撰古今典誥文言爲正序十卷，五言詩之善者爲文章英華二十卷，文選三十卷。

昭明生値南齊末葉，於時東昏失德，屠戮大行，王公貴族授首闕下者踵相接，昭明雖未能親見，然耳之所聞，已足驚心。逮年事稍長，輒感於福禍無常，哀樂難憑，雖貴爲帝胄，亦莫能外之，於是自然主義思想遂隱然勃發，而時時流露於篇什之中焉。

夫自衒自媒者，士女之醜行，不忮不求者，明達之用心。是以聖人韜光，賢人遁世，其故何也。含德之至，莫踰於道，親己之切，無重於身。故道存而身安，道亡而身害。處百齡之內，居一世之中，倏忽比之白駒，寄寓謂之逆旅，宜乎與大塊而榮枯，隨中和而任放，豈能戚戚勞於憂畏，汲汲役于人間。齊謳趙舞之娛，八珍九鼎之食，結駟連鑣之遊，侈袂執圭之貴，樂則樂矣，憂則隨之。何倚伏之難量，亦慶弔之相及。智者賢人居之，甚履薄冰，愚夫貪士競此，若泄尾閭。玉之在山，以見珍而招破，蘭之生谷，雖無人而猶芳。莊周垂釣於濠，伯成躬耕於野，或貨海東之藥草，或紡江南之落毛。譬彼鴛雛，豈競鳶鴟之肉，猶斯雜縣，寧勞文仲之牲。至如子常甯喜之倫，蘇秦衞鞅之匹，死之而不疑，甘之而不悔。主父偃言：『生不五鼎食，死卽五鼎烹。』卒如其言，亦可痛矣。陶淵明集序

人類生命，旣如駒隙之倏遷，世間利祿，又如腐鼠之無味，惟有極力提高精神生活，庶幾不爲外物所奴役。

性愛山水，於玄圃穿築，更立亭館，與朝士名素者遊其中。嘗泛舟後池，番禺侯軌盛稱『此中宜奏女樂』。太子不答，詠左思招隱詩曰：『何必絲與竹，山水有淸音。』侯慚而止。出宮二十餘年，不畜聲樂。少時，敕賜太樂女妓一部，略非所好。梁書本傳

絲竹女樂，固能滿足耳目一時之欲，事後依然有空虛寂寞之感，猶未若縱情山水之爲得也。

或日因春陽，其物韶麗，樹花發，鶯鳴和，春泉生，暄風至，陶嘉月而嬉游，藉芳草而眺矚。或朱炎受謝，白藏紀時，玉露夕流，金風多扇，悟秋山之心，登高而遠託。或夏條可結，倦於邑而屬詞，多雪千里，覩紛霏而興詠。……不如子晉，而事似洛濱之游，多愧子桓，而興同漳川之賞。漾舟玄圃，必集應阮之儔，徐輪博望，亦招龍淵之侶。校覈仁義，源本山川，旨酒盈罍，嘉肴益俎。曜靈旣隱，繼之以朗月，高春旣夕，申之以淸夜。答湘東王求文集及詩苑英華書

蓋經常投入大自然之懷抱，藉芳草，悟秋心，方能使襟懷日益高潔，人生日益優美，而終則上達於列仙渾然忘我，與天地同遊之理想境界。其對大自然之崇拜，與夫對神仙世界之嚮往，有非常人所能企及者。

昭明太子愛文學士，常與筠及劉孝綽陸倕到洽殷芸等遊宴玄圃，太子獨執筠袖撫孝綽肩而言曰：

『所謂左把浮丘袖，右拍洪崖肩。』梁書王筠傳惟其胸次高曠，才識深美，乃逐漸由對大自然之崇拜轉而對純文學之崇拜，故其文學理論獨能折衷諸家，模範百世也。今試分別言之。

(一)文學進化論

儒家自來有一根深蒂固觀念，即今不如古，古必勝今，故人必稱堯舜，言必尊先王，似後人之智慧、努力無一可取者。不知人文發展，恆循螺旋而轉動，遞革而遞進，此社會之所以繁複而日新也。東漢王充對儒家此種人文退化觀頗有微詞，乃力倡變古爲高之說，期有以恢復人類之自尊，而不盲目崇古。東晉葛洪承其遺意，又進一步提倡今必勝古之說，強調古書多隱難曉之因，在於時移世異，語文變遷，簡牘殘缺，非古人智慧勝於今人也。昭明復推闡葛氏之論，以物質文明印證後世之雕飾不遜於古昔之淳素，尤具卓見。質文既有代變，人事日益繁雜，則文章之富美日新，內容之翻空詭譎，乃進步之徵象。若曰凡百事物均日趨進化，惟獨文章一道反日趨退化，是乃不通之論也。於是高揭文學進化論之大纛，澈底粉碎尚古主義者之迷夢，使文學脫離迂儒之牢籠而趨於純淨，獲得獨立，自由發展。其思想可謂新矣，其立論可謂勇矣。

式觀元始，眇覿玄風，冬穴夏巢之時，茹毛飲血之世，世質民淳，斯文未作。逮乎伏羲氏之王天下也，始畫八卦，造書契，以代結繩之政，由是文籍生焉。易曰：『觀乎天文，以察時變，觀乎人文，以化成天下。』文之時義遠矣哉。

若夫椎輪爲大輅之始，大輅寧有椎輪之質，增冰爲積水所成，積水曾微增冰之凜。何哉，蓋踵其事而增華，變其本而加厲。物既有之，文亦宜然，隨時變改，難可詳悉。（文選序）

言文字肇興，僅具實用價值，其後人文日繁，而載文之工具日便，外內表裏，遂相資而彌盛，由質趨文，由樸趨麗。易詞言之，卽由摛詞淳素變爲麗藻繽紛，由實用價值轉入藝術價值。此則以變動的歷史眼光投射於文學發展之軌跡上，而作點、線、面之綜合觀察，遂成千秋定論。劉勰亦有此種觀念，其文心雕龍通變篇云：

黃唐淳而質，虞夏質而辨，商周麗而雅，楚漢侈而艷，魏晉淺而綺，宋初訛而新。

又贊云：

文律運周，日新其業，變則其久，通則不乏。趨時必果，乘機無怯，望今制奇，參古定法。

或曰，昭明嘗敬禮劉勰（事見梁書，文學傳），文學理論不免受其啓發，其或然歟。

(二)緣情說

一篇美的文章，必有眞情以絡之，此自陸機以後文學批評家之一致看法也。昭明亦云：

詩者，蓋志之所之也，情動於中而形於言。（文選序）

又云：

其文章不羣，辭彩精拔，跌宕昭彰，獨超衆類，抑揚爽朗，莫之與京。橫素波而傍流，干青雲而直上。語時事則指而可想，論懷抱則曠而且眞。（陶淵明集序）

頗能探究文章之本，蓋文藝創作乃所以抒情，必有其情者始克有其文，無其情而勉強爲之，直若無源之水，無根之木，其枯涸可立而待也。昭明又謂惟『綜緝辭采，錯比文華，事出沈思，義歸翰藻』之作，乃得稱爲美文。故文章之美者，除內秉眞誠之情，自然流露以出外，仍須有思想、詞華以佐之。西哲亨德（Theodore W. Hunt）亦云：

文學爲貫徹想像、感情（feelings）、興趣、思想之文字表現，而使一般人易於理解，並引起其興味於無形中者也。（文學原理及問題）

是則感情乃文學之基本動力，中西學者所見，大致相同也。

(三)文學封域論

文學有廣狹二義：擧凡經史子集，以至語錄小說，而具有文學之形式者，皆是文學，此文學之廣義者也。惟巧思內運，詞華外現，而具有藝術美之作品，始可稱爲文學，此文學之狹義者也。昭明論文，取其狹義。

若夫姬公之籍，孔父之書，與日月俱懸，鬼神爭奧，孝敬之准式，人倫之師友，豈可重以芟夷，加之剪截。老莊之作，管孟之流，蓋以立意爲宗，不以能文爲本，今之所撰，又以略諸。若賢人之美辭，忠臣之抗直，謀夫之話，辨士之端，冰釋泉涌，金相玉振。所謂坐狙丘，議稷下，仲連之卻秦軍，食其之下齊國，留侯之發八難，曲逆之吐六奇，蓋乃事美一時，語流千載，概見墳籍，旁出子史。若斯之流，又亦繁博，雖傳之簡牘，而事異篇章，今之所集，亦所不取。至於記事之史，繫年之書，所以褒貶是非，紀別同異，方之篇翰，亦已不同。若其讚論之綜緝辭采，序述之錯比文華，事出於沈思，義歸乎翰藻，故與夫篇什，雜而集之。（文選序）

此則以純藝術性之觀點，嚴定文學之封域。蓋自建安以前，文學寄居儒家之籬下，固無獨立可言。建安以後，雖已逐漸蔚爲大國，而世人觀念，多取廣義，內涵無所不包，實屬大而無當。昭明有鑒於此，以爲非嚴定其封域，不足以順應洶湧而至之唯美思潮，亦卽非嚴律其繩尺，不足以饜當世重文相感之心。其封域爲何，卽作品須具備『綜緝辭采，錯比文華，事出沈思，義歸翰藻』諸條件者，始可稱之爲文學。（按此雖昭明選史特例，實則全書之通例也。）故經子史應屏除於文學範疇之外，以其不合於上述條件也。（惟史傳中之讚論序述除外）蓋周孔之經，所以明道，老莊百家，重在立意，馬班諸史，偏於記事，皆利用文字作表達工具，故此等文字，祇能視爲經史百家之文，而非文人之文。文人之文，以文爲主，匠心默運，機抒別出，專意經營，並無外在之束縛，卽今人所謂純粹爲文學而文學者也。阮元闡述其說云：

昭明所選，名之曰文，蓋必文而後選也，非文則不選也。經也，子也，史也，皆不可專名之爲文也。故昭明文選序後三段特明其不選之故，必沈思翰藻，始名之爲文，始以入選也。或曰：昭明必以沈思翰藻爲文，於古有徵乎。曰：事當求其始。凡以言語著之簡策，不必以文爲本者，皆經也，史也，子也。言必有文，專名之曰文者，自孔子易文言始。傳曰：『言之無文，行之不遠』，故古人言貴有文。孔子文言實爲萬世文章之祖，此篇奇偶相生，音韻相和，如青白之成文，如咸韶之合節，非清言質說者比也，非振筆縱書者比也，非佶屈澀語者比也。是故昭明以爲經也，史也，子也，非可專名之爲文也，專名爲文，必沈思翰藻而後可也。自唐宋韓蘇諸大家以奇偶相生之文爲八代之衰而矯之，於是昭明所不選者，反皆爲諸家所取。故其所著者非經卽子，非子卽史，求其合於昭明序所謂文者鮮矣，合於班孟堅兩都賦序所謂文章者更鮮矣。其不合之處，蓋分於奇偶之間。經子史多奇而少偶，故唐宋八家不尚偶。文選多偶而少奇，故昭明不尚奇。如必以比偶非文之古者而卑之，則孔子自名其言曰文者，一篇之中偶句凡四十有八，韻語凡三十有五，豈可以爲非文之正體而卑之乎。（書梁昭明太子文選序後〇見文筆考）

章太炎先生駁之曰：

昭明太子序文選也，其於史籍則云不同篇翰，其於諸子則云不以能文爲貴。此爲裒次總集，自成一家，體例適然，非不易之定論也。抱朴子百家篇曰：『狹見之徒，區區執一，惑詩賦瑣碎之文，而忽子論深美之言，眞僞顚倒，玉石混殽，同廣樂於桑間，均龍章於素質。』斯可以箴矣。且沈思孰若莊周荀卿，翰藻孰若呂氏淮南，總集不摭九流之篇，格於科律，固不應爲之詞。誠以文筆區分，文選所集，無韻者猥衆，豈獨諸子。若云文貴其彣耶，未知賈生過秦，魏文典論，同在諸子，何以獨堪入錄。有韻文中既錄漢祖大風之曲，卽古詩十九首亦皆入選，而漢晉樂府反有慭遺。是其於韻文也，亦不以節奏低卬爲主，獨取文采斐然，足耀觀覽，又失韻文之本矣。是故昭明之說，本無以自立者也。（文學總略○見國故論衡）

按二說各有精義，蓋仁智所見，不能盡同也。今不暇多辯，但舉史記漢書之公孫弘等傳贊以備商略：

史記平津侯主父偃傳贊：

太史公曰：公孫弘行義雖脩，然亦遇時。漢興八十餘年矣，上方鄉文學，招俊乂，以廣儒墨，弘爲擧首。主父偃當路，諸公皆譽之，及名敗身誅，士爭言其惡。悲夫。

漢書公孫弘等傳贊：

贊曰：公孫弘、卜式、兒寬皆以鴻漸之翼困於燕爵，遠迹羊豕之間，非遇其時，焉能致此位乎。是時，漢興六十餘載，海內艾安，府庫充實，而四夷未賓，制度多闕。上方欲用文武，求之如弗及，始以蒲輪迎枚生，見主父而歎息。羣士慕嚮，異人並出。卜式拔於芻牧，弘羊擢於賈豎，衞青奮於奴僕，日磾出於降虜，斯亦曩時版築飯牛之朋已。漢之得人，於玆爲盛，儒雅則公孫弘、董仲舒、兒寬，篤行則石建、石慶，質直則汲黯、卜式，推賢則韓安國、鄭當時，定令則趙禹、張湯，文章則司馬遷、相如，滑稽則東方朔、枚皋，應對則嚴助、朱買臣，曆數則唐都、洛下閎，協律則李延年，運籌則桑弘羊，奉使則張騫、蘇武，將率則衛青、霍去病，受遺則霍光、金日磾，其餘不可勝紀。是以興造功業，制度遺文，後世莫及。孝宣承統，纂修洪業，亦講論六藝，招選茂異，而蕭望之、梁丘賀、夏侯勝、韋玄成、嚴彭祖、尹更始以儒術進，劉向、王褒以文章顯，將相則張安世、趙充國、魏相、丙吉、于定國、杜延年，治民則黃霸、王成、龔遂、鄭弘、召信臣、韓延壽、尹翁歸、趙廣漢、嚴延年、張敞之屬，皆有功迹見述於世。參其名臣，亦其次也。

前者略無藻采，昭明屏於美術文學之外，後者詞華爛然，故選之。許文雨文論講疏云：『案文辭加綜緝錯比之功者，卽劉勰所謂麗辭。謂事出沈思，則非振筆縱書，義歸翰藻，則非淸言質說。』所謂『辭采』『文華』『麗辭』『翰藻』，均屬美術文學之條件，亦卽文字經過美學（Aesthetics）之處理者也。所謂『沈思』，卽創作文藝之想像力，想像力豐富之作品，始可言美，始可言美術價值。昭明選文宗旨固不外乎是，其中心思想亦不外乎是。其價值在此，而後人爭議之焦點亦在此。

(四)文質和諧論

昭明既大力提倡美術文學，並精選周秦以來一千餘年之美文，以沾益後生。惟美之極致，或流於淫靡（如宮體詩是），或將專重外形（如後人所謂『選派』），皆非其所以選文之初衷，故又發爲文質和諧之論。

夫文典則累野，麗則傷浮，能麗而不浮，典而不野，文質彬彬，有君子之致。吾嘗欲爲之，但恨未逮耳。（答湘東王求文集及詩苑英華書）

意謂摛辭華麗並非文章之病，惟華而有實，麗不傷浮，始臻佳妙。易言之，必形式與內容調劑得中，始能臻於文質彬彬之最高境界。觀其文學理想，蓋以美妙人生爲內涵，卓越藝術爲外形者也。

（五）文德論

昭明論文，既主文質相劑，故過與不及，均非所宜。而專以描寫肉慾爲能事之色情文學，尤嚴拒於千里之外。

關雎麟趾，正始之道著，桑閒濮上，亡國之音表。（文選序）

所作陶淵明集序，於陶公爲人，深致傾慕，於陶公文章，亦推崇備至，獨於其閑情一賦，頗有微辭。

余愛嗜其文，不能釋手，尚想其德，恨不同時，故加搜校，粗爲區目。白璧微瑕，惟在閑情一賦，揚雄所謂勸百而諷一者，卒無諷諫，何足搖其筆端，惜哉無是可也。

按昭明所謂白璧微瑕，蓋指其中間一段描寫情愛部分，玆全錄之：

閑情賦 并序

陶潛

初張衡作定情賦，蔡邕作靜情賦，檢逸辭而宗澹泊，始則蕩以思慮，而終歸閑正，將以抑流宕之邪心，諒有助於諷諫。綴文之士，奕代繼作，並因觸類，廣其辭義。余園閭多暇，復染翰爲之，雖文妙不足，庶不謬作者之意乎。（按以上序文）

夫何瓌逸之令姿，獨曠世以秀羣。表傾城之艷色，期有德於傳聞。佩鳴玉以比潔，齊幽蘭而爭芬。淡柔情於俗內，負雅志於高雲。悲晨曦之易夕，感人生之長勤。同一盡於百年，何歡寡而愁殷。褰朱幃而正坐，汎清瑟以自欣。送纖指之餘好，攘皓袖之繽紛。瞬美目以流盼，含言笑而不分。

曲調將半，景落西軒。悲商叩林，白雲依山。仰睇天路，俯促鳴絃。神儀嫵媚，擧止詳妍。激清音以感余，願接膝以交言。欲自往以結誓，懼冒禮之爲愆。待鳳鳥以致辭，恐他人之我先。意惶惑而靡寧，鬼須臾而九遷。

願在衣而爲領，承華首之餘芳，悲羅襟之宵離，怨秋夜之未央。

願在裳而爲帶，束窈窕之纖身，嗟溫涼之異氣，或脫故而服新。

願在髮而爲澤，刷玄鬢於頹肩，悲佳人之屢沐，從白水以枯煎。

願在眉而爲黛，隨瞻視以閑揚，悲脂粉之尚鮮，或取毀於華妝。

願在莞而爲席，安弱體於三秋，悲文茵之代御，方經年而見求。
願在絲而爲履，附素足以周旋，悲行止之有節，空委棄於牀前。
願在晝而爲影，常依形而西東，悲高樹之多蔭，慨有時而不同。
願在夜而爲燭，照玉容於兩楹，悲扶桑之舒光，奄滅景而藏明。
願在竹而爲扇，含淒飈於柔握，悲白露之晨零，顧襟袖以緬邈。
願在木而爲桐，作膝上之鳴琴，悲樂極以哀來，終推我而輟音。

考所願而必違，徒契契以苦心。擁勞情而罔訴，步容與於南林。栖木蘭之遺露，翳青松之餘陰。儻行行之有覿，交欣懼於中襟。竟寂寞而無見，獨悁想以空尋。

斂輕裾以復路，瞻夕陽而流歎。步徙倚以忘趣，色慘悽而矜顏。葉燮燮以去條，氣淒淒而就寒。日負影以偕沒，月媚景於雲端。鳥悽聲以孤歸，獸索偶而不還。悼當年之晚暮，恨茲歲之欲殫。思宵夢以從之，神飄颻而不安。若憑舟之失櫂，譬緣崖而無攀。

於時畢昴盈軒，北風淒淒。恫恫不寐，衆念徘徊。起攝帶以伺晨，繁霜粲於素階。雞斂翅而未鳴，笛流遠以清哀。始妙密以閑和，終寥亮而藏摧。意夫人之在茲，託行雲以送懷。

行雲逝而無語，時冉冉而就過。徒勤思以自悲，終阻山而帶河。迎清風以祛累，寄弱志於歸波。尤蔓草之爲會，誦邵南之餘歌。坦萬慮以存誠，憩遙情於八遐。

此篇描繪美人之高潔，陳訴戀情之深功，好色而不淫，怨悱而不亂，乃離騷後難得一見之創格。其撰作緣由，現雖無從探究，但觀其寄託遙深，情意宛轉，則可斷為一篇象徵主義（Symbolism）之作品，未可以等閒兒女之情目之也。昭明乃承襲自漢尊毛詩為經典以後文章與道德混為一談之觀念，以為此篇足損陶公高致，或亦春秋責備賢者之意乎。惟蘇軾則深不以為然，其題文選云：

> 淵明作閑情賦，所謂『國風好色而不淫』者，正使不及周南，與屈宋所陳何異，而統大譏之，此乃小兒強作解事者。（東坡題跋）

迴護陶公，可謂不遺餘力。韓淲（宋人）駁之云：

> 東坡謂梁昭明不取淵明閑情賦，以為小兒強解事。閑情一賦雖可以見淵明所寓，然昭明不取亦未足以損淵明之高致。東坡以昭明為強解事，予以東坡為強生事。（澗泉日記）

除指斥蘇氏外，於陶公昭明均未作左右袒，甚具卓識。明清二代，爭訟益繁，歸納其說，要不出正反折衷三派，茲遴載一二，以為談辯之助焉。

【一】贊同昭明者

㈠明郭子章豫章詩話：

> 陶彭澤閑情賦，蕭昭明云：『白璧微瑕，惟閑情一賦。』東坡曰：『淵明作閑情賦，所謂「國風好色而不淫」，正使不及周南，與屈宋所陳何異，而統大譏之，此乃小兒強作解事者。』昭明責備之意，望陶以聖賢，而東坡止以屈宋望陶，屈猶可言，宋則非陶所願學者。東坡一生不喜文選，故不喜昭明。

㈡明楊愼升庵詩話：

陶淵明閑情賦『瞬美目以流盼，含言笑而不分』，曲盡麗情，深入冶態。裴硎傳奇、元氏會眞，又瞠乎其後矣。所謂詞人之賦麗以淫也。

㈢清方東樹續昭昧詹言：

昔人謂正人不宜作艷詩，此說甚正，賀裳駮之非也。如淵明閑情賦，可以不作。後世循之，直是輕薄淫褻，最誤子弟。

㈣清劉光第詩擬議：

有狐詩之子無裳、無服、無帶，情思繚繞，往復迫切，與陶淵明閑情賦中九願字云云，正復不異。陶賦自序云：『始則蕩以思慮，而終歸閑正。』此詩則蕩而不能自持矣。

㈤清邱煒萲五百石洞天揮麈：

『閑情作賦太無聊，有好何須九願饒。我願將身化長帶，一生牢繫美人腰。』舊曾於友人案頭見是詩，署曰書靖節閑情賦後。

【二】贊同陶公者

㈠明何孟春註陶靖節集：

賦情始楚宋玉、漢司馬相如，而平子伯喈繼之爲定靜之辭。而魏則陳琳阮瑀作止欲賦，王粲作閑邪賦，應瑒作正情賦，曹植作靜思賦，晉張華作永懷賦，此靖節所謂奕世繼作，並固觸類，廣其辭義者也。

㈡明張自烈輯箋註陶淵明集：

按昭明序云：『白璧微瑕，惟在閑情一賦。』愚謂昭明識見淺陋，終未窺淵明萬一。盲者得鏡，用以蓋卮，固不足怪。

此賦託寄深遠，合淵明首尾詩文思之，自得其旨。如東坡所云，尚未脫梁昭明窠臼。或云此賦爲晚懷故主作，或又云續之輩雖居廬山，每從州將游，淵明思同調之人而不可得，故託此以送懷。如東坡所云與屈宋何異，又安見非小兒強作解事者，索解人不易得如此。觀淵明序云：『諒有助於諷諫』，『庶不謬作者之意』，此二語頗示己志。覽者妄爲揣度，遺其初旨，眞可悼歎。

㈢清毛先舒詩辯坻總論：

世目情語爲傷雅，動矜高蒼，此殆非眞曉者。若閑情一賦，見擯昭明，『十五王昌』，取呵北海。聲響之徒借爲辭柄，總是未徹風騷源委耳。

㈣清邱嘉穗東山草堂陶詩箋：

閑者防閑之義，與閒字不同。其賦中『願在衣而爲領』十段，正脫胎同聲歌中『莞蕈衾幬』等語意。而吳兢樂府題解所謂『喻當時七君子事君之心』，是也。詩曰：『云誰之思，西方美人。』朱子謂『託言以指西周之盛王』，如離騷『怨美人之遲暮』，亦以美人目其君也。此賦正用此體。昭明太子指爲白璧微瑕，固爲不知公者，卽東坡以爲國風好色而不好淫，亦不知其比託之深遠也。

㊄清孫人龍纂輯陶公詩評註初學讀本：

古以美人比君子，公亦猶此旨耳。昭明以『白璧微瑕』議此賦，似可不必。意本風騷，自極高雅，所謂發乎情，止乎禮義者，非歟。逐層生發，情致纏綿，終歸閑正，何云卒無諷諫耶。

㊅清陳沆詩比興箋：

閑情賦，淵明之擬騷。從來擬騷之作，見於楚詞集注者，無非靈均之重儓，獨淵明此賦，比興雖同，而無一語之似，眞得擬古之神。東坡云：『晉無文，惟淵明歸去來辭一篇而已。』予亦曰：晉無文，惟淵明閑情一賦而已。乃昭明謂爲白璧之瑕，不但與所選宋玉諸賦自相剌謬，且以閑情爲好色，則離騷美人香草，湘靈二姚，鴆鳥爲媒，亦將斥爲綺詞乎，國風關雎亦當刪汰乎。固哉昭明之爲詩，宜東坡一生不喜文選也。

㊆清劉光蕡陶淵明閑情賦註：

此篇乃淵明悟道之言，較歸去來辭、桃花源記、五柳先生傳尤精粹。昭明取五柳先生傳，訾此爲瑕，何也。讀書不可泥於句下，所謂詩無達詁是也。苟執詞以求之，十五國風之詞，可存者僅矣。太史公謂『國風好色而不淫』，以曰離騷，淵明此篇亦卽其意。身處亂世，甘於貧賤，宗國之覆，既不忍見，而又無如之何，故託爲閑情。其所賦之詞，以爲學人之求道也可，以爲忠臣之戀主也可，卽以爲自悲身世以思聖帝明王也亦無不可。

⑻民國陳衍石遺室論文：

其序陶淵明集，指其閑情一賦，以為白璧微瑕，乃於高唐、神女、好色、洛神諸賦，則無不選入，此何說哉。且題曰閑情，乃言防閑情之所至也，何所用其疵點乎。後世選家不選，殆自謂所選皆有關人心世道之文，合於立德立功之旨。乃歸有光寒花葬誌，自寫與妻婢調笑情狀，頗不莊雅，而姚惜抱選入古文辭類纂，曾滌生選入經史百家雜鈔，謂之何哉。

【三】不為左右袒者

清吳觀文批校陶淵明集陶淵明集序批語：

至於淵明閑情一賦，其自序曰：『雖文妙不足，庶不謬作者之意。』所謂作者之意，即上張蔡兩賦，所謂『檢逸辭而宗澹泊，始則蕩以思慮，而終歸閑正。將以抑流宕之邪心，諒有助於諷諫』云爾也。予細玩其賦，如『願在衣而為領』等語，何等流宕，而終結之曰：『尤蔓草之為會，誦邵南之餘歌。坦萬慮以存誠，憩遙情於八遐。』則終歸閑正矣。作者之意若曰：吾如是之蕩以思慮，而終無益也，則不如『坦萬慮以存誠』而已，此豈非有助于諷諫乎。而昭明乃謂其卒無諷諫，其論亦已過矣。雖然，昭明之論閑情賦則為過當，而其言『卒無諷諫，何必搖其筆端』二語，要自為作文之正論也。予觀後世之學義山詩者，徒習其浮靡流宕之詞，而失其旨，不能終歸閑正。予嘗謂孔子若作，則此等詩皆當入刪詩之例，惟其謬於作者之意也，使得聞卒無諷諫二語，當亦廢然返矣。然則昭明之論豈可以其過當而盡非之哉。

(六)文體論

文體莫備於梁朝，亦莫嚴於梁朝。昭明選文，獨具隻眼，七代文體，甄錄略盡，凡分體三十有八，持較文心，名目雖小有出入，大體則適相符合。茲造表比較之，以明其異同。

(二)文選與文心雕龍文體分類異同表

文選	文心
①賦	賦
②詩	詩・樂府
③騷	（騷）
④七	雜文
⑤詔	詔策
⑥册	詔策
⑦令	詔策
⑧教	詔策
⑨文	詔策
⑩表	章表
⑪上書	奏啓
⑫啓	奏啓
⑬彈事	奏啓
⑭牋	書記
⑮奏記	奏啓
⑯書	書記
⑰移	檄移
⑱檄	檄移
⑲對問	雜文
⑳設論	雜文
㉑辭	（騷）
㉒序	論說
㉓頌	頌讚
㉔贊	頌讚
㉕符命	封禪
㉖史論	論說
㉗史述贊	頌讚
㉘論	論說
㉙連珠	雜文
㉚箴	銘箴
㉛銘	銘箴
㉜誄	誄碑
㉝哀	哀弔
㉞碑文	誄碑
㉟墓誌	誄碑
㊱行狀	○
㊲弔文	哀弔
㊳祭文	哀弔
○	史傳
○	諸子
○	諧隱
○	議對

觀此表知文心所有文選所無者凡四：一曰史傳，二曰諸子，三曰諧隱，四曰議對。此四體者，皆非沈思翰藻之作，不符昭明之選文宗旨，故予以排除。此外，賦又分爲十五子目，詩又分爲二十三子目，亦皆他書所無者。此則昭明區分文體之特色，蓋集衆家之大成者也。按文選成於衆手，可能參與編纂者，有劉孝綽、王筠、殷芸、到洽、徐勉、到沆、張率、王規、殷鈞、王錫、張緬、張纘、陸襄、何思澄、劉苞、謝舉、劉杳等（據南史梁書各本傳所作之推測），均屬一時之選，昭明必與之商酌再三，相互辯難，思之至慎，計之至熟，然後出之。其非師心自用，貿然決定，可以斷言。至其分類所以如此細密者，實以梁初文風特盛，作者蔚起，文體日益繁夥，內容日益複雜，非有精密之畫分，不足以應時代之需要，事實具在，無待喋喋矣。

惟後世不嫌意此種分類法者甚多，蘇軾恨其『編次無法，去取失當。』（題文選）姚鼐譏爲『分體碎雜，立名可笑。』（古文辭類纂序目）蓋責其乖離瑣細，不能執簡馭繁也。孫德謙亦云：

> 六朝以前，文章無有選本，昭明文選，固後世選家之所宗也。惟選文當以體裁爲主，昭明之選，其例誠善，宜爲姚鉉而下，遞相師祖。但每類之中，所用子目，如賦之曰志、曰情，不免爲細已甚。卽賦爲六義附庸，今先賦後詩，識者譏之，是也。（六朝麗指）

以先賦後詩，不明本源責之，固極有見。然賦在兩漢，已以附庸蔚爲大國，至梁代更與五言詩、駢體文並稱文藝界之三大主流。故孰先孰後，實無關宏旨，不必深究。姚永樸則云：

> 欲學文章，必先辨門類，門者其綱也，類者其目也。總集古以文選爲美備，故王厚齋困學紀聞云：『李善精於文選，爲注解，因以講授，謂之文選學。』少陵有詩云：『續兒誦文選。』又訓其子云：

『熟精文選理。』蓋選學自成家。陸放翁老學庵筆記亦云：『宋初此書盛行，士爲之語曰，文選爛，秀才半。』然其中錄文既繁，分類復瑣。蘇子瞻題之云：『恨其編次無法，去取失當。』亦不可謂盡誣。蓋文有名異而實同者，此種只當括而歸之一類中，如『騷』『七』『難』『對問』『設論』『辭』之類，皆詞賦也。『表』『上書』『彈事』，皆奏議也。『箋』『啓』『奏記』『書』，皆書牘也。『詔』『册』『令』『敎』『檄』『移』，皆詔令也。『序』及諸史論贊，皆序跋也。『頌』『贊』『符命』，同出褒揚。『誄』『哀』『祭』『弔』，並歸傷悼。此等昭明皆一一分之，徒亂學者之耳目。（文學研究法門類）

更具體指出其分類缺失所在。以上皆文學家之觀點，或因立場不同（如二姚皆桐城派鉅子），持論遂異。今特迻錄史學家章學誠之評論，以資參較。

賦先於詩，騷別於賦。賦有問答發端，誤爲賦序，前人之議文選，猶其顯然者也。若夫封禪美新典引，皆頌也。稱符命以頌功德，而別類其體爲符命，則王子淵以聖主得賢臣而頌嘉會，亦當別類其體爲主臣矣。班固次韻，乃漢書之自序也。其云述高帝紀第一，述陳項傳第一者，所以自序撰書之本意，史遷有作於先，故已退居於述爾。今於史論之外，別出一體爲史述贊，則遷書自序，所謂作五帝紀第一，作伯夷傳第一者，又當別出一體爲史作贊矣。漢武詔策賢良，卽策問也，今以出於帝制，遂於策問之外，別名曰詔，然則制策之對，當離諸策而別名爲表矣。賈誼過秦，蓋賈子之篇目也。因陸機辨亡之論，規仿過秦，遂援左思『著論準過秦』之說，而標體爲論矣。魏文典論，蓋猶桓子新論、王充論衡之以論名書耳，論文，其篇目也，今與六代辨亡諸篇同次於論。然則昭明自序所謂老莊之作，管孟之流，立意爲宗，不以能文爲本，其例不收諸子篇次者，豈以有取斯文，即可裁篇題論，而改子爲集乎。七林之文，皆設問也。今以枚生發問有七，而遂標爲七，則九歌九章九辯，亦可標爲九乎。難蜀父老亦設問也，今以篇題爲難，而別爲難體，則客難當與同編，而解嘲當別爲嘲體，賓戲當別爲戲體矣。文選者，辭章之圭臬，集部之準繩，而淆亂蕪穢，不可殫詰。（文史通義詩教篇）

嚴詞抨擊，無稍寬假，幾令瓣香文選者無從置喙。雖然，文體分類之難有三：一曰素材不全，二曰標準不定，三曰抉別不精。自古至今，尚無一部令人滿意之選本，其故在此。夫前修未密，後出轉精，乃學術進步之必然現象，若文選導總集之先河，先哲嘔心瀝血之作，復賴此而存，則分類偶有瑕疵，亦未足深怪也，況其識見且在前代諸家之上乎。

二　蕭統選文得失平議

前已約略言之，總集之興，源自詩書，詩三百篇，周詩之總集也，書百篇，周以前文之總集也。然此二書，漢儒均列之於經，固不可以純文學目之。劉歆雖有七略之著，文章之集，似粗具條理，惟彼旨在校讎，初非爲文體之彙類也。逮建安以後，詞藝勃興，衆家之集，日以滋廣，於是纂總集者紛起。若杜預之善文，摯虞之文章流別集，謝混之文章流別本，孔寧之續文章流別，劉義慶之集林，孔逭之文苑，沈約之集鈔，其他散見於隋唐志著者，不可勝數。多者或一二百卷，少者亦十餘卷，惜諸書並亡，莫得其詳，故自宋以來，目錄學家遂以文選爲總集之冠。其是非得失，亦有可得而言者。

(一)蕭統選文標準

文選乃流傳至今最古之純文學總集，其價值之高，自無待言。四庫提要總集類序云：

文籍日興，散無統紀，於是總集作焉。一則網羅放佚，使零章殘什，並有所歸。一則刪汰繁蕪，使莠稗咸除，菁華畢出。是固文章之衡鑑，著作之淵藪矣。

此兩種作用，文選當之，可以無愧。綜覽全書，其甄錄標準，歸納之蓋有四焉。

(一)不錄經子史　昭明編纂文選，旨在提倡純文學，經子史書非不可貴，然其性質與純文學相去甚遠，故一概不錄。（惟史傳中之讚論序述例外）

(二)專錄沈思翰藻之作　昭明編纂文選，非以提倡純文學爲已足，其最後目標，則在維護美術文學。沈思翰藻乃美術文學之首要條件，凡合於此一條件者，悉加甄錄。

(三)不錄生存　文選一書，牢籠七代，凡得百三十餘家，惟時人之作，概不錄入，此昭明之創例也。晁公武郡齋讀書志云：『竇常謂統著文選，以何遜在世，不錄其文。蓋其人既往，而後其文克定，故所錄皆前人作也。』蓋時人之作，一以未經論定，二爲避恩怨之嫌，實不宜妄加褒貶。劉勰鍾嶸詳論才士，皆闕當代，亦屬此意。

（四）詳近略遠　文選所選之文，上起成周，下終梁世，凡更七代，其中以魏晉宋齊梁爲多，兩漢稍略，嬴秦更略，周則卜商詩序屈原離騷而外，無他策焉。孫德謙六朝麗指云：

至其自序，以明經史諸子不入選輯，或謂昭明所選，乃是必文而後選，誠哉是言。吾謂登選之文，雖甄錄楚詞與子夏詩序，上起成周，其實偏重六朝，何以知之，試觀令載任彥昇宣德皇后令一首，敎載傅季友爲宋公修張良廟敎、修楚元王廟敎二首，策秀才文則祇有王元長與彥昇兩家，以及啓類、彈事類、墓誌、行狀、祭文諸類，彥昇爲多，其餘卽沈約顏延之謝惠連王僧達數人之文，豈非以六朝爲主乎。不然，自啓以下，古人詎無作此體者。近世之論駢文，有所謂選體，蓋亦詔人以學六朝乎。

蓋昭明選文，以沈思翰藻爲主，周秦兩漢之文，大都經子史，略無辭華之美，故所錄甚少。宋齊之世，唯美文學大盛，故所錄特多。何屺瞻讀書記亦云：

此書於嬴劉二代，聊示椎輪，當求諸史集。建安以降，大同以前，衆論之所推服，時士之所鑽仰，蓋無遺憾焉。

其甄錄原則，詳近略遠，蓋可知已。

（二）文選入選之作家及其作品

甄錄之標準既明，乃可進言入選之作家及其作品。文選所錄作者凡一百三十人，計周四人，秦一人，西漢十八人，東漢二十一人，魏十二人，蜀一人，吳一人，西晉三十一人，東晉十四人，宋十二人，齊五人，梁十人。茲將此一百三十家作者及其作品，表列如次，以備考覽。

㊂文選作者及其作品一覽表

（此表據駱鴻凱文選學而又粗加補充改正者）

朝代	作者姓名	字號	作品篇名
周	卜商	子夏	①毛詩序
	屈原	靈均	①離騷經 ②九歌六首 ③九章一首 ④卜居 ⑤漁父
	宋玉		①風賦 ②高唐賦 ③神女賦 ④登徒子好色賦 ⑤九辯五首 ⑥招魂 ⑦對楚王問
	荊軻		①歌一首
秦	李斯		①上秦始皇書
西漢	劉邦		①歌一首

劉徹		①詔一首 ②賢良詔 ③秋風辭
賈誼		①服鳥賦 ②過秦論 ③弔屈原文
劉安	淮南小山	①招隱士
韋孟		①諷諫詩
枚乘	叔	①七發八首 ②上書諫吳王濞 ③重諫吳王
鄒陽		①上書吳王 ②獄中上書自明
司馬相如	長卿	①子虛賦 ②上林賦 ③長門賦 ④上疏諫獵 ⑤喻巴蜀檄 ⑥難蜀父老 ⑦封禪文
東方朔	曼倩	①答客難 ②非有先生論
司馬遷	子長	①報任少卿書
李陵	少卿	①與蘇武詩三首 ②答蘇武書
蘇武	子卿	①詩四首

	孔安國	子國	①尚書序
	楊惲	子幼	①報孫會宗書
	王褒	子淵	①洞簫賦 ②聖主得賢臣頌 ③四子講德論
	揚雄	子雲	①甘泉賦 ②羽獵賦 ③長楊賦 ④解嘲 ⑤趙充國頌 ⑥劇秦美新
	劉歆	子駿	①移書讓太常博士
	班姬		①怨歌行
東漢	班彪	叔皮	①北征賦 ②王命論
	朱浮	叔元	①與彭寵書
	班固	孟堅	①兩都賦 ②幽通賦 ③答賓戲 ④典引 ⑤漢書公孫弘傳贊 ⑥漢書述高祖紀贊 ⑦漢書述成紀贊 ⑧漢書述韓彭英盧吳傳贊 ⑨封燕然山銘
	傅毅	武仲	①舞賦

張　衡	平子	①西京賦 ②東京賦 ③南都賦 ④思玄賦 ⑤歸田賦 ⑥四愁詩四首
崔　瑗	子玉	①座右銘
馬　融	季長	①長笛賦
史　岑	孝山	①出師頌
王延壽	文考	①魯靈光殿賦
蔡　邕	伯喈	①郭林宗碑文 ②陳仲弓碑文
孔　融	文擧	①薦禰衡表 ②與曹公論盛孝章書
禰　衡	正平	①鸚鵡賦
潘　勗	元茂	①魏王九錫文
阮　瑀	元瑜	①爲曹公作書與孫權
劉　楨	公幹	①公讌詩 ②贈五官中郎將四首 ③贈徐幹 ④贈從弟三首 ⑤雜詩
陳　琳	孔璋	①答東阿王牋 ②爲曹洪與魏文帝書 ③爲袁紹檄豫州 ④爲曹公檄吳將校部曲文

時代	作者	字	作品
	應瑒	德璉	①侍五官中郎將建章臺集詩
	楊修	德祖	①答臨淄侯牋
	王粲	仲宣	①登樓賦 ②公讌詩 ③詠史詩 ④七哀詩二首 ⑤贈蔡子篤詩 ⑥贈士孫文始詩 ⑦贈文叔良詩 ⑧從軍行五首 ⑨雜詩
	繁欽	休伯	①與魏文帝牋
	班昭	惠姬	①東征賦
古詞	佚名		①古樂府三首 ②古詩十九首
魏	曹操	孟德	①短歌行 ②苦寒行
	曹丕	子桓	①芙蓉池作 ②樂府二首 ③雜詩二首 ④與朝歌令吳質書 ⑤與吳質書 ⑥與鍾大理書 ⑦典論論文
	曹植	子建	①洛神賦 ②上責躬詩 ③應詔詩 ④公讌詩 ⑤送應氏詩二首 ⑥三良詩 ⑦七哀詩 ⑧贈徐幹 ⑨贈丁儀 ⑩贈王粲 ⑪又贈丁儀王粲 ⑫贈白馬王彪

		⑬贈丁翼 ⑭樂府四首 ⑮朔風詩 ⑯雜詩六首 ⑰情詩 ⑱七啓八首 ⑲求自試表 ⑳求通親親表 ㉑與楊德祖書 ㉒與吳季重書 ㉓王仲宣誄
吳質	季重	①答魏太子牋 ②在元城與魏太子牋 ③答東阿王書
繆襲	熙伯	①挽歌
應璩	休璉	①百一詩 ②與滿公琰書 ③與侍郎曹長思書 ④與廣川長岑文瑜書 ⑤與從弟君苗君胄書
李康	蕭遠	①運命論
曹冏	元首	①六代論
何晏	平叔	①景福殿賦
嵇康	叔夜	①琴賦 ②幽憤詩 ③贈秀才入軍五首 ④雜詩 ⑤與山巨源絕交書 ⑥養生論
阮籍	嗣宗	①詠懷詩十七首 ②爲鄭沖勸晉王牋 ③奏記詣蔣公
鍾會	士季	①檄蜀文

蜀	諸葛亮	孔明	①出師表
吳	韋昭	弘嗣	①博弈論
西晉	應貞	吉甫	①晉武帝華林園集詩
	傅玄	休奕	①雜詩
	羊祜	叔子	①讓開府表
	皇甫謐	士安	①三都賦序
	趙至	景眞	①與嵇茂齊書
	杜預	元凱	①春秋經傳集解序
	棗據	道彥	①雜詩
	成公綏	子安	①嘯賦
	向秀	子期	①思舊賦
	劉伶	伯倫	①酒德頌
	夏侯湛	孝若	①東方朔畫像贊
	傅咸	長虞	①贈何劭王濟

孫楚	子荊	①征西官屬送於陟陽侯作詩 ②爲石仲容與孫皓書
張華	茂先	①鷦鷯賦 ②勵志詩 ③答何劭二首 ④雜詩 ⑤情詩二首 ⑥女史箴
潘岳	安仁	①藉田賦 ②射雉賦 ③西征賦 ④秋興賦 ⑤閒居賦 ⑥懷舊賦 ⑦寡婦賦 ⑧笙賦 ⑨關中詩 ⑩金谷集作詩 ⑪悼亡詩三首 ⑫爲賈謐作贈陸機 ⑬河陽縣作 ⑭在懷縣作二首 ⑮楊荊州誄 ⑯楊仲武誄 ⑰夏侯常侍誄 ⑱馬汧督誄 ⑲哀永逝文
何劭	敬祖	①游仙詩 ②贈張華 ③雜詩
石崇	季倫	①王明君辭 ②思歸引序
張載	孟陽	①七哀詩二首 ②擬四愁詩 ③劍閣銘
陸機	士衡	①歎逝賦 ②文賦 ③皇太子讌玄圃宣猷堂有令賦詩 ④招隱詩 ⑤贈馮文羆遷斥丘令詩 ⑥答賈謐詩 ⑦於承明作與士龍 ⑧贈尚書郎顧彥先二首

		⑨贈交趾太守顧公眞 ⑩贈從兄車騎 ⑪答張士然詩 ⑫爲顧彥先贈婦二首 ⑬贈馮文羆 ⑭又贈弟士龍 ⑮赴洛二首 ⑯赴洛道中作二首 ⑰爲吳王郎中時從梁陳作 ⑱樂府十七首 ⑲挽歌三首 ⑳園葵詩 ㉑擬古詩十二首 ㉒謝平原內史表 ㉓豪士賦序 ㉔漢高祖功臣頌 ㉕辨亡論 ㉖五等諸侯論 ㉗演連珠五十首 ㉘弔魏武帝文
陸雲	士龍	①大將軍讌會被命作詩 ②爲顧彥先贈婦二首 ③答兄機 ④答張士然
司馬彪	紹統	①贈山濤
張協	景陽	①詠史 ②雜詩 ③七命八首
潘尼	正叔	①贈陸機出爲吳王郎中令 ②贈河陽詩 ③贈侍御史王元貺 ④迎大駕
左思	太沖	①三都賦序 ②蜀都賦 ③吳都賦 ④魏都賦 ⑤詠史詩八首 ⑥招隱詩二首 ⑦雜詩
張悛	士然	①爲吳令謝詢求爲諸孫置守家人表

	李　密	令伯	①陳情表
	曹　攄	顏遠	①思友人詩　②感舊詩
	王　讚	正長	①雜　詩
	歐陽建	堅石	①臨終詩
	郭泰機		①答傅咸
	木　華	玄虛	①海　賦
東晉	劉　琨	越石	①答盧諶詩　②重贈盧諶　③扶風歌　④勸進表
	郭　璞	景純	①江　賦　②游仙詩七首
	庾　亮	元規	①讓中書令表
	盧　諶	子諒	①覽　古　②贈劉琨　③贈崔溫　④答魏子悌　⑤時興詩
	袁　宏	彥伯	①三國名臣序贊
	干　寶	令升	①晉武帝革命論　②晉紀總論
	桓　溫	玄子	①薦譙元彥表

朝代	作者	字	作品
	孫綽	興公	①天台山賦
	束晳	廣微	①補亡詩六首
	張翰	季鷹	②雜詩
	殷仲文	仲文	①南州桓公九井作 ②解尚書表
	謝混	叔源	①游西池
	王康琚		①反招隱
	陶潛	淵明	①始作鎭軍參軍經曲阿作 ②辛丑歲七月赴假還江陵夜行塗口 ③挽歌 ④雜詩二首 ⑤詠貧士 ⑥讀山海經 ⑦擬古詩 ⑧歸去來辭
宋	謝瞻	宣遠	①九日從宋公戲馬臺集送孔令詩 ②王撫軍庾西陽集別作詩 ③張子房詩 ④答靈運 ⑤於安城答靈運
	傅亮	季友	①爲宋公修張良廟教 ②修楚元王廟教 ③爲宋公至洛陽謁五陵表 ④爲宋公求加贈劉前軍表
	謝靈運		①述祖德詩二首 ②九日從宋公戲馬臺集送孔令詩 ③鄰里相送方山 ④從游京口北固應詔 ⑤晚出西射堂 ⑥登池上樓 ⑦游南亭 ⑧游赤石進帆海 ⑨石壁精舍還湖中作 ⑩登石門最高頂

		⑪於南山往北山經湖中瞻眺 ⑫從斤竹澗越嶺溪行 ⑬廬陵王墓下作 ⑭還舊園作見顏范二中書 ⑮登臨海嶠與從弟惠連 ⑯酬從弟惠連 ⑰初發都 ⑱過始寧墅 ⑲富春渚 ⑳七里瀨 ㉑登江中孤嶼 ㉒初去郡 ㉓初發石首城 ㉔道路憶山中 ㉕入彭蠡湖口三首 ㉖入華子岡是麻源第三谷 ㉗會吟行 ㉘南樓中望所遲客 ㉙田南樹園激流植援 ㉚齋中讀書 ㉛石門新營所住詩 ㉜擬魏太子鄴中集詩八首
謝惠連		①雪賦 ②泛湖歸出樓中玩月 ③秋懷 ④西陵遇風獻康樂 ⑤七月七日夜詠牛女 ⑥擣衣 ⑦祭古冢文
范曄	蔚宗	①樂游應詔 ②後漢書皇后紀論 ③二十八將傳論 ④宦者傳論 ⑤逸民傳論 ⑥後漢光武紀贊
袁淑	陽源	①效白馬篇 ②效古詩
顏延之	延年	①赭白馬賦 ②應詔曲水讌詩 ③皇太子釋奠會作詩 ④秋胡詩 ⑤五君詠五首 ⑥應詔觀北湖田收 ⑦車駕幸京口侍遊蒜山作 ⑧車駕幸京口侍遊曲阿後湖作詩 ⑨拜陵廟作 ⑩贈王太常 ⑪夏夜呈從兄散騎車長沙 ⑫直東宮答鄭尚書 ⑬和謝監靈運 ⑭北使洛

朝代	作者	字	作品
			⑮還至梁城作 ⑯始安郡還都登巴陵城樓作 ⑰宋郊祀歌二首 ⑱三月三日曲水詩序 ⑲陽給事誄 ⑳陶徵士誄 ㉑宋文元皇后哀策文 ㉒祭屈原文
	謝莊	希逸	①月賦 ②宋孝武宣貴妃誄
	鮑照	明遠	①蕪城賦 ②舞鶴賦 ③詠史 ④行藥至城東橋 ⑤還都道中作 ⑥樂府八首 ⑦數詩 ⑧翫月城西門廨中 ⑨擬古詩三首 ⑩學劉公幹體 ⑪代君子有所思
	劉鑠	休玄	①擬古詩二首
	王僧達		①答顏延年 ②和琅邪王依古 ③祭顏光祿文
	王微	景玄	①雜詩
齊	王儉	仲寶	①褚淵碑文
	王融	元長	①永明九年策秀才文五首 ②永明十一年策秀才文五首 ③三月三日曲水詩序
	謝脁	玄暉	①新亭渚別范零陵 ②游東田 ③同謝諮議銅雀臺 ④郡內高齋閒坐答呂法曹 ⑤在郡臥病呈沈尚書 ⑥暫使下都贈西府同僚

⑦酬王晉安
⑧之宣城出新林浦向版橋
⑨敬亭山
⑩休沐重還道中
⑪晚登三山還望京邑
⑫京路夜發
⑬鼓吹曲
⑭始出尚書省
⑮直中書省
⑯觀朝雨
⑰郡內登望
⑱和伏武昌登孫權故城
⑲和王著作八公山詩
⑳和徐都曹詩
㉑和王主簿怨情
㉒拜中軍記室辭隨王牋
㉓齊敬皇后哀策文

陸厥 韓卿
①奉答內兄希叔
②中山王孺子妾歌

孔稚珪 德璋
①北山移文

梁

范雲 彥龍
①贈張徐州
②古意贈王中書
③效古詩

江淹 文通
①恨賦
②別賦
③從建平王登廬山香爐峯
④望荆山
⑤雜體詩三十首
⑥詣建平王上書

任昉 彥昇
①出郡傳舍哭范僕射
②贈郭桐廬
③爲宣德皇后勸進梁公令
④天監三年策秀才文三首
⑤爲齊明帝讓宣城郡公表
⑥爲范尚書讓吏部封侯第一表
⑦爲蕭揚州薦士表
⑧爲褚諮議蓁讓代兄襲封表
⑨爲范始興作求立太宰碑表
⑩奉答勑示七夕詩啓
⑪爲卞彬謝修卞忠貞墓啓
⑫上蕭太傅固辭奪禮啓
⑬奏彈曹景宗
⑭奏彈劉整
⑮到大司馬記室牋
⑯百辟勸進今上牋
⑰王文憲集序
⑱劉先生夫人墓誌
⑲齊竟陵文宣王行狀

丘遲	希範	①侍讌樂遊苑送張徐州應詔詩 ②旦發魚浦潭 ③與陳伯之書
沈約	休文	①應詔樂遊苑餞呂僧珍 ②別范安成 ③鍾山詩應西陽王教 ④宿東園 ⑤遊沈道士館 ⑥早發定山 ⑦新安江水至清淺深見底貽京邑游好 ⑧和謝宣城詩 ⑨應王中丞思遠詠月 ⑩冬節後至丞相第詣世子車中 ⑪直學省愁臥 ⑫詠湖中鴈 ⑬三月三日率爾成篇 ⑭奏彈王源 ⑮宋書謝靈運傳論 ⑯宋書恩倖傳論 ⑰齊安陸昭王碑文
王屮	簡棲	①頭陀寺碑文
虞羲	子陽	①詠霍將軍北伐
劉峻	孝標	①重答劉秣陵沼書 ②辨命論 ③廣絕交論
陸倕	佐公	①石闕銘 ②新刻漏銘
徐悱	敬業	①古意酬到長史溉登琅邪城

按古樂府三首，昭明不著撰人名氏。李善注云：『言古詩，不知作者姓名。』古詩十九首亦然。李善注云：『並云古詩，蓋不知作者，或云枚乘，疑不能明也。詩云「驅車上東門」，又云「遊戲宛與洛」，此則辭兼東都，非盡是乘明矣。』細味詩辭，殆兩漢無名氏之作，非出於一人，亦非成於一時也。聞人倓古詩箋云：

『昭明以失其姓名，統名爲古詩，從昭明爲允。』其言誠是。

（三）爭論焦點

文選作者有僞託者，昭明以其文傳誦已久，槪予甄錄，如司馬相如長門賦，李陵與蘇武詩、答蘇武書，孔安國尚書序，趙至與嵇茂齊書等，不意竟滋後人疑竇，而交相攻難。又未選之文有宜取者，如屈原遠遊、天問，揚雄蜀都賦，王羲之蘭亭集序，江淹故鄉江上二詩等，前賢多謂棄置失當，有可譏者。茲選爭論最多之二首爲例：

【例一】李陵答蘇武書

李陵答蘇武書，世多疑爲贗品。茲遴載三家之說於後：

㈠劉知幾史通雜說篇：

李陵集有與蘇武書，辭采壯麗，音調流靡，觀其文體，不類西漢人，殆後來所爲，假稱陵作也。遷史缺而不載，良有以焉。編於李集中，斯爲謬矣。

㈡蘇軾答劉沔書：

梁蕭統文選，世以爲工，以軾觀之，拙於文而陋於識者，莫統若也。宋玉賦高唐神女，其初略陳所夢之因，如子虛亡是公相與問答，皆賦矣，而統謂之『敍』，此與兒童之見何異。李陵蘇武贈別長安，而詩有『江漢』之語。及陵與武書，辭句儇淺，正齊梁間小兒所擬作，決非西漢文，而統不悟，劉子玄獨知之。識眞者少，蓋從古所痛也。

㈢梁章鉅文選旁證引翁方綱之說：

李陵答蘇武書，後人謂非陵作。又云，司馬遷代作。今按其文排蕩感慨，與西京風氣迥別，是固不待言。抑又有說者，中間一段敍戰事極詳。按武在匈奴十九年，常與陵往來，其敗其降，先後原委，豈有不洞然胸中者，乃必待前書未盡，始復暢所懷乎。陵在匈奴雖痛漢之負己，然觀其與武飲酒，自謂罪通於天，及置酒賀武，惟自痛不能類武。比立政等至匈奴招陵，陵止以再辱爲懼，未有它語。豈在匈奴時反無一語及漢之過，而於書中必相責望耶。且陵卽怨漢，不過及武帝一身，與諸帝何與，而乃稱引韓彭諸往事，雖當盛怒，然亦曾臣漢，何至絕棄一至於此乎。揣陵之心，其將欲以此速子卿之禍歟。況漢之族陵家，本以陵敎單于爲兵備漢故耳，非因其降也。今謂厚誅陵以不死，亦與本事相乖。此時田千秋爲丞相，桑宏羊爲御史大夫，霍子孟上官少叔用事，霍與上官故善陵，烏睹所謂『妨功害能之臣，盡爲萬戶侯，親戚貪佞之類，悉爲廊廟宰』者哉。況武與陵稱夙善，楊惲以南山詩句貽孫會宗，遂至大戮，而會宗亦坐免官。今連篇怨望，萬里相贈，其誰不知。幼主在上，可爲寒心，武獨不一思乎。是此書必不作於西漢，若作於西漢時，吾知子卿得書，且投之水火，泯其踪跡，必不得至今日矣。第前後布置，於當日情事，段段取用，此正作者善以假爲眞處。故自昭明選後，鮮不以爲陵作，而卒難欺諸千百年後也。至以此爲司馬代之辨白，此又非也。子長於陵事，於任少卿一書痛自稱述，不必再爲剖白。況被刑以後，此事亦不復深言，作李陵傳，艸艸點次便止，今復撰此書，其意何居。將示時人乎，則一之爲甚，不得復自招尤。將示後人乎，取擬筆之書，貽之千百年後，信不信未可知，何益之有。或云六朝高手所爲，想是明眼也。

則此書非李氏所作，已無疑義。惟蘇軾斷爲齊梁小兒所作，蓋亦未之思也。以常理推測之，若果爲齊梁人所爲造，則昭明絕不至於懵然不知。何焯義門讀書記言此『似亦建安才人所作』，似較合理。太平御覽卷四八九引此書，謂出李陵別傳。按別傳之體，盛行於魏晉間，三國志裴注及世說劉注徵引最多，亦未可據以爲信。另藝文類聚卷三十載李陵與蘇武書，內容與本文頗有出入。又文選李注屢引李陵答蘇武書，且均不見於以上二文，可知當時僞作者甚衆，至唐時猶多殘存者。梁氏文選旁證又引林茂春云：『唐人省試諸題，有李都尉重陽日得蘇屬國書。』由此可以推知自建安以後，作文以蘇李事跡爲題材者，可能爲數不少。

【例二】王羲之蘭亭集序

王氏蘭亭集序乃家絃戶誦之作，而文選不收，其爲搜羅不及，抑爲體例謹嚴，今已不得而知。惟後之論者，相踵不絕，歸納其說，可分正反折衷三派：

㈠孫梅四六叢話引三柳軒雜識：

世謂蘭亭不入選，以絲竹管絃爲病，天朗氣清，不當於春時言。陵陽韓子蒼云，春多氣昏，是時天氣清明，故可書。如杜子美六月風日冷之義。絲竹管絃四字乃班孟堅西漢中語。梁以前古文不在選中者尚多，何特此序耶。

㈡又引嬾眞子：

蘭亭序在南朝，文章少其倫比。或曰，絲卽是絃，竹卽是管，今疊四字，故遺之。然此四字乃出張禹傳，云：『身居大第，後堂理絲竹管絃。』始知右軍有所本也。且文選中出蘭亭下者多矣，此蓋昭明之誤耳。

㈢陳衍石遺室論文：

六朝間散文之絕無僅有者，不過王右軍陶靖節之作數篇。而右軍蘭亭序，昭明文選及後世諸選本皆不收，論者以爲篇中連用『絲竹管絃』四字，絲竹卽管絃爲重複。然此四字，實本漢書張禹傳，傳云：『後堂理絲竹管絃』，前人已據而辯之，又引莊子我無糧、我無食爲證矣。其實昭明文選，多可訾議，佳篇遺漏者甚多，不足爲憑。

晉代承魏何晏王衍諸人風尚，競務清談，大概老莊宗旨。右軍雅志高尚，稱疾去郡，誓於父母墓前，與東土人士窮名山，泛蒼海，優游無事，弋釣爲娛，宜其所言，於老莊玄旨變本加厲矣。而此序臨河興感，知一死生爲虛誕，齊彭殤爲妄作，卽仲尼樂行憂違，在川上而有逝者如斯之歎也。世人薰心富貴，顚倒得失，宜其不足以知此。昭明舍右軍而采顏延年王元長二作，則偏重駢麗之故，與平淮西碑舍昌黎而取段文昌者，命意略同也。

謂蘭亭集序中『絲竹管絃』、『天朗氣清』二句並非疵累，前者出漢書張禹傳，後者爲江南春季實景。蓋極力爲王氏辯護者。

㈣喬松年蘿藦亭雜記：

六朝談名理，以老莊爲宗，貴於齊死生，忘得喪。王逸少蘭亭序謂『一死生爲虛誕，齊彭殤爲妄作』，有惜時悲逝之意，非彼時之所貴也，故文選棄而不取。

㈤章太炎國學略說文學略說：

晉人作文，好爲迅速，蘭亭序醉後之作，文不加點，即其例也。昭明文選，則以沉思翰藻爲主。蘭亭速成，乖於沉思，文采不艷，又異翰藻。是故屏而弗錄。

喬氏謂右軍有惜時悲逝之意，與南朝玄學思想相悖，甚有見地。章氏則謂右軍此作，不合昭明『沈思翰藻』之選文宗旨，亦至精審。此則爲昭明辯解者。

㈥王勉夫野客叢書：

遯齋閒覽云：『季父虛中謂王右軍蘭亭序以天朗氣清，自是秋景，以此不入選。余亦謂絲竹管絃亦重複。』僕謂不然。絲竹管絃本出前漢張禹傳。而三春之際，天氣肅清，見蔡邕終南山賦。安熙春寒往，微雨新晴，六合清朗，見潘安仁閒居賦。仲春令月，時和氣清，見張平子歸田賦。安可謂春間無天朗氣清之時。右軍此筆，蓋直述一時眞率之會趣耳。然則斯文之不入選，良由搜羅之不及，非故遺之也。

此則歸咎於搜羅不及，非有意遺之，爲雙方作調人，允爲折衷之論。

(四)文選之評價

文選與文心雕龍爲唯美文學之兩部要籍，文選乃選錄唯美文學作品之總集，文心則評騭唯美文學作家之得失其影響於後世文學者深矣。他勿具論，卽以文體分類一端言之，自乾嘉以來，辨析文體之風甚熾，要而歸之，約分三派：一曰駢文派，一曰散文派，一曰駢散合一派。無論何派，均崇奉蕭劉二氏爲宗主，論點亦不能自出於二書畛畦之外，觀下表所列，可以知也。

㈢近代文體分類師承表

文選——孫梅・阮元——駢文派

（文選、文心雕龍）……姚鼐・曾國藩——散文派

文心雕龍——李兆洛・章炳麟——駢散合一派

二書雖同爲中國文學之瓌寶，然千餘年來，非議文心者少，而抨擊文選者多。非議文心之作，前已備列之矣（請參閱本書五章），茲不復贅，特專論抨擊文選者。

抨擊文選者，以劉申受章太炎徐英三氏爲代表。劉氏八代文苑敍錄云：

文選綴緝，有三善焉。體例謹嚴，芟翦不加經史，一也。蒐羅廣博，奧隱不墜浮沈，二也。笙簧六籍，鼓吹百家，後有明哲，罕出範圍，三也。若乃類聚乖舛，棄置失當，亦有可譏者焉。靈均遠遊天問，開詞賦之宗。文通故鄉江上，採騷歌之韻。長卿凌雲之氣，枚叔梁園之才。子雲蜀都，太沖斯仿。武皇悼逝，黃門是規。明遠遊思，徽音宋玉。張融賦海，表裏玄虛。郊祀不采漢志，僅及延年。樂府止涉五言，未遑曲調。册令勸進之作，視獎亂爲故常，詩序史論之收，顯違例而彌陋。七發命七，章辨幾可以九名。王褒對問，非韻安得以頌列。雄風高唐，義存譎諫，焉止狀景言情。服鳥集舍，志明死生，非誇博物多識。臨終百一，徒受嗤於後人，僞孔儗蘇，炫別裁於玄鑒。

章氏文學總略云：

文選序云：『謀夫之話，辯士之端，雖傳之簡牘，而事異篇章。』此則語言文字之分也。然選例亦不一致，依史所載，荆卿易水，漢祖大風，皆臨時觸興而作，豈嘗先屬草稿，亦與出話何異，而文選固錄之矣。至於辭命，則有草創潤色之功，蘇張陳說，度亦先有篇章。文選錄易水大風二歌，而獨汰去辯說，亦自相鉏吾矣。士衡文賦云：『說煒曄而譎誑。』是亦列爲文之一種，要於修辭立誠有不至爾。

徐氏文選類例正失云：

他如選錄之失，尤多可異。自流別不傳，而文選爲總集之祖，羅辭苑之精英，爲藝林之玄圃。至今窺兩漢六朝之文者，莫不奉爲圭臬，資彼挹注。而選錄諸文，但取盈卷，或求備格，蕪穢濫存者，難可悉數，約略舉示，可得言焉。孫綽天台賦成，語范榮期曰：『卿試擲地，當作金石聲。』一時傲誕之語，恐亦未必自信，即今觀之，了無佳處，以次仲宣明遠，儗非其倫，昭明怵於盛名，濫登之耳。王褒洞簫之賦，通體平淺，馬融長笛之頌，徒爲詞費，聊備一格，云何准式。安仁爲賈謐贈陸機詩，潘詩之下者。靈運山水之詩，故是千秋絕藝，至其樂府諸題，乃謝詩之糟粕，而會行吟一篇，乃居然入錄。又擬魏太子鄴中集八首，俱無可稱，而一一采之，優劣去取，亦何繆歟。彥昇宣德皇后令，大媿任筆，不當在選，徒欲侈陳乃考功德，何焯譏之，實爲知言。劉孝標重答劉秣陵沼書，書失而序存，即以序爲書，尤爲大謬。陳琳檄吳之文，凡冗庸沓，比於討曹之檄，疑出二手。選家論文，宜有去取，而玉石俱存，斯爲濫矣。

高唐神女諸賦，以問答發端，子虛上林效之，蕭氏乃以玉曰唯唯以上爲序，此蘇軾所以譏其不識古人體製也。劉歆移書讓太常博士、揚雄解嘲諸篇，並節錄漢書數語，題之爲序，此又不知而妄作者已。（曾國藩經史百家雜鈔尚承其誤）

文選一書，上下九代（周秦兩漢魏晉宋齊梁），裒然巨觀，昭示千古，而義例體類，其失如彼，選錄之濫，又復如此，蘇軾斥爲齊梁小兒之爲，夫豈妄哉。

三氏所論，皆針對昭明分體之誤與甄選之失而痛加指斥者，雖不免於責求全備之心過切，要多爲文選中不可諱言之缺憾。此則操選政者最易貽人口實之處，推之其他選集，亦莫不皆然，固不獨文選一書已也。

雖然，隋侯之珠，不能無垢，荆山之玉，不能無瑕，珍如珠玉，且猶如此，況高下由人之文章乎。曹植與楊德祖書云：

> 昔尼父之文辭，與人通流，至於制春秋，游夏之徒乃不能措一辭。過此而言不病者，吾未之見也。

此雖指著述而言，而選文之事，亦庶幾焉。文選之缺失，誠有如上擧諸家所評者，然自李唐來，幾於家家絃誦不絕，載筆之士，無不奉爲圭臬，其衣被詞人，固非一代，此豈非瑕不掩瑜之明證耶。歷代文家爲文稱頌之者，更僕難終，其中以孫梅之四六叢話所言最富代表性。卷一孫氏首先說明文選之價值云：

> 文之爲言，合天人以炳耀，選之爲道，從精義以入神。選而不文，非他山之瑜瑾，文而非選，豈麗製之淵林。若乃懸衡百代，揚搉羣言，進退師於一心，總持及乎千載，吾於昭明氏見之矣。夫一言以知，鬷蔑知人難矣，未若知言之難也。後世必有子雲，知言難矣，未若知文之尤難也。更二難以課最，包載籍以爲程，著述以來，僅有斯作。夫陶冶墳素者本於學，筦攝人文者係乎才，南華非出僻書，左史焉知問遠，少見多怪，膚受淺中，學不博者，固未足以論文。又或識鮮通變，質本下中，辨鼎得贗，買璞誤鼠，才不高者，亦無以枋選。同時俊彥，希望苑於靑冥，千古斯文，感高樓之風雨。

謂『著述以來，僅有斯作』，衡諸事實，確非過譽。繼謂『揆厥所長，大體有五』。**一曰識見之宏通**。

曰通識。五經紛論，而通釋訓詁者有爾雅，諸史肸蠁，而通述紀傳者有史記。選之爲書，上始姬宗，下迄梁代，千餘年間，藝文備矣。質文升降之故，風雅正變之由，雲間日下，接迹於簡編，漢妾楚臣，連衡於辭翰。其長一也。

此言文選之輯藝文，與爾雅之釋訓詁，史記之述記傳，鼎峙而三。又精選八代名作，使人了然於質文升降、風雅正變之源流，此則其最大成功處。**二曰博綜之可貴。**

曰博綜。自昔文家，尤多派別，文志表江左之盛，典論詮鄴下之賢。選之所收，或人登一二首，或集載數十篇，詩筆不必兼長，淄澠不必盡合。詠懷擬古，以富有爭奇，玄虛簡棲，以單行示貴。其長二也。

此言昭明絕無門戶之見，凡屬美文，必加甄錄。各種體裁，各種派別，粲然明備。**三曰辨體之精微。**

曰辨體。風水遭而斐亹作，心聲發而典要存，敬禮工爲小文，長卿長於典冊，體之不圖，文於何有。分區別類，既備之於篇，溯委窮源，復辨之於序。勿爲翰林主人所嗤，匪供兔園冊子之用。其長三也。

此言文體繁夥，鮮能備善，文士所擅，多偏一體，而昭明法眼獨具，所選錄者，多屬各家代表之作。**四曰伐材之捷便。**

曰伐材。文字英華，散在四部，窺豹則已陋，祭獺則無工。惟沈博絕麗之文，多左右采獲之助。王孫驛使，雅故相仍，天雞蹲鴟，繽紛入用。是猶陸海探珍，鄧林擷秀也。其長四也。

此言書籍浩浩，要在愼擇，而昭明所選，多沈博絕麗之文，足供學者饋貧之用，伐材之捷便，無踰於此。**五**

曰鎔範之愜當。

曰鎔範。文筆之富，浩如淵海，斷制之精，運於鑪錘。使漢京以往，弭抑而受裁，正始以還，激昂而競響。雖禊序不收，少卿僞作，各有指歸，非爲謬妄。謂小兒強解事，此論未公，變學究爲秀才，其功實倍。其長五也。

此言昭明選政之公，取捨之當，鎔範苦心，具見於此。學者苟能寢饋其中，博通其致，信可以驅遣華藻，雍容壇坫，又豈止變學究爲秀才已耶。

綜上以觀，雖間有溢美之辭，要多爲持平之論。一斑既見，全豹可知，自餘各家所讚，固無庸一一贅舉。

附　劉孝綽昭明太子集序述評

劉孝綽本名冉，梁彭城人，幼有神童之目，爲任昉所知。天監中，爲太子洗馬，掌東宮管記。時昭明太子好士愛文，孝綽與殷芸陸倕王筠到洽等，同見賓禮。昭明耽於著述，文章繁富，羣才咸欲撰錄，昭明獨使孝綽集而序之，其爲昭明所重如此。

在昭明太子之文學集團中，影響昭明文學思想最深者，當推劉勰徐勉劉孝綽三人。劉勰天監中任東宮通事舍人，深被昭明愛接，二人文論，多相契合。徐勉則領太子中庶子，實兼師傅之任，其『質不傷文，麗而有體』（王僧孺詹事徐府君集序○見藝文類聚卷五十五）之文章作風，似若爲昭明文質理論印證。而劉孝綽昭明太子集序云：

> 竊以屬文之體，鮮能周備，長卿徒善，既累爲遲，少孺雖疾，俳優而已。子淵淫靡，若女工之蠹，子雲侈靡，異詩人之則。孔璋詞賦，曹祖勸其修今，伯喈答贈，摯虞知其頗古。孟堅之頌，尚有似贊之譏，士衡之碑，猶聞類賦之貶。深乎文者，兼而善之，能使典而不野，遠而不放，麗而不淫，約而不儉，獨擅衆美，斯文在斯。

亦主文質相劑，不可偏倚，與昭明所論，如出一轍。是知文質和諧之作，同爲四人所喜愛。梁初唯美文學作品猶能保持雍容典麗之風格者，四人維護之功，不可沒也。

第七章　駢林七子

自六朝末季駢文正式定型以來，迄於昭代，時更七葉，數逾千年，其間桀木蔚起，名世間出，細爲指數，更僕難終。諸賢殺靑所就者，琳瑯滿目，美不勝收，一代具一代之精神，一人具一人之面貌，有體皆備，無麗不臻。有六朝體者，有三唐體者，有兩宋體者。亦有鎔鑄各家，備具衆體者。更有獨樹高幟，自成一體者。可謂人握隋珠，家抱荊玉，固足以增華邦國，煥蔚人文者也。

惟是在此一千四百餘年之偌多成名作家中，其作品之富有時代精神，飛桀文苑輝光，足以垂範方來，可稱千秋法鑒者，吾於六朝得二人焉，曰徐陵、庾信。於唐得一人焉，曰陸贄。於宋得一人焉，曰蘇軾。於淸得二人焉，曰汪中、洪亮吉。於民國得一人焉，曰成惕軒。凡七人。之數子者，或擘秀鄧林，兼容並蓄，或橫截衆流，高標一幟，或擺脫恆蹊，開一代之風氣，或綆汲千載，集前修之大成。跡其所造，均已臻於爐火純靑，出神入化之境界，華國文章，斯稱絕詣，蓋卽先士所謂流江河而不廢，懸日月而不刊者歟。爰各爲條論，以告來哲。

一　徐陵　附論庾信

駢文之有徐庾，猶書家之有羲獻，詩家之有李杜，此古今公言也。二子以蓋世之才華，生丁唯美文學全盛之日，濡染家學，祖式前徽，鎔鑄冶鍊，自成一體（周書庾信傳云：『父肩吾，爲梁太子中庶子，掌管書記。東海徐摛爲左衛率，摛子陵及信，並爲抄撰學士，父子在東宮，出入禁闥，恩禮莫與比隆。既有盛才，文並綺豔，故世號爲徐庾體焉。當時後進，競相模範，每有一文，京都莫不傳誦。』），駢偶之文，斯稱絕詣，紀曉嵐所謂『集六朝之大成，導四傑之先路，自古至今，屹然爲四六宗匠』（四庫全書庾開府集箋注提要）者也。然歷來文家之不慊意於斯體者實多。例如：

(一)李延壽北史文苑傳序：

梁自大同以後，雅道淪缺，漸乖典則，爭馳新巧，簡文湘東，啓其淫放，徐陵庾信，分路揚鑣，其意淺而繁，其文匿而采，詞尚輕險，情多哀思，格以延陵之聽，蓋亦亡國之音也。

(二)令狐德棻周書王褒庾信傳論：

子山之父，發源於宋末，盛行於梁季，其體以淫放爲本，其詞以輕險爲宗，故能誇目侈於紅紫，蕩心逾於鄭衛。昔揚子雲有言：『詩人之賦麗以則，詞人之賦麗以淫。』若以庾氏方之，斯又詞賦之罪人也。

(三)王通中說：

徐陵庾信，古之夸人也，其文誕。

鄙薄徐庾，動稱輕險，甚且詆爲詞賦罪人，古之夸人云云，完全站在教化與實用之立場以立說，一筆抹殺純文學之崇高價值，是坐不知美術文與實用文之殊也。

徐庾二子既並爲南北宗師，文體亦復相近，精協宮商，頗變舊體，往往聲情並茂，緝裁巧密，蓋至此而後極駢體之變矣。茲分四點論述之。

【一】樹四六句間隔作對之宏規　自晉陸機演連珠、豪士賦序出，而後文章之四六句法遂日益繁多，然其作對，不過上句對下句，卽有間隔作對，亦往往多用四言或六言，至通篇以四六句間隔作對，則自徐庾始。例如：

雲師火帝，非無戰陣之風。
堯誓湯征，咸用干戈之道。（徐陵在北齊與梁太尉王僧辯書）

林宗道主，時人多慕德之賓。
無忌雄豪，天下盡希風之客。（徐陵與王吳郡僧智書）

仙臺永別，無復簫聲。
傅母長歸，惟留琴曲。（庾信周趙國夫人墓誌銘）

蓬萊謝恩之雀，白玉四環。
漢水報德之蛇，明珠一寸。（庾信謝明皇帝賜絲布等啓）

【二】開平仄聲相互協調之首唱　齊永明時，沈約提倡四聲八病之說，由詩以移於文，謂『前有浮聲，則後須切響。』見宋書謝靈運傳論 浮聲切響云者，即調平仄之事也。第永明諸子，雖心知其然，而不克親自實踐，必待徐庾二子出，而後詩文始進入『字協平仄、音調馬蹄』之規範矣。例如：

卿雲似蓋，晨映姚鄉。
甘露如珠，朝垂原寢。（徐陵勸進梁元帝表）

邦君佇德，寧無挂榻之思。
州將欽風，應有題車之命。（徐陵在北齊與宗室書）

章華之下，必有思子之臺。
雲夢之傍，應多望夫之石。（庾信擬連珠）

方衞青之張幕，册重元勳。
譬韓信之登壇，榮高獨拜。（庾信周大將軍趙公墓誌銘）

【三】四六句法之靈動　駢文中若通篇悉用四字句或六字句之單句爲對，將使文氣阻塞，形貌刻板。徐庾二子首創四六句靈活運用之例，然後文章始富於變化，而有生動之妙趣焉。茲各舉一例，以實吾說。

【例一】徐陵．勸進梁元帝表 節錄前二段

臣聞
封唐有聖。還承帝嚳之家。
居代維賢。終纂高皇之祚。

無爲稱於革舃。
至治表於垂衣。

而撥亂反正。非間前古。至如

金行重作。源出東莞。
炎運猶興。枝分南頓。

豈得

掩顯姓於軒轅。
非才子於顓頊。

莫不因時多難。俱繼神宗者也。第一段

伏維陛下

出震等於勛華。
嗚謙同於旦奭。

握圖秉鉞。將在御天。
玉勝珠衡。先彰元后。

神祇所命。非惟大室之祥。
圖牒斯歸。何止堯門之瑞。

若夫

大孝聖人之心。
中庸君子之德。

固以

作訓生民。
貽風多士。

一日二日。研覽萬幾。
允文允武。包羅羣藝。

擬玆三大。
賓是四門。

歷試諸難。
咸熙庶績。

斯無間而稱也。第二段

【例二】庾信・謝滕王集序啓 節錄前二段

信啓。伏覽制垂賜集序。

紫微懸映，如傳闕里之書。
青鳥遙飛。似送層城之璧。

若夫

甘泉宮裏。玉樹一叢。
玄武闕前。明珠六寸。

不得

譬此光芒。
方斯燭照。

有節有度。卽是能平八風。
愈唱愈高。殆欲去天三尺。第一段

殿下

雄才蓋代。
逸氣橫雲。

濟北顏淵。
關西孔子。

譬其毫翰。則風雨爭飛。
論其文采。則魚龍百變。
蒲桃繞館。新開碣石之宮。
修竹夾池。始作睢陽之苑。
琉璃泛酒。
鸚鵡承杯。
鳳穴歌聲。
鸞林舞曲。
況復
行雲逐雨。
迴雪隨風。
湖陽之尉。既成爲喜之因。
春陵之侯。便是銷憂之地。第二段

【四】數典隸事之繁富　自元嘉諸子以下，倡言用事，學者寖以成俗，齊梁之際，任昉用事尤多。然一篇之中，或三數見，或七八見，至多亦不過十數見耳。浸淫至於徐庾、隸事之風大盛，幾不知世有白描文字矣。茲各舉一例，以爲信據。按下列二文，凡用典之處，均在句末右側加注『△』符號。

【例一】徐陵・讓五兵尚書表

臣聞

仲尼大聖。猶云書不盡言。
士衡高才。常稱文不逮意。

臣比衰疴自積。思緒茫然。

頻託朋遊。
爲裁章表。

雖復

陳琳健筆。未盡愚懷。
孫惠詞人。頻加繁飾。

所以

高天緬邈。弗降昭回。
瞻拜絲綸。更增憂懍。

臣雖不敏。弱冠登朝。

伊昔承華。豫遊多士。
晚逢興運。爰濫寵私。

爾時
四郊多壘。
七雄分爭。
國家制度。日不暇給。
趙宮論受命之宜。
隨邑奏升壇之禮。
而
參聞祕計。弗解單于之兵。
飛箭馳書。未動聊城之將。
不期
枚乘老叟。忽降時恩。
馮唐暮年。見申明主。
擢宰京邑。
朝坐棘林。
遂致洛陽無雨。
非比長安多盜。

其宜屏錮。用寘嚴科。
猶處名僚。久爲叨竊。

但

著書天祿。雖如劉向。
朔望登朝。轉同王隱。
其於朽劣。尚可從容。
司會文昌。邈然非據。

【例二】庾信・周譙國公夫人步陸孤氏墓誌銘 節錄

夫人

七德含章。
四星連曜。
敬愛天情。
言容禮典。
九日登高。作銘秋菊。
三元告始。或頌春椒。
年十有四。娉於譙國。

友其琴瑟。愈恭節儉之心。
伐其條枚。實秉憂勤之德。
鄴地登高之錦。自濯江波。
平陽采桑之津。躬勞蠶月。
天和元年。册拜譙國夫人。
東武亭之妻。既稱有秩。
南城侯之婦。還聞受封。
柱國殿下以名華分照。增城峻土。
揚旌爽道。
問政邛都。
白狼之溪。途艱黃牛之坂。
荔枝之山。地險葡萄之國。
夫人
別離親戚。
關河重阻。

夷歌一曲。未足消憂。
猿鳴三聲。沾衣無已。
是以夭厲之疾。遂成沈痼。
玉瀝難開。
金膏實遠。
建德元年七月九日薨於成都私第。春秋二十有一。殿下
神傷秋月。
掩淚長松。
周季直之留書。更深冥漠。
潘安仁之詞藻。徒增哀怨。
豈直
西河女子。獨見銀臺。
東海婦人。先逢金闕。

梁陳時人，類能作四六文，工對仗，善用典，而徐庾所以超出流俗者，自有其孤詣在也。前述四事，則其外在之因素也。至於內在之因素，蓋有三焉。情文相生，一也。次序謹嚴，二也。篇有勁氣，三也。故普通四六，文盡意止，而徐庾所作，則意有餘而不盡。且其文雖富色澤，勁氣貫中，力足舉詞，條理完密，

絕非敷衍成篇（如孝穆在北齊與楊僕射書，子山哀江南賦等長篇，用典雖多，而勁氣足以舉之。），以視當時普通文章，殆不可同日語矣。茲將二子之生平及其作品之掩映百代者，繫諸左端。

徐陵字孝穆，陳東海郯人，祖超之，齊鬱林太守，梁員外散騎常侍。父摛，梁戎昭將軍太子左衞率贈侍中太子詹事。母臧氏，嘗夢五色雲化而爲鳳，集左肩上，已而誕陵焉。陵幼而聰穎絕倫，八歲能屬文，寶誌上人摩其頂曰：『此天上石麒麟也。』既長，博極羣書，縱橫有口辯。初仕梁爲通直散騎侍郎，頗蒙禮遇，後奉使西魏，適齊受魏禪，被留甚久。及南還不久而陳受梁禪，遂仕於陳，累官至左光祿大夫太子少傅。文帝時，安成王頊秉政專橫，陵劾之，自此名乃大顯。後主在東宮，令陵講大品經義學，名僧自遠雲集，每講筵商較，四座莫能與抗。目有青睛，時人以爲聰慧之相。自有陳創業，文檄軍書及禪授詔策，皆陵所製，每一文出，好事者傳寫成誦，遂被之華夷，家藏其本，與庾信齊名，時稱徐庾體，爲一代文宗。至德元年卒於官，年七十七，諡章。著有徐孝穆集六卷、玉臺新詠十卷行世。

孝穆與庾氏雖同爲駢文之宗師，而二人之成就各有所偏，庾氏長於言情，而孝穆則擅於說理，此其大較也。孝穆說理之作，以箋啓書札之類的應用文爲最要，往往於陳說事理透徹詳盡以外，更用妍美之色澤聲調，以發揮情韻，攄抒懷抱，迴環婉轉，屈曲洞達，使人百讀不厭，甚至忘卻其爲駢偶矣。今取孝穆集中壓卷之在北齊與楊僕射書爲例，此書凡二千五百字，乃孝穆羈旅北地時所作，據陳書本傳稱，梁太清二年，孝穆以兼通直散騎常侍使魏，翌年三月，侯景陷臺城，武帝餓死，簡文遇弒，父摛亦憂憤卒。而又值齊受魏禪，孝穆歸心似箭，屢求返梁，齊終拘留不遺，因作書與齊尚書右僕射楊愔以爭之。書中將齊人設詞不遺之理由，一一加以反駁，往復激昂，深至透切，幾於和淚代書，眞千古之至文也。錄其詞如下：

在北齊與楊僕射書

夫一言所感。凝暉照於魯陽。一志冥通。飛泉涌於疏勒。況復元首康哉。股肱良哉。鄰國相聞。風教相期者也。天道窮剝。鍾亂本朝。情計馳惶。公私哽懼。而骸骨之請。徒淹歲寒。顚沛之祈。空盈卷軸。是所不圖也。非所仰望也。

執事不聞之乎。昔分鼇命鼂之世。觀河拜洛之年。則有日烏流炎。風禽騁暴。天傾西北。地缺東南。盛旱坼三川。長波含五嶽。我大梁膺金圖而有亢。纂玉鏡而猶屯。何則。聖人不能爲時。斯固窮通之恆理也。至如荆州刺史湘東王。幾神之本。無寄名言。陶鑄之餘。猶爲堯舜。雖復六代之舞。陳於總章。九州之歌。登於司樂。虞夔拊石。晉曠調鐘。未足頌此英聲。無以宣其盛德者也。若使郊禋楚翼。寧非祀夏之君。戡定艱難。便是匡周之霸。豈徒幽王徙雍。期月爲都。姚帝遷河。周年成邑。方今越裳藐藐。馴雉北飛。肅愼茫茫。風牛南偃。吾君之子。含識知歸。而答旨云何所投身。斯其未喻一也。

又晉熙等郡。皆入貴朝。去我潯陽。經塗何幾。至於鏘鏘曉漏。的的宵烽。隔漵浦而相聞。臨高臺而可望。泉流寶盎。遙憶溢城。峯號香爐。依然廬嶽。日者鄱陽嗣王治兵匯派。屯戍淪波。朝夕牋書。春秋方物。吾無從以躡屩。彼何路而齊鑣。豈其然乎。斯不然矣。又近者邵陵王通和此國。郢中上客。雲聚魏都。鄴下名卿。風馳江浦。豈盧龍之徑。於彼新開。銅駝之街。於我長閉。何彼途甚易。非勞於五丁。我路爲難。如登於九折。地不私載。何其爽歟。而答旨云還路無從。斯所未喻二也。

晉熙廬江義陽安陸。皆云款附。非復危邦。計彼中途。便當靜晏。自斯以北。桴鼓不鳴。自此以南。封疆未壹。如其境外。脫殞輕軀。幸非邊吏之羞。何在匹夫之命。又此段賓遊。通無貨殖。忝非韓起聘鄭。私買玉環。吳札過徐。躬要寶劍。由來宴錫。凡厥囊裝。行役淹留。皆已虛罄。散有限之微財。供無期之久客。斯可知矣。且據圖刎首。愚者不爲。運斧全身。庸流所鑒。何則。生輕一髮。自重千鈞。不以賈盜明矣。骨肉不任充鼎俎。皮毛不足入貨財。盜有道焉。吾無憂矣。又公家遣使。脫有資須。本朝非隆平之時。遊客豈皇華之勢。輕裝獨宿。非勞聚柝之儀。微騎問行。寧望輶軒之禮。歸人將從。私具驢騾。緣道亭郵。唯希蔬粟。若曰留之無煩於執事。遣之有費於官司。或以顛沛爲言。或云資裝可懼。固非通論。皆是外篇。斯所未喻三也。

又若以吾徒應還侯景。侯景凶逆。殲我國家。天下含靈。人懷憤厲。旣不獲投身社稷。衞難乘輿。四冢磔蚩尤。千刀剸王莽。安所謂俛首頓膝。歸奉寇讎。佩弭腰鞬。爲其皂隸。日者通和。方敦曩睦。凶人狙詐。遂駭狼心。頗疑宋萬之誅。彌懼荀罃之請。所以奔蹄勁角。專恣憑陵。凡我行人。偏膺讎憾。政復菹筋醢骨。抽舌探肝。於彼凶情。猶當未雪。海內之所知也。君侯之所具焉。又聞本朝王公。都人士女。風行雨散。東播西流。京邑邱墟。蕳蓬蕭瑟。偃師還望。咸爲草萊。霸陵回首。俱沾霜露。此又君之所知也。彼以何義。爭免寇讎。我以何親。爭歸委質。昔鉅平貴將。懸重於陸公。叔向名流。深知於鬷蔑。吾雖不敏。常慕前修。不圖明庶有懷。翻其以此量然。昔魏氏將亡。羣凶挺爭。諸賢戮力。想得其朋。爲葛榮之黨邪。爲邢杲之徒邪。如曰不然。斯所未喩四也。

假使吾徒還爲凶黨。侯景生於趙代。家自幽恆。居則台司。行爲連率。山川形勢。軍國彝章。不勞請箸爲籌。便當屈指能算。景以逋逃小醜。羊豕同羣。身寓江臯。家留河朔。春春井井。如鬼如神。其不然乎。抑又君之所知也。且夫宮闈祕事。並若雲霄。英俊訏謨。寧非帷幄。或陽驚以定策。或焚稿而奏書。朝廷之士。猶難參預。羈旅之人。何階耳目。至於禮樂沿革。刑政寬猛。則謳歌已遠。萬舞成風。不知手之舞之。足之蹈之也。安在搖其牙齒。爲間諜者哉。若謂復命西朝。終奔東虜。雖齊梁有隔。尉候奚殊。豈以河曲之難浮。而曰江關之可濟。河橋馬渡。寧非宋典之姦。關路雞鳴。皆曰田文之客。何其通蔽。乃爾相妨。斯所未喩五也。

又兵交使在。雖著前經。儻同徇僕之尤。追肆寒山之怒。則凡諸元帥。並釋縲囚。爰及偏裨。同無翦馘。乃至鍾儀見赦。朋笑遵途。襄老蒙歸。虞歌引路。吾等張旃拭玉。修好尋盟。

涉泗之與浮河。郊勞至於贈賄。公恩既被。賓敬無違。今者何愆。翻蒙貶責。若以此爲言。斯所未喻六也。

若曰妖氛永久。喪亂悠然。哀我奔波。存其形魄。固已銘玆厚德。戴此洪恩。譬渤澥而俱深。方嵩華而猶重。但山梁飲啄。非有意於樊籠。江海飛浮。本無情於鍾鼓。況吾等營魂已謝。餘息空留。悲默爲生。何能支久。是則雖蒙養護。更夭天年。若以此爲言。斯所未喻七也。

若云逆豎殲夷。當聽反命。高軒繼路。飛蓋相隨。未解其言。何能善諾。夫屯亨治亂。豈有意於前期。謝常侍今年五十有一。吾今年四十有四。介已知命。賓又杖鄉。計彼侯生。肩隨而已。豈銀臺之要。彼未從師。金竈之方。吾知其訣。政恐南陽菊水。竟不延齡。東海桑田。無由可望。若以此爲言。斯所未喻八也。

足下清襟勝託。書囿文林。凡自洪荒。終乎幽厲。如吾今日。寧有其人。爰至春秋。微宜商略。夫宗姬殄墮。霸道昏凶。或執政之多門。或陪臣之涼德。故臧孫有禮。翻囚與國之賓。周伯無愆。空怒天王之使。遷箕卿於兩館。縶驥子於三年。斯匪貪亂之風邪。寧當今之高例也。至於雙崤且帝。四海爭雄。或搆趙而侵燕。或連韓而謀魏。身求盟於楚殿。躬奪璧於秦庭。輸寶鼎以託齊王。馳安車而誘梁客。其外膏脣販舌。分路揚鑣。無罪無辜。如兄如弟。逮乎中陽受命。天下同規。巡省諸華。無聞幽辱。及三方之霸也。孫甘言以嫵媚。曹屈詐以羈縻。旍軫歲到於句吳。冠蓋年馳於庸蜀。則客嘲殊險。賓戲已深。共盡遊談。誰云猜忤。若使搜求故實。脫有前蹤。恐是叔世之姦謀。而非爲邦之勝略也。

抑又聞之。雲師火帝。澆淳乃異其風。龍躍麟驚。王霸雖殊其道。莫不崇君親以銘物。敦敬養以治民。預有邦司。曾無隆替。吾奉違溫凊。仍屬亂離。寇虜猖狂。公私播越。蕭軒靡御。王舫誰持。瞻望鄉關。何心天地。自非生憑廩竹。源出空桑。行路含情。猶其相愍。常謂擇官而仕。非曰孝家。擇事而趨。非云忠國。況乎欽承有道。驂駕前王。郎吏明經。鵷鸞知禮。巡方省化。咸問高年。西序東膠。皆尊耆耋。吾以圭璋玉帛。通聘來朝。屬世道之屯期。鍾生民之否運。兼年累載。無申元直之祈。銜泣呑聲。長對公閭之怒。情禮之訴。將同逆鱗。忠孝之言。皆應齰舌。是所不圖也。非所仰望也。

且天倫之愛。何得忘懷。妻子之情。誰能無累。夫以清河公主之貴。餘姚書佐之家。莫限高卑。皆被驅略。自東南醜虜。抄販飢民。臺署郎官。俱餒牆壁。況吾生離死別。多歷暄寒。孀室嬰兒。何可言念。如得身還鄉土。躬自推求。猶冀提攜。俱免凶虐。

夫四聰不達。華陽君所謂亂臣。百姓無冤。孫叔敖稱爲良相。足下高才重譽。參贊經綸。非豹非貔。聞詩聞禮。而中朝大議。曾未矜論。清禁嘉謀。安能相及。諤諤非周舍。容容類胡廣。何其無諍臣哉。

歲月如流。平生何幾。晨看旅鴈。心赴江淮。昏望牽牛。情馳揚越。朝千悲而掩泣。夜萬緒而迴腸。不自知其爲生。不自知其爲死也。足下素挺詞鋒。兼長理窟。匡丞相解頤之說。樂令君清耳之談。向所諮疑。誰能曉喻。若鄙言爲謬。來旨必通。分請灰釘。甘從斧鑊。何但規規默默。齰舌低頭而已哉。若一理存焉。猶希矜眷。何必期令我等必死齊都。足趙魏之黃塵。加幽并之片骨。遂使東平拱樹。長懷向漢之悲。西洛孤墳。恆表思鄉之夢。干祈以屢。哽慟增深。

全文分十四段，首段言國難方殷，無心淹留。次段言元帝即位江陵，已兆中興。三段言歸路雖遙，非所顧念。四段言縱使途中遇險，亦由自己承擔。五段言己與侯景誓不兩立，決不致北面事之。六段言侯景對北方情勢瞭如指掌，己歸江陵後，更不可能再去投靠侯景。七段言齊梁既已通好，理當釋放使者。八段謝絕齊人之禮遇。九段言人壽不永，如侯亂平回國，恐不可得。十段以後則以思家作結。古今駢體書札之文，以是篇爲最長，亦以是篇爲最美。唐之陸敬輿李義山以至宋清諸子，多有摹倣之者，雖或能得其形似，而頓宕風流，則終有未逮。譚獻評曰：『古人之格，自我而變，後人之法，自我而開，文章氣力至此，正不必以皮相論矣。』（駢體文鈔）蔣士銓曰：『濤翻浪湧，自具縈洄盤礴之勢，故非無氣者所能，亦非直下者可比。』（四六法海）

此外，如致王僧辯書前後七通，亦皆華實相副，情韻欲流，一言蔽之，得清新自然之美而已。李兆洛曰：『孝穆文驚采奇藻，搖筆波涌，生氣遠出，有不煩繩削而自合之意，書記是其所長，他未能稱也。』（駢體文鈔）其遺詞自然，可以想見。

至於專寫友誼之書札。如致尹義尚李那周弘讓諸書，則一反前類沈雄駿厲之氣，而以紆徐妍妙見長矣。錄一篇以識其凡。

與李那書

籍甚清徽。常懷虛眷。山川緬邈。河渭象於經星。顧望風流。長安遠於朝日。青女戒節。白露爲霜。君子惟宜。福履多豫。雍容廊廟。獻納便蕃。留使催書。駐馬成檄。車騎將軍。賓客盈座。丞相長史。瞻對有勞。脫惠箋繪。慰其翹想。

吾棲遲茂陵之下。臥病漳水之濱。迫以崦嵫。難爲砭藥。平生壯意。竊愛篇章。忽覩高文。載懷勞佇。此後殷儀同至止。王人授館。用阻班荊。常在公筵。敬析名作。獲殷公所借陪駕終南入重陽閣詩及荆州大乘寺宜陽石像碑四首。鏗鏘並奏。能驚趙鞅之魂。輝煥相華。時瞬安豐之眼。山澤晻靄。松竹參差。若見三嵕之峯。依然四皓之廟。甘泉鹵簿。盡在清文。扶風輦路。悉陳華簡。昔魏武虛帳。韓王故臺。自古文人。皆爲詞賦。未有登玆舊閣。歎此幽宮。標句清新。發言哀斷。豈止悲聞帝瑟。泣望羊碑。一詠歌梁之言。便掩盈懷之淚。

至如披文相質。意致縱橫。才壯風雲。義深淵海。方今二乘斯悟。同免化城。六道知歸。皆踰火宅。宜陽之作。特會幽衿。所覩黃絹之辭。彌懷白雲之頌。但恨耆闍遠嶽。檀特高峯。

開士羅浮。康公懸溜。不獲銘茲雅頌。耀彼幽巖。循環省覽。用忘飢渴。握之不置。恆如趙璧。翫之不足。同於玉枕。京師長者。好事才人。爭造蓬門。請觀高製。軒車滿路。如看太學之碑。街巷相塡。無異華陰之市。

但豐城兩劍。尚不俱來。韓子雙環。必希皆見。莫以好龍無別。木雁可嗤。載望瓊瑤。因乏行李。金風已勁。玉質宜調。書不盡言。但聞爻繫。徐陵頓首。

本文風骨高騫，情韻又復不竭，流連欵詠，能齊衆音於己出。斯亦集中之矯矯者。蔣士銓曰：『比任沈爲諧今，視王楊爲近古，文質之間，升降之漸，學者所宜究心也。』（四六法海）王文濡曰：『此文獨持骨風，不尚詞華，標句淸新，發言哀斷。又復一氣舒卷，意態縱橫，蓋情摯而文自眞，氣勁而筆斯達。』（南北朝文評注讀本）

若乃臺閣之製，則要以陳公九錫文爲最有聲，氣體淵雅，語義勻稱，以視元茂，晉帖唐臨矣。餘若移齊文之風神態度，迥出尋常。勸進元帝表之文質相宜，情韻兩勝。以及梁禪陳詔，爲陳武帝卽位告天文諸篇，皆臺閣文字之上駟也。碑誌之屬，大體猶守伯喈矩矱，而辭藻則益加閎麗焉。其膾炙人口者有徐州刺史侯安都、晉陵太守王勱二碑。譚獻云：『碑志之文，以徐爲正，庾爲變，孝穆骨勝，子山情勝。』（駢體文鈔）蓋篤論也。

至如言情之作，集中頗不易見，諒非孝穆所長，嘗鼎一臠，繫諸左方。

玉臺新詠序

凌雲概日。由余之所未窺。萬戶千門。張衡之所曾賦。周王璧臺之上。漢帝金屋之中。玉樹以珊瑚作枝。珠簾以玳瑁爲柙。其中有麗人焉。其人也。五陵豪族。充選掖庭。四姓良家。馳名永巷。亦有潁川新市。河間觀津。本號嬌娥。曾名巧笑。楚王宮內。無不推其細腰。魏國佳人。俱言訝其纖手。閱詩敦禮。非直東鄰之自媒。婉約風流。無異西施之被教。弟兄協律。自小學歌。少長河陽。由來能舞。琵琶新曲。無待石崇。箜篌雜引。非因曹植。傳鼓瑟於楊家。得吹簫於秦女。

至若寵聞長樂。陳后知而不平。畫出天仙。閼氏覽而遙妬。且如東鄰巧笑。來侍寢於更衣。西子微顰。將橫陳於甲帳。陪游馺娑。騁纖腰於結風。長樂鴛鴦。奏新聲於度曲。妝鳴蟬之薄鬢。照墮馬之垂鬟。反插金鈿。橫抽寶樹。南都石黛。最發雙蛾。北地燕脂。偏開兩靨。亦有嶺上僊童。分丸魏帝。腰中寶鳳。授曆軒轅。金星與婺女爭華。麝月共嫦娥競爽。驚鸞冶袖。時飄韓掾之香。飛燕長裾。宜結陳王之佩。雖非圖畫。入甘泉而不分。言異神仙。戲陽臺而無別。眞可謂傾國傾城。無對無雙者也。

加以天情開朗。逸思雕華。妙解文章。尤工詩賦。琉璃硯匣。終日隨身。翡翠筆牀。無時離手。清文滿篋。非惟芍藥之花。新製連篇。寧止蒲萄之樹。九日登高。時有緣情之作。萬年公主。非無誄德之辭。其佳麗也如彼。其才情也如此。

旣而椒房宛轉。柘館陰岑。絳鶴晨嚴。銅蠡晝靜。三星未夕。不事懷衾。五日猶賒。誰能理曲。優游少託。寂寞多閒。厭長樂之疏鐘。勞中宮之緩箭。輕身無力。怯南陽之擣衣。生長深宮。笑扶風之織錦。雖復投壺玉女。爲歡盡於百驍。爭博齊姬。心賞窮於六箸。無怡神於暇景。惟屬意於新詩。可得代彼萱蘇。微蠲愁疾。

但往世名篇。當今巧製。分諸麟閣。散在鴻都。不藉篇章。無由披覽。於是然脂暝寫。弄墨晨書。撰錄豔歌。凡爲十卷。曾無參於雅頌。亦靡濫於風人。涇渭之間。若斯而已。

於是麗以金箱。裝之寶軸。三臺妙迹。龍伸蠖屈之書。五色花箋。河北膠東之紙。高樓紅粉。仍定魯魚之文。辟惡生香。聊防羽陵之蠹。靈飛六甲。高擅玉函。鴻烈僊方。長推丹枕。至如青牛帳裏。餘曲未終。朱鳥窗前。新妝已竟。方當開玆縹帙。散此縚繩。永對玩於書帷。長循環於纖手。豈如鄧學春秋。儒者之功難習。竇傳黃老。金丹之術不成。固勝西蜀豪家。託情窮於魯殿。東儲甲觀。流詠止於洞簫。變彼諸姬。聊同棄日。猗與彤管。麗矣香奩。

案梁簡文帝爲太子時，好作豔詩，境內化之，晚年欲改作，追之不及，乃令孝穆纂玉臺新詠以大其體。（見劉肅大唐新語）此篇卽是書之序文也。先敍女子之佳麗，繼敍女子之才華，終敍女子之心思，而以編書宗旨繫於篇末。

許槤評曰：『駢語至徐庾，五色相宣，八音迭奏，可謂六朝之渤澥，唐代之津梁，而是篇尤爲聲偶兼到之作，鍊格鍊詞，綺縟繡錯，幾於赤城千里霞矣。』（六朝文絜）王文濡曰：『玉臺開詩集之始，陳文居六朝之殿，其時徐庾之風大行，聲病之律彌盛，風雲月露，塡塞行間，香草美人，空言寄意，妖豔浮靡，至茲而極。然玉臺一集，可補昭明文選之窮，孝穆茲序，亦爲精心結譔之作。雖藻彩紛披，輝煌奪目，而華不離實，腴不傷雅，麗詞風動，妙語珠圓。乾坤清氣，欲沁於心脾，脂墨餘香，常存於齒頰，斯亦駢文之雄軍，豔體之傑構也。』（南北朝文評注讀本）

二　庾信

庾信字子山，小字蘭成，南陽新野人，生於梁武帝天監十二年。父肩吾，仕梁爲散騎常侍中書令。信幼而俊邁，聰明絕倫，博覽羣書，尤善春秋左氏傳。年十五，卽入宮侍昭明太子講讀。弱冠，隨父肩吾與東海徐摛父子並爲東宮抄撰學士，兩家出入禁闥，榮寵極於一時，累遷尙書度支郎。太淸三年，侯景陷臺城，信西奔江陵，及元帝卽位，遷散騎常侍，封武康縣侯。承聖三年，出使西魏，値魏軍南犯，陷江陵，戕元帝，信被留於長安。周室代魏，特蒙恩禮，封義城縣侯，拜洛州刺史，爲政淸簡，吏民安之。累遷驃騎大將軍，開府儀同三司，世稱庾開府。有陳踐阼，與周通好，南士北遷者，並許還鄉，惟信與王褒爲周武帝所寵，留而不遣，因有鄉關之思，作哀江南賦以寄其意。隋文帝開皇元年卒，年六十九。有庾子山集十六卷行世。

子山咀嚼英華，饜飫膏澤，上自天監，下訖開皇，江表名篇，爭相傳誦，咸陽鴻筆，多出其辭，所作雄偉壯麗，頗變舊體，上集六朝之大成，下開百代之宏渠。後此摛文之士，載筆之倫，莫不斟酌其英華，祖式其模範，洵藝苑之師表，鄧林之魁父也。

子山學既淹博，才復蓋世，故凡辭章之屬，幾無體不工，亦無一不精，誠如宇文逌所云：『信降山嶽之靈，緼煙霞之秀，器量侔瑚璉，志性甚松筠。妙善文詞，尤工詩賦，窮緣情之綺靡，盡體物之瀏亮，誅奪安仁之美，碑有伯喈之情，箴似揚雄，書同阮籍。』（庾開府集序）爲中國文學史上屈指可數之大作家。玆以卷帙浩繁，佳構絡繹，用分四端述之。

【一】俳賦類　俳賦亦稱駢賦，其異於古賦（卽漢代之辭賦）者，在類於駢文，其異於駢文者，在須押句末之腳韻，然其結構及用韻之限制，尙不如唐代律賦之嚴，以其盛行於六朝，故又有六朝賦之稱。案賦本朗誦之韻文，與初旨在於協樂之詩歌，皆以聲音爲其重要條件者也。然以朗誦關係，不受協樂之限制，故抒寫描敍不妨詳盡，層次曲折不妨增多，而變化與對稱，同爲構成文藝形式美之條件。故楚辭漢賦，句雖單行，意必偶擧，因意之偶擧，寖假形成對句，因偶見之對句，又寖假形成通篇之爲駢體，此亦自然之趨勢也。孫梅四六叢話云：『左陸以下，漸趨整鍊，齊梁而降，益事妍華，古賦一變而爲駢賦，江鮑虎步於前，金聲玉潤，徐庾鴻騫於後，繡錯綺交，固非古音之洋洋，亦未如律體之靡靡也。』何焯義門讀書記亦曰：『庾子山諸賦，便是結六朝之局，開三唐之派者。』謂子山在賦體上爲承前啓後之大作手，最爲有見。

子山集中現存俳賦十五篇，其中三月三日華林園馬射賦、春賦、七夕賦、燈賦、對燭賦、鏡賦、鴛鴦賦、蕩子賦等八篇，乃子山仕南朝爲東宮學士時所作，鋪錦列繡，雕繢滿眼，極唯美文學之大觀焉。

虞姬小來事魏王，自有歌聲足繞梁，何曾織錦，未肯挑桑，終歸薄命，著罷空牀。見鴛鴦之相學，還欹眼而淚落。南陽漬粉不復看，京兆新眉遂懶約。況復雙心並翼，馴狎池籠，浮波弄影，刷羽乘風。共飛簷瓦，全開魏宮。俱棲梓樹，堪是韓憑。若乃韓壽欲婚，溫嶠願婦，玉臺不送，胡香未有。必見此之雙飛，覺空牀之難守。（鴛鴦賦）

兔月先上，羊燈次安。覩牛星之曜景，視織女之闌干。於是秦娥麗妾，趙艷佳人，窈窕名燕，逶迤姓秦。嫌朝妝之半故，憐晚飾之全新。此時併捨房櫳，共往庭中。縷條緊而貫矩，針鼻細而穿空。（七夕賦）

宜春苑中春已歸，披香殿裏作春衣。新年鳥聲千種囀，二月楊花滿路飛。河陽一縣併是花，金谷從來滿園樹。一叢香草足礙人，數尺游絲即橫路。開上林而競入，擁河橋而爭渡。出麗華之金屋，下飛燕之蘭宮。釵朵多而訝重，髻鬟高而畏風。眉將柳而爭綠，面共桃而競紅。影來池裏，花落衫中。（春賦）

此類作品，內容雖嫌空泛，但其狀物寫景寫情之想像力與辭藻音律之美妙，就藝術而言，確有其卓越之才思與技巧。間以五七言相雜成文，尤爲子山之創體，初唐四子，頗效此法，然終難追其逸步也。

子山入北之後，憂念家國，強作歡顏，心中之隱痛，刺激其正視人生，一變已往纖麗之風格。此時作品，頗有一種深沈之憂鬱，哀怨之愁情，加以北國特有之地方色彩，於是更顯出一種蒼茫剛健之情調。句句有所指喩，字字加以錘鍊，而在表現之技巧上，更已邁入登峯造極，爐火純青之絕詣，張天如稱其『盛名異地，橘枳改觀』者，豈不然乎。今讀其流寓異邦之作，如小園賦：

草無忘憂之意，花無長樂之心。鳥何事而逐酒，魚何情而聽琴。……荊軻有寒水之悲，蘇武有秋風之別。關山則風月悽愴，隴水則肝腸斷絕。龜言此地之寒，鶴訝今年之雪。百齡兮倏忽，光華兮已晚。不雪雁門之踦，先念鴻陸之遠。非淮海兮可變，非金丹兮能轉。不暴骨於龍門，終低頭於馬坂。諒天造兮昧昧，嗟生民兮渾渾。

不僅表明一己抑鬱寡歡，而且深深寫出悼念君國、欲歸不得之悽惻。又如枯樹賦：

況復風雲不感，羈旅無歸。未能採葛，還成食薇。沈淪窮巷，蕪沒荊扉，既傷搖落，彌嗟變衰。……昔年種柳，依依漢南，今看搖落，悽愴江潭。樹猶如此，人何以堪。

託物興懷，將奉命出使，不能爲君主效力，屈節事魏之苦衷，婉曲表達。更將暮年羈旅之濃重鄉愁，盡情傾吐，無怪北人讀之，驚歎不已。再如傷心賦，固然是傷悼其子女之『苗而不秀』，實際上亦是悲痛國破家亡，身在異邦之遭遇也。

況乃流寓秦川，飄颻播遷。從宦非宦，歸田不田。對玉關而羈旅，坐長河而暮年。已觸目於萬恨，更傷心於九泉。

子山所作諸賦，雖皆滿幅琳瑯，美不勝收，而其橫絕古今不可磨滅者，必推哀江南賦。以個人所經歷與時事相穿插，衍爲長篇，自離騷已降，實曠代而一見。離騷隱約其詞，雜以幻想，而哀江南賦則純寫事實，尤屬難能可貴。文爲梁亡後客居長安時所作，故序曰：『追爲此賦，聊以記言，不無危苦之辭，惟以悲哀爲主。』題本宋玉招魂『目極千里傷春心，魂兮歸來哀江南』之句。古中國有詩史（如詩經及杜甫之詩皆是），古希臘有史詩 Epic Poetry（如荷馬 (Homeros) 之伊利亞德 (Iliad) 與奥德賽 (Odyssey) 皆是），此則可謂賦史矣。

哀江南賦 幷序

粵以戊辰之年。建亥之月。六盜移國。金陵瓦解。余乃竄身荒谷。公私塗炭。華陽奔命。有去無歸。中興道銷。窮於甲戌。三日哭於都亭。三年囚於別館。天道周星。物極不反。傅燮之但悲身世。無處求生。袁安之每念王室。自然流涕。（此段敘作賦之由）

昔桓君山之志事。杜元凱之平生。並有著書。咸能自序。潘岳之文采。始述家風。陸機之辭賦。先陳世德。信年始二毛。即逢喪亂。藐是流離。至於暮齒。燕歌遠別。悲不自勝。楚老相逢。泣將何及。畏南山之雨。忽踐秦庭。讓東海之濱。遂餐周粟。下亭漂泊。高橋羇旅。楚歌非取樂之方。魯酒無忘憂之用。追爲此賦。聊以記言。不無危苦之辭。惟以悲哀爲主。（此段言己遭亂不能無言愁之作）

日暮途窮。人間何世。將軍一去。大樹飄零。壯士不還。寒風蕭瑟。荆璧睨柱。受連城而見欺。載書橫階。捧珠盤而不定。鍾儀君子。入就南冠之囚。季孫行人。留守西河之館。申包胥之頓地。碎之以首。蔡威公之淚盡。加之以血。釣臺移柳。非玉關之可望。華亭鶴唳。豈河

橋之可聞。（此段言己奉使被留）

孫策以天下爲三分。衆纔一旅。項籍用江東之子弟。人惟八千。遂乃分裂山河。宰割天下。豈有百萬義師。一朝卷甲。芟夷斬伐。如草木焉。江淮無涯岸之阻。亭壁無藩籬之固。頭會箕斂者。合從締交。鋤耰棘矜者。因利乘便。將非江表王氣終於三百年乎。是知并吞六合。不免軹道之災。混一車書。無救平陽之禍。（此段痛梁亡）

嗚乎。山嶽崩頽。既履危亡之運。春秋迭代。必有去故之悲。天意人事。可以悽愴傷心者矣。況復舟楫路窮。星漢非乘槎可上。風飇道阻。蓬萊無可到之期。窮者欲達其言。勞者須歌其事。陸士衡聞而撫掌。是所甘心。張平子見而陋之。固其宜矣。（此段言己不得東歸而作賦○自首至此爲序文）

我之掌庾承周。以世功而爲族。經邦佐漢。用論道而當官。稟嵩華之玉石。潤河洛之波瀾。居負洛而重世。邑臨河而宴安。逮永嘉之艱虞。始中原之乏主。民枕倚於牆壁。路交橫於豺虎。値五馬之南奔。逢三星之東聚。彼凌江而建國。始播遷於吾祖。分南陽而賜田。裂東嶽而胙土。誅茅宋玉之宅。穿徑臨江之府。水木交運。山川崩竭。家有直道。人多全節。訓子見於純深。事君彰於義烈。新野有生祠之廟。河南有胡書之碣。（此段叙世德）

況乃少微眞人。天山逸民。階庭空谷。門巷蒲輪。移談講樹。就簡書筠。降生世德。載誕貞臣。文詞高於甲觀。楷模盛於漳濱。嗟有道而無鳳。歎非時而有鱗。既姦回之奰逆。終不悅於仁人。（此段叙祖父）

王子濱洛之歲。蘭成射策之年。始含香於建禮。仍矯翼於崇賢。游洊雷之講肆。齒明離之青筵。既傾蠡而酌海。遂測管而窺天。方塘水白。鈞渚池圓。侍戎韜於武帳。聽雅曲於文絃。乃解懸而通籍。遂崇文而會武。居笠轂而掌兵。出蘭池而典午。論兵於江漢之君。拭玉於西河之主。（此段自敍仕梁之聲望）

於時朝野歡娛。池臺鐘鼓。里爲冠蓋。門成鄒魯。連茂苑於海陵。跨橫塘於江浦。東門則鞭石成橋。南極則鑄銅爲柱。橘則園植萬株。竹則家封千戶。西贐浮玉。南琛沒羽。吳歈越吟。荆艷楚舞。草木之遇陽春。魚龍之逢風雨。五十年中。江表無事。王歙爲和親之侯。班超爲定遠之使。馬武無預於甲兵。馮唐不論於將帥。（此段敍梁承平之盛）

豈知山嶽闇然。江湖潛沸。漁陽有閭左戍卒。離石有將兵都尉。天子方刪詩書。定禮樂。設重雲之講。開士林之學。談劫燼之灰飛。辨常星之夜落。地平魚齒。城危獸角。臥刁斗於滎陽。絆龍媒於平樂。宰衡以干戈爲兒戲。搢紳以清談爲廟略。乘潰水以膠船。馭奔駒以朽索。小人則將及水火。君子則方成猿鶴。敝箄不能救鹽池之鹹。阿膠不能止黃河之濁。既而鲂魚赬尾。四郊多壘。殿狎江鷗。宮鳴野雉。湛盧去國。艅艎失水。見被髮於伊川。知百年而爲戎矣。（此段言禍將作而梁君臣猶忽於武備）

彼姦逆之熾盛。久遊魂而放命。大則有鯨有鯢。小則爲梟爲獍。負其牛羊之力。凶其水草之性。非玉燭之能調。豈璿璣之可正。値天下之無爲。尚有欲於羈縻。飲其琉璃之酒。賞其虎

豹之皮。見胡柯於大夏。識鳥卵於條枝。豺牙密厲。虺毒潛吹。輕九鼎而欲問。聞三川而遂窺。此段敍侯景內附及其謀叛

始則王子召戎。姦臣介胄。既官政而離逷。遂師言而泄漏。望廷尉之逋囚。反淮南之窮寇。出狄泉之蒼鳥。起橫江之困獸。地則石鼓鳴山。天則金精動宿。北闕龍吟。東陵麟鬥。此段敍內奸引寇及災異之迭見

爾乃桀黠橫扇。馮陵畿甸。擁狼望於黃圖。塡盧山於赤縣。青袍如草。白馬如練。天子履端廢朝。單于長圍高宴。兩觀當戟。千門受箭。白虹貫日。蒼鷹擊殿。竟遭夏臺之禍。終視堯城之變。官守無奔問之人。干戚非平戎之戰。陶侃空爭米船。顧榮虛搖羽扇。此段敍侯景圍臺城

將軍死綏。路絕長圍。烽隨星落。書逐鳶飛。遂乃韓分趙裂。鼓臥旗折。失羣班馬。迷輪亂轍。猛士嬰城。謀臣卷舌。昆陽之戰象走林。常山之陣蛇奔穴。五郡則兄弟相悲。三州則父子離別。護軍慷慨。忠能死節。三世爲將。終於此滅。濟陽忠壯。身參末將。兄弟三人。義聲俱唱。主辱臣死。名存身喪。狄人歸元。三軍悽愴。尚書多算。守備是長。雲梯可拒。地道能防。有齊將之閉壁。無燕師之臥牆。大事去矣。人之云亡。申子奮發。勇氣咆勃。實總元戎。身先士卒。冑落魚門。兵塡馬窟。屢犯通中。頻遭刮骨。功業夭枉。身名埋沒。此段敍援兵之無用及諸將之覆敗

或以隼翼鷃披。虎威狐假。沾漬鋒鏑。脂膏原野。兵弱虜強。城孤氣寡。聞鶴唳而心驚。聽胡笳而淚下。拒神亭而亡戟。臨橫江而棄馬。崩於鉅鹿之沙。碎於長平之瓦。此段總敍敗兵之狀

於是桂林顚覆。長洲麋鹿。潰潰沸騰。茫茫墋黷。天地離阻。神人慘酷。晉鄭靡依。魯衞不睦。競動天關。爭迴地軸。探雀鷇而未飽。待熊蹯而詎熟。乃有車側郭門。筋懸廟屋。鬼同曹社之謀。人有秦庭之哭。此段敍臺城陷落兩帝遇害建康淪亡

爾乃假刻璽於關塞。稱使者之酬對。逢鄂坂之譏嫌。値耏門之征稅。乘白馬而不前。策青騾而轉礙。吹落葉之扁舟。飄長風於上游。彼鋸牙而鈎爪。又循江而習流。排青龍之戰艦。鬬飛燕之船樓。張遼臨於赤壁。王濬下於巴丘。乍風驚而射火。或箭重而回舟。未辨聲於黃蓋。已先沈於杜侯。落帆黃鶴之浦。藏船鸚鵡之洲。路已分於湘漢。星猶看於斗牛。此段敍初去金陵中途所歷

若乃陰陵失路。釣臺斜趣。望赤壁而沾衣。艤烏江而不渡。雷池柵浦。鵲陵焚戍。旅舍無煙。巢禽無樹。謂荆衡之杞梓。庶江漢之可恃。淮海維揚。三千餘里。過漂渚而寄食。託蘆中而渡水。届於七澤。濱於十死。此段敍已至江陵見所過殘破及途中之艱苦

嗟天保之未定。見殷憂之方始。本不達於危行。又無情於祿仕。謬掌衞於中軍。濫尸丞於御史。信生世等於龍門。辭親同於河洛。奉立身之遺訓。受成書之顧託。昔三世而無慙。今七葉而始落。泣風雨於梁山。惟枯魚之銜索。入欹斜之小徑。掩蓬藋之荒扉。就汀洲之杜若。待蘆葦之單衣。此段敍仕於元帝思親慮患

於是西楚霸王。劍及繁陽。鏖兵金匱。校戰玉堂。蒼鷹赤雀。鐵軸牙檣。沈白馬而誓衆。負黃龍而渡江。海潮迎艦。江萍送王。戎車屯於石城。戈船掩於淮泗。諸侯則鄭伯前驅。盟主

則荀罃暮至。剖巢熏穴。奔魑走魅。埋長狄於駒門。斬蚩尤於中冀。然腹爲燈。飲頭爲器。直虹貫壘。長星屬地。昔之虎踞龍盤。加以黃旗紫氣。莫不隨狐兎而窟穴。與風塵而殄瘁。西瞻博望。北臨玄圃。月榭風臺。池平樹古。倚弓於玉女窗扉。繫馬於鳳凰樓柱。仁壽之鏡徒懸。茂陵之書空聚。（此段敍討平侯景兼傷故都之殘毀）

若夫立德立言。謨明寅亮。聲超於繫表。道高於河上。更不遇於浮丘。遂無言於師曠。以愛子而託人。知西陵而誰望。非無北闕之兵。猶有雲臺之仗。（此段追悼簡文帝）

司徒之表裏經綸。狐偃之惟王實勤。橫琱戈而對霸主。執金鼓而問賊臣。平吳之功。壯於杜元凱。王室是賴。深於溫太眞。始則地名全節。終則山稱枉人。南陽校書。去之已遠。上蔡逐獵。知之何晚。（此段追悼王僧辯）

鎭北之負譽矜前。風飈凜然。水神遭箭。山靈見鞭。是以蟄熊傷馬。浮蛟沒船。才子併命。俱非百年。（此段追悼邵陵王綸）

中宗之夷凶靖亂。大雪冤恥。去代邸而承基。遷唐郊而纂祀。反舊章於司隸。歸餘風於正始。沈猜則方逞其欲。藏疾則自矜於己。天下之事沒焉。諸侯之心搖矣。既而齊交北絕。秦患西起。況背關而懷楚。異端委而開吳。驅綠林之散卒。拒驪山之叛徒。營軍梁溠。蒐乘巴渝。問諸淫昏之鬼。求諸厭劾之符。荆門遭廩延之戮。夏口濫逵泉之誅。蔑因親以教愛。忍和樂於彎弧。既無謀於肉食。非所望於論都。未深思於五難。先自擅於三端。登陽城而避險。臥砥柱而求安。既言多於忌刻。實志勇而形殘。但坐觀於時變。本無情於急難。地惟黑子。城猶彈丸。其怨則黷。其盟則寒。豈冤禽之能塞海。非愚叟之可移山。此段言元帝中興後之失德失政逡使帝王萬世之業敗於垂成

況以沴氣朝浮。妖精夜隕。赤烏則三朝夾日。蒼雲則七重圍軫。亡吳之歲既窮。入郢之年斯盡。周含鄭怒。楚結秦冤。有南風之不競。值西鄰之責言。俄而梯衝亂舞。冀馬雲屯。俴秦車於暢轂。沓漢鼓於雷門。下陳倉而連弩。渡臨晉而橫船。雖復楚有七澤。人稱三戶。箭不麗於六麋。雷無驚於九虎。辭洞庭兮落木。去涔陽兮極浦。熾火兮焚旗。貞風兮害蠱。乃使玉軸揚灰。龍文折柱。此段敍江陵之亡

下江餘城。長林故營。徒思拑馬之秣。未見燒牛之兵。章曼支以轂走。宮之奇以族行。河無冰而馬渡。關未曉而雞鳴。忠臣解骨。君子吞聲。章華望祭之所。雲夢僞遊之地。荒谷縊於莫敖。冶父囚於羣帥。硎谷摺拉。鷹鸇批攪。冤霜夏零。憤泉秋沸。城崩杞婦之哭。竹染湘妃之淚。此段總敍江陵之亡以著慘痛

水毒秦涇。山高趙陘。十里五里。長亭短亭。飢隨蟄燕。暗逐流螢。秦中水黑。關上泥青。於時瓦解冰泮。風飛電散。渾然千里。淄澠一亂。雲暗如沙。冰橫似岸。逢赴洛之陸機。見離家之王粲。莫不聞隴水而掩泣。向關山而長歎。況復君在交河。妾在青波。石望夫而逾遠。山望子而逾多。才人之憶代郡。公主之去清河。栩陽亭有離別之賦。臨江王有愁思之歌。此段敍梁人被虜入關之苦

別有飄颻武威。羈旅金微。班超生而望返。溫序死而思歸。李陵之雙鳧永去。蘇武之一鴈空飛。（此段自敍羈絏長安不得南歸）

若江陵之中否。乃金陵之禍始。雖借人之外力。實蕭牆之內起。撥亂之主忽焉。中興之宗不祀。伯兮叔兮。同見戮於猶子。荊山鵲飛而玉碎。隨岸蛇生而珠死。鬼火亂於平林。殤魂遊於新市。梁故豐徙。楚實秦亡。不有所廢。其何以昌。有嬀之後。將育於姜。輸我神器。居爲讓王。（此段敍江陵之滅及梁之禪陳）

天地之大德曰生。聖人之大寶曰位。用無賴之子弟。舉江東而全棄。惜天下之一家。遭東南之反氣。以鶉首而賜秦。天何爲而此醉。（此段言梁亡由於武帝失政其子孫又自相吞併）

且夫天道迴旋。生民預焉。余烈祖於西晉。始流播於東川。洎余身而七葉。又遭時而北遷。提挈老幼。關河累年。死生契闊。不可問天。況復零落將盡。靈光巋然。日窮於紀。歲將復始。逼迫危慮。端憂暮齒。踐長樂之神皋。望宣平之貴里。渭水貫於天門。驪山迴於地市。幕府大將軍之愛客。丞相平津侯之待士。見鐘鼎於金張。聞絃歌於許史。豈知霸陵夜獵。猶是故時將軍。咸陽布衣。非獨思歸王子。（此段先自敍在長安之遭際結出思歸之本旨）

近人瞿兌之謂此賦在技術方面有三特點：

一爲用韻諧美，如『君在交河，妾在青波，石望夫而逾遠，山望子而逾多』之類。

二爲用典貼切，如『孫策以天下爲三分，衆纔一旅，項籍用江東之子弟，人惟八千』之類。

三爲排偶之中夾以散行，如『見被髮於伊川，知百年而爲戎矣』之類。

子山同時有顏之推者，與其身世相埒，亦作觀我生賦，載北齊書本傳中，比較觀之，始知其不逮子山甚遠。清太平軍初起時，湘中才子王闓運亦以此爲題，且用其舊韻，撰成一篇，刻意摹仿，幾可亂眞，然而此等傑構，終覺其不可無一，不能有二也。

唐杜甫號一代詩宗，生平不輕許人，獨對子山詩賦之波瀾老成，心折不已。如云：

庾信文章老更成，凌雲健筆意縱橫。今人嗤點流傳賦，不覺前賢畏後生。（戲爲六絕句）

清新庾開府，俊逸鮑參軍。（春日夢李白）

庾信平生最蕭瑟，暮年詩賦動江關。（詠懷古跡）

孫元晏亦賦詩哀之云：

苦心詞賦向誰談，淪落咸陽志豈甘。可惜多才庾開府，一生惆悵憶江南。（庾信）

夫環境之變遷，影響於文學作品者深矣，子山不經亂離之悲，不能有蕭瑟老成之境界，猶之杜少陵不經天寶之亂，不能有北征、三吏、三別諸偉作，李後主無亡國之痛，不能有『春花秋月何時了』諸佳句也。

【二】表啓類　表啓文字，六朝人最優爲之，如傅亮、任昉、江淹、沈約等，皆稱一代高手，然猶未若子山之作之能扣人心弦感人肺腑也。子山章表文字，爲數不多，賀平鄴都、賀新樂、進白兔、進蒼烏、進赤雀、進玉律秤尺斗升、爲閻大將軍乞致仕諸篇，雖極紆徐委婉，以視前述諸子，猶在伯仲間耳。至普通書啓則不然，往往設辭輕倩，曲盡事情，聲容並茂，輕重悉宜，極小品文字之能事。而修辭方法，率與庾肩吾無異，靈椿留芳，趨庭有自，亦藝林之佳話也。試擧數篇爲例。

謝滕王集序啓

信啓。伏覽制垂賜集序。紫微懸映。如傳闕里之書。靑鳥遙飛。似送層城之璧。若夫甘泉宮裏。玉樹一叢。玄武闕前。明珠六寸。不得譬此光芒。方斯燭照。有節有度。即是能平八風。愈唱愈高。殆欲去天三尺。

殿下雄才蓋代。逸氣橫雲。濟北顏淵。關西孔子。譬其毫翰。則風雨爭飛。論其文采。則魚龍百變。蒲桃繞館。新開碣石之宮。修竹夾池。始作睢陽之苑。琉璃泛酒。鸚鵡承杯。鳳穴歌聲。鸞林舞曲。況復行雲逐雨。迴雪隨風。湖陽之尉。既成爲喜之因。春陵之侯。便是銷憂之地。

某本乏材用。無多述作。加以建鄴陽九。劣免儒硎。江陵百六。幾從士壠。至如殘編落簡。並入塵埃。赤軸靑箱。多從灰燼。比年痾恙彌留。光陰視息。桑榆已迫。蒲柳方衰。不無秋氣之悲。實有途窮之恨。是以精采瞀亂。頗同宋玉。言辭蹇吃。更甚揚雄。一吟一詠。其可知矣。好事者不求。知音者不用。非有班超之志。遂已棄筆。未見陸機之文。久同燒硯。

至於凋零之後。殘缺所餘。又已雜用補袍。隨時覆醬。聖慈憐愍。遂垂存錄。始知揄揚過差。君子失辭。比擬縱横。小人迷惑。荆玉抵鵲。正恐輕用重寶。龍淵削玉。豈不徒勞神慮。匠石迴顧。朽木變於雕梁。孫陽一言。奔踶成於駿馬。故知假人延譽。重於連城。借人羽毛。榮於尺玉。溟池九萬里。無踰此澤之深。華山五千仞。終愧斯恩之重。

即日金門細管。未動春灰。石壁輕雷。尙藏冬蟄。伏願聖躬。與時納豫。南陽寶雉。幸足觀瞻。酈縣菊泉。差能延壽。伏遲至鄴可期。從梁有日。同杞子之盟會。必欲瞻仰風塵。共薛侯而來朝。謹當逢迎冠蓋。魚腸尺素。鳳足數行。書此謝辭。終知不盡。謹啓

案滕王宇文逌於子山極爲敬重，詩文酬答，周旋款至，有若布衣之交，周敬帝大象元年，爲製庾開府集序，子山作此謝之。子山既銜亡國之痛，於擧目無親之地，得此知己，亦可稍紓其鄉關之思矣。故譚獻評曰：『豐健欲飛，幽咽如訴，子山文固篇篇可讀。』駢體文鈔

謝明皇帝賜絲布等啓

臣某啓。奉敕垂賜雜色絲布綿絹等三十段、銀錢二百文。某比年以來。殊有缺乏。白社之內。拂草看冰。靈臺之中。吹塵視甑。懟妻狠妾。既嗟且憎。瘠子羸孫。虛恭實怨。王人忽降。大賚先臨。天帝賜年。無踰此樂。仙童贈藥。未均斯喜。張袖而舞。玄鶴欲來。舞節而歌。行雲幾斷。所謂舟檝無岸。海若爲之反風。薺麥將枯。山靈爲之出雨。況復全抽素繭。雪板疑傾。

併落青鳧。銀山或動。是知青牛道士。更延將盡之命。白鹿眞人。能生已枯之骨。雖復拔山超海。負德未勝。垂露懸針。書恩不盡。蓬萊謝恩之雀。白玉四環。漢水報德之蛇。明珠一寸。某之觀此。寧無愧心。直以物受其生。於天不謝。謹啓。

此文清而不淺，華而不浮，如許小事，竟成絕大文章，末幅尤善於說詞，妙諦環生，子山固文士而兼說士者歟。蔣士銓評曰：『千百年來，風調常新，由其熟於避實就虛之法，開合斷續之機也，可謂庶美必臻，微瑕必去。』（四六法海）許槤曰：『學體皆奇，掃除庸響，唐人自玉谿金荃而下，不能擬隻字。』（六朝文絜）

謝趙王賚白羅袍袴啓

某啓。垂賚白羅袍袴一具。程據上表。空論雉頭。王恭入雪。虛稱鶴氅。未有懸機巧緤。變躡奇文。鳳不去而恆飛。花雖寒而不落。披千金之暫暖。棄百結之長寒。永無黃葛之嗟。方見青綾之重。對天山之積雪。尙得開襟。冒廣樂之長風。猶當揮汗。白龜報主。終自無期。黃雀謝恩。竟知何日。

謝滕王賚馬啓

某啓。奉敎垂賚烏騮馬一匹。柳谷未開。翻逢紫燕。陵源猶遠。忽見桃花。流電爭光。浮雲連影。張敞畫眉之暇。直走章臺。王濟飲酒之歌。長驅金埒。

子山才優學博，工於隸事，所作既無牽綴之跡，復免板重之累，但覺靈氣盤旋，綵雲上下。右舉二篇，乃絕佳之左證矣。

為梁上黃侯世子與婦書

昔仙人導引。尚刻三秋。神女將疏。猶期九日。未有龍飛劍匣。鶴別琴臺。莫不銜怨而心悲。聞猿而下淚。人非新市。何處尋家。別異邯鄲。那應知路。想鏡中看影。當不含啼。欄外將花。居然俱笑。分杯帳裏。卻扇牀前。故是不思。何時能憶。當學海神。逐潮風而來往。勿如織女。待塡河而相見。

此爲梁上黃侯蕭曄世子愨捉刀之作也，丰神飄逸，意態輕盈，淡語傳神，言外見意，寥寥百餘言，而深情無限，蓋其秀在骨，而不可以皮相者。讀其『想鏡中看影，當不含啼，欄外將花，居然俱笑』數句，豔極韻極，其欲不見妒於鴛鴦者，寧可得耶，故以一代香奩高手譽之，決不爲過。倪璠曰：『昔陸機入洛，有代彥先之詞，何遜裁書，有爲衡山之札，才子詞人，自能揮翰，而夫妻致詞，間多代作，此亦感其燕婉之情，代傳別恨，可以葛龔無去者也。愨本梁朝宗室，疑江陵陷後，隨例入關，若非隔絕，卽是俘虜。此書摹暫離之狀，寫永訣之情，茹恨吞悲，無所投訴，殆亦哀江南賦中「臨江愁思」之類也。』（庾子山集注）

【三】銘刻類　子山銘刻文字凡十篇，無一篇不美。有極哀婉者，如思舊銘是也。有極綺密者，如秦州天水郡麥積崖佛龕銘是也。有極雅鍊者，如終南山義谷銘是也。有極清麗者，如玉帳山銘是也。有極秀媚者，如望美人山銘是也。有極儁逸者、如至仁山銘是也。有極圓潤者，如明月山銘是也。有極纖仄者，如行雨山銘是也。率擧一首爲式。

思舊銘 幷序

歲在攝提。星居鶉首。梁故觀寧侯蕭永卒。嗚乎哀哉。人之戚也。既非金石所移。士之悲也。寧有春秋之異。高臺已傾。稷下有聞琴之泣。壯士一去。燕南有擊筑之悲。項羽之晨起帳中。李陵之徘徊歧路。韓王孫之質趙。楚公子之留秦。無假窮秋。於時悲矣。

況復魚飛武庫。預有棄甲之徵。鳥伏翟泉。先見横流之兆。星紀吳亡。庚辰楚滅。紀侯大去。鄅子無歸。原隰載馳。轘轅長别。甲裳失矣。餘皇棄焉。河傾酸棗。杞梓與樗櫟俱流。海淺蓬萊。魚鼈與蛟龍共盡。

焚香複道。詎斂遊魂。載酒屬車。寧消愁氣。芝蘭蕭艾之秋。形殊而共瘁。羽毛鱗介之怨。聲異而俱哀。所謂天乎。乃曰蒼蒼之氣。所謂地乎。其實博博之土。怨之徒也。何能感焉。凋殘殺翮。無所假於風飆。零落春枯。不足煩於霜露。

幕府初開。賢俊翹首。爲羈終歲。門人謝焉。至於東首告辭。西陵長往。山陽車馬。望別郊門。潁川賓客。遙悲松路。嵇叔夜之山庭。尚多楊柳。王子猷之舊徑。惟餘竹林。王孫葬地。方爲長樂之宮。烈士埋魂。即是將軍之墓。

昔嘗歡宴。風月留連。追憶生平。宛然心目。及乎垂翅秦川。關河羈旅。降乎悲谷之景。實有憂生之情。美酒酌焉。猶憶建業之水。鳴琴在操。終思華亭之鶴。重爲此別。嗚乎甚哉。

麟亡星落。月死珠傷。缾罄罍恥。芝焚蕙歎。所望鐘沈德水。聲出風雲。劍沒豐城。氣存牛斗。潸然思舊。乃作銘云。

風雲上慘。舟壑潛移。叚叚霜露。君子先危。紀侯大去。懷王不返。玉樹長埋。風流遂遠。
荀伯舊縣。廮封餘邑。萬里歸魂。修門詎入。墳横武庫。山枕盧龍。思歸道遠。返葬無從。
徒留送鴈。空靡長松。平陵之東。無復梧桐。松聲蕭瑟。長起秋風。疇昔隆貴。提攜語默。
託情嵇阮。風雲相得。有酒如澠。終溫且克。朝陽落鳳。大野傷麟。佳城鬱鬱。流寓於秦。
山陽相送。惟餘故人。孀機嫠緯。獨鶴孤鸞。閨深夜靜。風高月寒。生平已矣。懷舊何期。
匣中絃絕。鄰人笛悲。昔爲幕府。今成繐帷。

倪璠云:『思舊銘者，悼梁觀寧侯蕭永作也。觀寧之卒，王褒有送葬之詩，子山著思舊之銘。昔向秀山陽聞笛，感音而賦。子山與蕭王二君同時羈旅，是篇皆其鄉關之思。及褒薨，信作詩云:「惟有山陽笛，悽余思舊篇。」謂斯銘也。』(庾子山集注)

【四】碑誌類　文學作品，莫尚於情，有情始能感人，有情始能傳世，凡百文體，無一不然。西人紐曼(Newmen)嘗謂：『文學爲思想之表見，而感情乃思想之王。』溫采士特(Winchester)亦曰：『信夫文章之價值，大半以感情之強弱爲衡也。』(文學評論之原理)　蓋天地間之至文，非至性至情者不能作，而篤於性深於情者，亦往往不求文工而文自工，此殆存乎才學識之外，純屬眞靈，而非有絲毫勉強於其間也。若漢之蔡中郎，一代文章宗匠也，所作碑銘，幾近四十篇，然自謂平生愜意之作，惟在郭有道林宗碑一篇而已。(見後漢書本傳)　推原其故，殆卽無深情以絡之耳。夫子山之文固以情勝者也，辭賦然，銘刻亦然，而以碑誌爲尤甚焉。如撰寫吳明徹墓誌銘，卽將一己飄泊之感，身世之痛，傾筐倒篋而注入之，惺惺相惜之情，充塞行間字裏，遂爲誌文絕唱。

周大將軍懷德公吳明徹墓誌銘 并序

公諱明徹。字通昭。兗州秦郡人也。西都列國。長沙王功被山河。東京貴臣。大司馬名高霄漢。豈直西河有守。智足抗秦。建平有城。威能動晉而已也。祖尙。南譙太守。父標。右軍將軍。抗拒淮沂。平夷濟漯。代爲名將。見於斯矣。

公志氣縱橫。風情倜儻。圯橋取履。早見兵書。竹林逢猿。偏知劍術。故得勇爵登朝。材官入選。起家東宮司直。後除左軍。葛瞻始嗣兵戈。仍遭蜀滅。陸機纔論功業。卽値吳亡。公之仕梁。未爲達也。

自梁受終。齊卿得政。禮樂征伐。咸歸舜後。是以威加四海。德教諸侯。蕭索煙雲。光華日月。公以明略佐時。雄圖贊務。鱗翼更張。風飆遂遠。冠軍侯之用兵。未必師古。武安君之養士。能得人心。擬於其倫。公之謂矣。爲左衞將軍。尋遷鎭軍、丹陽尹。北軍中候。總政六師。河南京尹。冠冕百郡。文武是寄。公無愧焉。

瀟湘之役。馮陵島嶼。風船火艦。周瑜有赤壁之兵。蓋舳艪艫。魏齊有橫江之戰。仍爲平南將軍、開府儀同三司、都督湘衡桂武四州刺史。遂得左廣迴扃。轔車反暢。長沙楚鐵。更入兵欄。洞浦藏犀。還輸甲庫。雖復戎歌屢凱。軍幕猶張。淮南望廷尉之囚。合肥稱將軍之寇。莫不失穴驚巢。沉水陷火。爲使持節、侍中、司空、車騎大將軍、都督南北兖青譙五州諸軍事、南兖州刺史、南平郡開國公。食邑八千戶。鼓吹一部。中台在玄武之宮。上將列文昌之宿。高蟬臨鬢。吟鷺陪軒。平陽之邑萬家。臨淄之馬千駟。坐則玉案推食。行則中分麾下。生平若此。功業是焉。

既而金精氣壯。師出有名。石鼓聲高。兵交可遠。故得舳艫所臨。蓋於淮泗。旌旗所襲。奄有龜蒙。魏將已奔。猶書馬陵之樹。齊師其遁。空望平陰之烏。俄而南仲出車。方叔涖止。暢轂文茵。鉤膺鞗革。遂以天道在北。南風不競。昔者裨將失律。衞將軍於是待罪。中軍爭濟。苟桓子於焉受戮。心之憂矣。胡以事君。

宣政元年。屆於東都之亭。有詔釋其纍鑣。錫其釁社。始弘就館之禮。卽受登壇之策。拜持節大將軍、懷德郡開國公。邑二千戶。歸平津之館。時聞櫪馬之嘶。合廣成之傳。裁見諸侯之客。廉頗眷戀。寧聞更用之期。李廣盤桓。無復前驅之望。霸陵醉尉。侵辱可知。東陵故侯。生平已矣。

大象二年七月二十八日。氣疾暴增。奄然賓館。春秋七十七。卽以其年八月十九日寄瘞於京兆萬年縣之東郊。詔贈某官。謚某。禮也。江東八千子弟。從項籍而不歸。海島五百軍人。爲田橫而俱死焉。嗚乎哀哉。毛脩之埋於塞表。流落不存。陸平原敗於河橋。死生慚恨。反公孫之柩。方且未期。歸連尹之尸。竟知何日。遊魂羈旅。足傷溫序之心。玄夜思歸。終有蘇韶之夢。遂使廣平之里。永滯寃魂。汝南之亭。長聞夜哭。嗚乎哀哉。乃爲銘曰。

九河宅土。三江貢職。彼美中邦。君之封殖。負才矜智。乘危恃力。浮磬戢鱗。孤桐垂翼。
五兵早竭。一鼓前衰。移營減竈。空幕禽飛。羊皮詎贖。畫馬何追。背纛永去。隨會無歸。
存沒俄頃。光陰悽愴。岳裂中台。星空上將。眷言妻子。悠然亭障。魂或可招。喪何可望。
壯志沉淪。雄圖埋沒。西隴足抵。黃塵碎骨。何處池臺。誰家風月。墳隧羈遠。營魂流寓。
霸岸無封。平陵不樹。壯士之隴。將軍之墓。何代何年。還成武庫。

此外，若陝州弘農郡五張寺經藏碑之遒麗宏肆，周上柱國齊王憲神道碑之沈雄隱秀，周太子太保步陸逞神道碑之風韻跌宕，周大將軍司馬裔神道碑之俊逸疏暢，周柱國大將軍長孫儉神道碑之激盪有氣，周車騎大將軍賀婁公神道碑之筆力靖凝，周大將軍琅琊定公司馬裔墓誌銘之蕭瑟嵯峨，周大將軍義興公蕭公墓誌銘之豪華精整，周譙國公夫人步陸孤氏墓誌銘之彩麗競繁，周安昌公夫人鄭氏墓誌銘之幽豔淒戾，周趙國公夫人紇豆陵氏墓誌銘之辭采深婉，均子山集中擲地有聲之作。蔣士銓云：『趙松雪以雄秀許右軍之字，余謂子山駢體直受此二言不愧。』（四六法海評本）觀上列各篇而益信。

上舉四類作品，誠不足以盡子山，而一般文家所樂道者，大體不出此範圍。至於庾氏在駢文上之造詣以及在文學史上之地位，前哲言之綦詳，累紙所不能盡也，今擇其尤要者臚列於左：

(一)周書王褒庾信傳論：

周氏創業，運屬陵夷，纂遺文於既喪，聘奇士如弗及。……既而革車電邁，渚宮雲撤，爾其荆衡杞梓，東南竹箭，備器用於廟堂者衆矣。唯王褒庾信，奇才秀出，牢籠於一代，是時世宗雅詞雲委，滕趙二王，雕章間發，咸築宮虛館，有如布衣之交，由是朝廷之人，閭閻之士，莫不忘味於遺韻，眩精於末光，猶丘陵之仰嵩岱，川流之宗溟渤也。

(二)倪璠庾子山集題辭：

南朝綺豔，或尚虛無之宗，北地根株，不祖浮靡之習。若子山可謂窮南北之勝。稱其文辭，則安仁伯喈，論其銓敘，則令升承祚。而今人厭薄此體，以難於敘事，是謂筆筆對仗，守一而不變者也。子山之文，雖是駢體，間多散行，譬如鍾王楷法，雖非八體六文，而意態之間，便已橫生古趣。……江南競寫，曾與徐陵齊名，河北程才，獨有王褒並埒。然而靑衿初學，同時子服之班，白首無徒，且結桓譚之好。徐既未可齊驅，王亦安能並駕。是以寫片石於溫子，餘則無人，類一語於吳均，終須削札。專標庾氏，百世無匹者也。

㊂四庫全書庾開府集箋注提要：

庾信初在南朝，與徐陵齊名。……至信北遷以後，閱歷既久，學問彌深，所作皆華實相扶，情文兼至，抽黃對白之中，灝氣舒卷，變化自如，則非陵之所能及矣。張說詩曰：『蘭成追宋玉，舊宅偶詞人，筆涌江山氣，文驕雲雨神。』其推挹甚至。

㊃朱彝尊雜詩：

海內文章有定稱，南來庾信北徐陵。如今著作修文殿，物論翻歸祖孝徵。

綜上以觀，無論詩家、文家、史家、以至考據家，莫不衆口一聲，於庾氏交相讚譽，江山文藻，信爲不朽矣。

三　陸贄

中唐之世，以文章而成相業，以忠懇而導中興，上承燕許以散文之氣勢運偶句，下開晚唐趙宋四六文之先河，義理之精，足以比隆濂洛，氣勢之盛，亦堪方駕韓蘇，接軫典謨，垂範百世者，自陸贄而外，指難再屈矣。

陸贄字敬輿，嘉興人，賦性忠藎，雅好儒學，年十八登進士第，中博學宏詞科，授華州鄭縣尉，非其好也，罷秩東歸。壽州刺史張鎰有重名，贄往見，語三日，鎰奇之，請爲忘年交，以書判拔萃，授渭南尉，遷監察御史。德宗在東宮時，素知贄名，登極後卽召爲翰林學士，甚見親任，雖有宰相，而謀猷參決，多出於贄，時號內相。建中四年，朱泚亂作，從狩奉天，一日之內，詔書數百，贄揮翰起草，思如泉注，初若不經思慮，及成而奏，無不曲盡事情，中於機會，倉卒塡委，同職者中心歎服，不能復有所助。嘗從容奏曰：『此時詔書，陛下宜痛自引過，以感人心，昔禹湯以罪己勃興，楚昭以善言復國，陛下誠能不吝改過，以言謝天下，俾臣草辭無諱，庶幾羣盜革心。』帝從之，故行在詔書始下，雖武人悍卒，無不揮涕激發。議者以德宗克平寇亂，不惟神武之功，爪牙宣力，蓋亦資文德廣被，腹心有助焉。及還京師，李抱眞來朝，奏曰：『陛下在山南時，山東士卒聞書詔之辭，無不感泣，思奮臣節，臣知賊不足平也。』累遷考功郎中，諫議大夫。丁母憂，免喪，權知兵部侍郎，知貢擧，得人之盛，公議稱之。貞元八年，拜中書侍郎平章事，精於吏事，斟酌剖決，不爽錙銖。時戶部侍郎裴延齡奸宄用事，天下嫉之如讎，以得幸於天子，竟無敢言者，贄獨上書極言其弊，延齡日加譖毀，十年十二月除太子賓客，罷知政事。明年夏旱，邊軍芻糧不給，具事論訴，延齡遂誣贄與張滂李充等鼓扇軍情，帝怒，貶贄爲忠州別駕。贄居忠州十餘年，韜光養晦，閉門卻掃，人無識面者，復避謗不著書，惟考校醫方，爲陸氏集驗方五十卷。順宗立，召還，詔未至而贄已卒，年五十二，追贈兵部尚書，謚曰宣，所著曰翰苑集，凡二十二卷。

自來章奏中之賀謝表，例用駢體，至薦擧及進奉，則或用之，蓋以品藻比擬，是其所長也。若乃敷陳論列，無往不可，而又纂組輝華，宮商諧協，則旰衡千古，宣公一人而已。今觀翰苑集中，率以四六陳說時事，明白曉暢，精闢無儔，理勝而將以誠，詞直而出以婉，忠懇如聞於太息，曲折殆盡於事情，故能辭無險易，灑翰卽工，文無精粗，敷言輒儷。蘇軾極稱道其文章，有曰：

夫六經三史，諸子百家，非無可觀，皆足爲治。但聖言幽遠，末學支離。譬如山海之崇深，難以一二而推擇。如贄之論，開卷了然，聚古今之精英，實治亂之龜鑑。臣等欲取其奏議，稍加校正，繕寫進呈。願陛下置之坐隅，如見贄面，反復熟讀，如與贄言。必能發聖性之高明，成治功於歲月。（乞校正陸宣公奏議劄子）

宣公居官數十年，匡弼之文甚多，據蘇軾上文（劄子全文見本書第一章所引）所稱，其諫德宗以忠厚者，如奉天論解蕭復狀、興元論解姜公輔狀、請釋趙貴先罪狀之類是也。勸之以推誠者，如奉天請數對羣臣兼許令論事狀，謂誠信不可斯須去身之類是也。消兵爲先者，如收河中後請罷兵狀之類是也。散財爲急者，如奉天請罷瓊林大盈二庫狀之類是也。用人聽言之法者，如奉天請數對羣臣兼許令論事狀、請許臺省長官舉薦屬吏狀之類是也。治邊馭將之方者，如論緣邊守備事宜狀、論兩河及淮西利害狀之類是也。罪己改過者，唐書宣公本傳云：贄嘗爲帝言，今盜徧天下，宜痛自咎悔，以感人心，昔成湯罪己以興，楚昭一言復國，陛下誠不吝改過，使臣持筆亡所忌，庶叛者革心，帝從之云云，是也。去小人以除民患者，如論裴延齡姦蠹書之類是也。惜名器（名器謂爵號與車服儀制，所以別尊卑也。）以待有功者，如駕幸梁州論進獻瓜果人擬官狀、又論進瓜果人擬官狀之類是也。今錄其最有名之一篇，以著其概。

奉天改元大赦制

▲平朱泚後改建中五年為興元元年▼

門下。致理興化。必在推誠。忘己濟人。不吝改過。朕嗣守丕構。君臨萬方。失守宗祧。越在草莽。不念率德。誠莫追於既往。永言思咎。期有復於將來。明徵其義。以示天下。

惟我烈祖。邁德庇人。致俗化於和平。拯生靈於塗炭。重熙積慶。垂二百年。伊爾卿尹庶官。洎億兆之衆。代受亭育。以迄於今。功存於人。澤垂於後。肆予小子。獲纘鴻業。懼德不嗣。罔敢怠荒。然以長於深宮之中。暗於經國之務。積習易溺。居安忘危。不知稼穡之艱難。不察征戍之勞苦。澤靡下究。情不上通。事既壅隔。人懷疑阻。猶昧省己。遂用興戎。徵師四方。轉餉千里。賦車籍馬。遠近騷然。行齎居送。衆庶勞止。或一日屢交鋒刃。或連年不解甲胄。祀奠乏主。室家靡依。生死流離。怨氣凝結。力役不息。田萊多荒。暴命峻於誅求。疲甿空於杼軸。轉死溝壑。離去鄉閭。邑里丘墟。人煙斷絕。天譴於上。而朕不悟。人怨於下。而朕不知。馴致亂階。變興都邑。賊臣乘釁。肆逆滔天。曾莫愧畏。敢行凌逼。萬品失序。九廟震驚。上辱於祖宗。下負於黎庶。痛心靦貌。罪實在予。永言愧悼。若墜深谷。賴天地降祐。神人叶謀。將相竭誠。爪牙宣力。屏逐大盜。載張皇維。

將弘永圖。必布新令。朕晨興夕惕。惟念前非。乃者公卿百寮。累抗章疏。猥以徽號。加於朕躬。固辭不獲。俯遂輿議。昨因內省。良用瞿然。體陰陽不測之謂神。與天地合德之謂聖。顧惟淺昧。非所宜當。文者所以成化。武者所以定亂。今化之不被。亂是用興。豈可更徇羣情。苟膺虛美。重余不德。祇益懷慚。自今以後。中外所上書奏。不得更稱聖神文武之號。

夫人情不常。繫於時化。天道既隱。亂獄滋豐。朕既不能弘德導人。又不能一法齊衆。苟設密網。以羅非辜。爲之父母。實增愧悼。今上元統歷。獻歲發生。宜革紀年之號。式敷在宥之澤。與人更始。以答天休。可大赦天下。改建中五年爲興元元年。自正月一日昧爽以前。大辟罪已下。罪無輕重。咸赦除之。

李希烈田悅王武俊李納等。有以忠勞任膺將相。有以勳舊繼守藩維。朕撫馭乖方。信誠靡著。致令疑懼。不自保安。兵興累年。海內騷擾。皆由上失其道。下罹其災。朕實不君。人則何罪。屈己宏物。予何愛焉。庶懷引慝之誠。以洽好生之德。其李希烈田悅王武俊李納及所管將士官吏等。一切並與洗滌。各復爵位。待之如初。仍卽遣使分道宣諭。朱滔雖與賊泚連坐。路遠未必同謀。朕方推以至誠。務欲弘貸。如能効順。亦與惟新。其河南北諸軍兵馬。並宜各於本道自固封疆。勿相侵軼。

朱泚大爲不道。棄義蔑恩。反易天常。盜竊名器。暴犯陵寢。所不忍言。獲罪祖宗。朕不敢赦。其應被朱泚脅從將士官吏百姓及諸色人等。有遭其煽誘。有迫以兇威。苟能自新。理可矜宥。但官軍未到京城以前。能去逆効順及散歸本道者。並從赦例原免。一切不問。

天下左降官。卽與量移近處。已量移者。更與量移。流人配隸。及藩鎭効力。幷緣罪犯。與諸使驅使官。兼別勅諸州縣安置。及罪人家口未得歸者。一切放還。應先有痕累禁錮。及反逆緣坐。承前恩赦所不該者。並宜洗雪。亡官失爵。放歸勿齒者。量加收敍。人之行業。或未必兼。構大廈者方集於羣材。建奇功者不限於常檢。苟在適用。則無棄人。況黜免之人。沉鬱既久。朝過夕改。仁何遠哉。流移降黜。亡官失爵。配隸人等。有材能著聞者。特加錄用。勿拘常例。

諸軍使諸道赴奉天及進收京城將士等。或百戰摧敵。或萬里勤王。扞固全城。驅除大憝。濟危難者其節著。復社稷者其業崇。我圖爾功。特加彝典。錫名疇賦。永永無窮。宜並賜名奉天定難功臣。身有過犯。遞減罪三等。子孫有過犯。遞減罪二等。當戶應有差科使役。一切蠲免。其功臣已後。雖衰老疾患。不任軍旅。當分糧賜。並宜全給。身死之後。十年內仍回給家口。其有食實封者。子孫相繼。代代無絕。其餘敍錄及功賞條件。待收京日。並準去年十月十七日十一月十四日勅處分。諸道諸軍將士等。久勤禦扞。累著功勳。方鎭克寧。惟爾之力。其應在行營者。並超三資與官。仍賜勳五轉。不離鎭者。依資與官。賜勳三轉。其累加勳爵。仍許回授周親。內外文武官三品已上。賜爵一級。四品已下。各加一階。仍並賜勳兩轉。

見危致命。先哲攸貴。掩骼埋胔。禮典所先。雖効用而或殊。在惻隱而何間。諸道將士有死王事者。各委所在州縣給遞。送歸本管。官爲葬祭。其有因戰陣殺戮。及擒獲伏辜。暴骨原野者。亦委所在。逐近便收葬。應緣流貶及犯罪未葬者。並許其家各據本官品以禮收葬。

自頃軍旅所給。賦役繁興。吏因爲姦。人不堪命。咨嗟怨苦。道路無聊。汔可小康。與之休息。其墊陌及稅間架竹木茶漆榷鐵等諸色名目。悉宜停罷。京畿之內。屬此寇戎。攻劫焚燒。靡有寧室。王師仰給。人以重勞。特宜減放今年夏稅之半。朕以兇醜犯闕。遽用於征。爰度近郊。息駕玆邑。軍儲克辦。師旅攸寧。式當褒旌。以志吾過。其奉天宜升爲赤縣。百姓並給復五年。

尙德者敎化之所先。求賢者郡家之大本。永言玆道。夢想勞懷。而澆薄之風。趨競不息。幽棲之士。寂寞無聞。蓋誠所未孚。故求之未至。天下有隱居行義。才德高遠。晦跡邱園。不求聞達者。委所在長吏。具姓名聞奏。當備禮邀致。諸色人中。有賢良方正。能直言極諫。及博通墳典。達於敎化。幷洞識韜鈐。堪任將帥者。委常參官及所在長吏聞薦。天下孤老鰥寡惸獨不能自活者。並委州縣長吏量事優恤。其有年九十已上者。刺史縣令就門存問。義夫節婦。孝子順孫。旌表門閭。終身勿事。

大兵之後。內外耗竭。貶食省用。宜自朕躬。當節乘輿之服御。絕宮室之華飾。率已師儉。爲天下先。諸道貢獻。自非供宗廟軍國之用。一切並停。內外官有冗員。及百司有不急之費。委中書門下即商量條件。停減聞奏。

布澤行賞。仰惟舊章。今以餘孽未平。帑藏空竭。有乖慶賜。深愧於懷。

赦書有所未該者。委所司類例條件聞奏。敢以赦前事相言告者。以其罪罪之。亡命山澤。

挾藏軍器。百日不首。復罪如初。赦書日行五百里。布告遐邇。咸使聞知。

唐自玄宗末年安祿山叛國後，藩鎮跋扈，外重內輕，歲無寧日。德宗卽位，欲革藩鎮世襲之弊，成德盧龍魏博淄青四鎮遂聯合叛亂，各自稱王，淮西節度使李希烈繼之，進稱楚帝，圍哥舒曜於襄城。建中四年十月，詔涇原節度使姚令言督鎮軍五千東救曜，過闕下，師次滻水，詔京兆尹王翃犒師，惟糲食菜餤，衆怒，因揚言曰：『吾輩將死於敵，而食且不飽，安能以微命拒白刃邪，聞瓊林大盈二庫，金帛盈溢，不如相與取之。』乃張旗鼓譟。還趣京師長安，恣意劫殺，帝倉皇與王貴妃、韋淑妃、太子、諸王、長安公主等，自苑北門出幸奉天。今陝西省乾縣初，朱泚嘗爲涇原軍統帥，坐弟滔之故，廢除京師，心常怏怏，至是，令言仍遣數百騎迎之入宮，泚旋僭卽皇帝位，國號大秦，改元應天，以令言爲侍中關內元帥。自引叛軍圍德宗於奉天，屢攻未破，金吾大將軍渾瑊率官軍守城，力戰經月，危殆已極。時羣臣或昧於天下大勢者，猶奏請加尊號以應厄運。陸贄謂『尊號之興，本非古制，行乎安泰之日，已累謙沖，襲乎喪亂之時，尤傷事體。』帝納其言，但改年號，以中書所撰赦文示贄，贄曰：『動人以言，所感已淺，言又不切，人誰肯懷。』乃別爲詔，悔過引咎，頒行天下，此卽名震中外之奉天改元大赦制也。自是朝野振奮，敵愾同仇，無何而朔方節度使李懷光率兵救應，敗泚兵於澧泉，遂解奉天之圍，與元於以中興。全文二千餘言，一氣呵成，無復斧鑿之迹，所謂卷舒之態自然，襞積之痕盡化者也。篇中所列，如『長於深宮之中，暗於經國之務』，『不知稼穡之艱難，不察征戍之勞苦』,『天譴於上,而朕不悟,人怨於下,而朕不知』,『萬品失序,九廟震驚,上辱於祖宗,下負於黎庶』,『朕實不君,人則何罪』。在在胥從肺腑中流出。眞摯愷切,感人實深,宜當日行在詔書一下,雖驕將悍卒,無不感激涕零,洄洑逶迤之美,至此歎觀止矣。

駢文至陸宣公,可謂極變化之能事,前乎此者,多吟詠哀思,搖蕩性靈之作,自宣公移以入奏議詔書之後,駢文之應用範圍,隨之擴大,不但可以抒情,可以敍事,亦且可以議論。故駢文之形式雖未嘗變,而駢文之性質與內容均已改觀。昔王志堅輯四六法海,陳均纂唐駢體文鈔,均不錄宣公之文,則知選學家固以宣公之文爲駢文中之別裁也。然就文章之實用而言,則別裁文學之價值,有時或度越乎正宗文學,此吾人讀翰苑集所宜深切認明者也。今擇錄前人評語二三則如下,俾知宣公駢文價值之一斑。

(一)權德輿翰苑集序:

公之秉筆內署也,搉古揚今,雄文藻思,敷之爲文誥,伸之爲典謨,俾剽狡向風,懦夫增氣,則有制誥集一十卷,覽公之作,則知公之爲文也。潤色之餘,論思獻納,軍國利害,巨細必陳,則有奏草七卷,覽公之奏,則知公之爲臣也。其在相位也,推賢與能,擧直錯枉,將斡璿衡而揭日月,清氛沴而平泰階,敷其道也,與伊說爭衡,考其文也,與典謨接軫,則有中書奏議七卷,覽公之奏議,則知公之事君也。公之文集有詩文賦集表狀爲別集十五卷。其關於時政,昭昭然與金石不朽者,惟制誥奏議乎。

(二)四庫全書簡明目錄:

贄文多用駢句，蓋當日之體裁，然眞意篤摯，反覆曲暢，不復見排偶之迹。新唐書不收四六，獨錄贄文十餘篇，司馬光資治通鑑錄其疏至三十九篇，上下千年，所取無多於是者，經世之文，斯之謂矣。

㈢吳曾祺涵芬樓文談：

陸宣公之奏議，間於不駢不散之間，善以偶語寓單行者，實爲自闢畦町，而爲宋四六之濫觴。

㈣姚永樸文學研究法引曾國藩之言：

陸公文無一句不對，無一字不諧平仄，無一聯不調馬蹄，而義理之精，足以比隆濂洛，氣勢之盛，亦堪方駕韓蘇。退之本爲陸公所取士，子瞻奏議，終身效法陸公，而公之剖析事理精當，則非韓蘇所能及。

古今奏議，推賈長沙、陸宣公、蘇文忠三人，爲超前絕後。

中唐時代，因受古文運動之影響，駢文之聲勢，嘗一度中衰，故純粹抒寫性靈之作品，殊不易覯，一般摛文之士，率以箋奏制令表啓見長，前乎陸氏者，有常袞、楊炎、于邵等。後乎陸氏者，有權德輿、元稹、白居易、劉禹錫等。作風與燕許相類，皆臺閣體之宗匠也。

四　蘇　軾兼論宋代駢文特色

自唐令狐楚傳章表之法，而李商隱遂有四六之集，宋之作者，尤別爲一體，故有宋四六之稱。昔崑山顧氏有云：『三百篇之不能不降而楚辭，楚辭之不能不降而漢魏，漢魏之不能不降而六朝，六朝之不能不降而唐也，勢也。』日知錄詩體代降條 此雖不專指駢文而言，而駢文蛻變之痕跡，固歷歷不爽。余以爲唐之不能不降而宋也，亦勢也。蓋自魏晉以迄南北朝，中國文學經過長期之自由與解放，逐漸脫離敎化與實用之立場，超脫現實社會與民衆生活之基礎，而勇向高蹈的浪漫主義與純藝術的唯美主義之路邁進，無論發之於詩，形之於文，皆不出聲律與對偶二大端，終於造成純文學之黃金時代。此種風氣緜衍至於初唐，猶未盡替。其後雖經燕許二公之稍加變革，韓柳諸子之無情打擊，亦終無損其顚末。故降至晚唐五代，唯美主義之狂飈又復籠蓋整個文壇，俳辭豔曲，斑斕輝煌，駢文發展至此，已臻絕詣，無復有後人措手足之餘地矣。王靜安所謂『文體通行既久，染指遂多，自成習套，豪傑之士亦難於其中自出新意，故遁而作他體，以自解脫』人間詞話 者，豈不然歟。

一時代之文學，恆有其所偏主之端，大勢所趨，萬矢一的，雖自謂與衆立異者，亦恆受其陰趨潛率而不自知。宋代爲散文盛行之世，斯時之駢文，名爲與古文對立，而實不免於古文化。以宋代之駢文與宋代之古文較，則爲駢文。以宋代之駢文與唐代之駢文較，則唐代之駢文，可謂駢文中之駢文，而宋代之駢文，可謂駢文中之散文矣。此等風氣，蓋變自歐陽修，而王安石蘇軾實爲之羽翼。良以宋初爲駢文者，無不恪守唐人矩矱，雍穆者遠師燕許，繁縟者近法樊南。自歐陽修出，始以古文之氣勢，運駢文之詞句，而其體乃一變。王安石文能標精理於簡嚴之內，蘇軾文能藏曲折於排蕩之中。宣和以後，且多用全文長句爲對。此則宋四六之自成一格者也。王應麟撰辭學指南，體崇四六，宗法歐陽王蘇，儻亦宋代駢體文格俱不能逾越此三家之範疇歟。

曹學佺序宋詩曰：『取材廣而命意新，不勦襲前人一字。』吳之振序宋詩鈔亦曰：『宋人之詩，變化於唐，而出其所自得，皮毛盡落，精神獨存。』此雖就詩立言，而駢文概貌，頗亦近似。此種劃時代之遷變，有得亦復有失。氣之生動，詞之清新，雖極剪裁雕琢之功，仍有漸近自然之妙，宋人之所長也。造句過長，漸失和諧之美，措語務巧，更無樸茂之風，馴至力求清新，流爲纖仄，取徑旣下，氣體彌卑，則其所短也。要之，宋代之駢文與六朝末期以來之駢文較，可謂駢文中之散文。所長在此，所短亦在此也。（參用近人呂思勉氏之說○見宋代文學第三章）

宋四六之特色，大體已如上述，今再歸納前人之說，約得六端如下：

【一】體製狹隘 宋四六文，大都用於詔制表啓之屬，繩以曾國藩經史百家雜鈔文體分類法，皆屬於『告語門』。詔制者，上告下者也，表者，下告上者也，啓者，同輩相告者也。此外如『上梁文』『樂語』，則辭賦之變相，屬於『著作門』者也。曹振鏞云：『宋詔多古體，制則今古體參半，惟表啓最繁，家有數卷。上梁文樂語，作者每工。至於賦乃有韻之文，誥檄國書露布，詞科間有擬作，青詞表本疏牓，於義無取，記傳碑序，傳蓋尟矣。』按曹氏編次彭元瑞所纂宋四六文，僅限於『詔』『制』『表』『啓』『上梁文』『樂語』六體，餘皆不錄。蓋宋代散行文亦復盛極一時，四六文之應用，惟此六體爲偏盛。較之魏晉六朝初唐，一切文字皆取駢麗，則有間矣。然當時士大夫亦頗以此相尙，蓋亦入仕途者所不可忽也。謝伋四六談麈自序云：『三代兩漢以前，訓誥誓命，詔策書疏，無駢儷粘綴，溫潤爾雅。先唐以還，大概取便於宣讀。本朝自歐陽文忠王舒國敍事之外，自爲文章，製作混成，一洗西崑磔裂煩碎之體。厥後學之者益以衆多，況朝廷以此取士，名爲博學宏詞，而內外兩制用之，四六之藝，誠日大矣。下至往來箋記啓狀，皆有定式，故設之應用，四方一律，可不習而知。』故自今日觀之，宋之四六文，不過佔宋文學之一部分，而在當時，則官私文書之講求典贍工緻者，必從事於此，不僅取便宣讀已也。

【二】工於翦裁　四六談麈云：『四六之工，在於裁翦，若全句對全句，亦何以見工。』又云：『四六經語對經語，史語對史語，詩語對詩語，方妥帖。太祖郊祀，陶穀作赦文，不以「籩豆有楚」對「黍稷非馨」，而曰「籩豆陳有楚之儀，黍稷奉惟馨之薦。」近世王初寮在翰苑作寶籙宮青詞云：「上天之載無聲，下民之虐匪降。」時人許其裁翦。』

【三】喜用長聯　四六談麈云：『四六施於制誥表奏文檄，本以便於宣讀，多以四字六字爲句，宣和間，多用全文長句爲對，習尚之久，至今未能全變，前輩無此體也。』樓鑰北海先生文集序云：『唐文三變，宋之文亦幾變矣。止論駢儷之體，亦復屢變。作者爭名，恐無以大相過，則又習爲長句，全用古語，以爲奇崛，反累正氣。況本以文從字順，便於宣讀，而一聯或至數十言，識者不以爲善也。』而俞樾春在堂筆錄亦云：『困學紀聞所鈔諸聯，如周南仲草追貶秦檜制云：「兵於五材，誰能去之，首弛邊疆之禁。臣無二心，天之制也，忍忘君父之讎。」貪用成句，而不顧其冗長，自是宋人習氣。又載王爚辭督府辟書云：「昔溫太眞絕裾違母，以奉廣武之檄，心雖忠而人議其失性。徐元直指心戀母，以辭豫州之命，情雖窘而人予其順天。」以議論行之，更宋派之陋者。此派一行，而明人王世貞所作四六，竟有以十餘句爲一聯者，其亦未顧四六之名而思其義乎。』又孫梅四六叢話云：『駢儷之文，以唐爲極盛，宋人反詆譏之，豈通論哉。浮溪（汪藻集名浮溪）之文，可稱精切，南宋作者，莫能或先，然何可與義山同日語哉。古之四六，句自爲對，語簡而筆勁，故與古文未遠。其合兩句爲一聯者，謂之隔句對，古人愼用之，非以此見長也。義山之文，隔句不過通篇一二見。若浮溪，非隔句不能警矣。甚或長聯至數句，長句至十數句者，以爲裁對之巧。不知古意寖失，遂成習氣，四六至此弊極矣。其不相及者一也。義山隸事多而筆意有餘，浮溪隸事少而筆意不足。其不相及者二也。』案四六聯太長，句太多，自是宋人一病。至於隸事少，而每一意必以較長之句達之，則正其所以能生動也。古意誠自此寖失，而宋人四六之能自樹立，亦正在此。昔人論文，每不免薄今愛古，見宋四六寖失古意，則必謂唐人爲是，宋人爲非。殊不知此乃文章之變遷，初無所謂是非也。若必以恪守舊法爲是，則何不逕效先秦兩漢之文，而必斤斤於魏晉以來之所謂古乎。

【四】格律謹嚴 陳維崧四六金鍼云：『四六之興，其來尚矣，駢詞儷語，六經多有之，至漢乃從典謨誓命，而加之潤色，一篇始末，皆以對偶成文，諧律協聲，以便宣讀，俾聽者易曉，斯亦古文之一體也。元陳繹曾言四六之法，其要有四，一曰約事，二曰分章，三曰明意，四曰屬辭，務在辭簡而意明，此唐人四六故規，而蘇子瞻之所取則也。後世益以文華，喜工緻而新奇，於是以用事親切，屬對巧的爲精妙，變而爲法凡六：曰熟，曰翦，曰截，曰融，曰化，曰串。能者得之，兼古通今，此宋人四六之新規，而王介甫四六之所取則也。』案宋四六與唐體顯有不同，唐人如蘇頲、張說、常袞、楊炎、白居易、陸贄、元稹之儔，所爲四六，不拘黏段，中用對偶，而尾段多以散語襯貼之，猶存古意。而宋人如楊億、歐陽修、王安石、蘇軾、邵澤民、邵公濟、汪藻、楊萬里之輩，無一不爲黏段對偶所拘縛，通篇均須對偶到底，不能間用散語，格律視唐體謹嚴多矣。

【五】長於議論　王志堅四六法海云：『四六與詩相似，皆著不得議論，宋人長於議論，故此二事皆遜唐人。』案此說雖未盡諦，而議論縱橫爲宋代作品之最大特色，則爲古今文家所公認之事實也。

【六】繁用成語　成語之大量移以入文，爲宋四六之又一特色，其手法高妙者，輒能食古而化，推陳出新，絕不露一絲痕跡，遂爲駢文開拓另一新境界。劉祁歸潛志云：『文章各有體，本不可相犯，故古文不宜蹈襲前人成語，當以奇異自強，四六宜用前人成語，復不宜生澀求異。如散文不宜用詩家句，詩句不宜用散文言，律賦不宜犯散文言，散文不宜犯律賦語。皆判然各異，如雜用之，非惟失體，且梗目難通，然學者闇於識，多混亂交出，且互相詆誚，不自覺知，此弊雖一二名公不免也。』而程杲四六叢話序復申之云：『宋自盧陵眉山以散行之氣，運對偶之文，在駢體中另出機杼，而組織經傳，陶冶成句，實足跨越前人。要之兩端不容偏廢也，由唐以前，可以徵學殖，由宋以後，可以見才思。苟兼綜而有得焉，自克樹幟於文壇。』錢基博駢文通義亦云：『六代初唐，語雖襞積，未有生呑活剝之弊，至宋而此風始盛，運用成語，隱括入文，然有餘於清勁，不足於茂懿。』三子之論，可謂心通其旨者矣。今舉一二例句，以爲鼎臠之嘗焉。

蓋四方其訓，以無競維人。必三后協心，而同底於道。（王安中除少宰余深制）

蕩蕩乎無能名，雖莫見羹牆之美。欣欣然有喜色，咸豫聞管籥之音。（孫覿代高麗國王謝賜燕樂表）

前者用詩書，後者用論孟，有自然之美，無扞格之病，手法高妙，卽此可窺。

前已言之，變易唐代駢文風貌而爲宋四六者，肇始於歐陽修，而王安石蘇軾實有以羽翼之。歐公歐歷臺閣，殫精惇史，跡其所造，最高者厥在史學，故應屬於『但開風氣不爲師』之人物。王氏中年以後，志在變法，既登宰輔，國事鞅掌，曾無少暇。獨蘇氏既秉其曠世無儔之才華，復挾其眉山蘇家之令望，縱橫馳騁，管領風騷，翰苑霞光，於焉飛粲，而儷體宏基，亦於焉奠定。故在趙宋三百年中，名家無慮數百，吾所以僅取蘇氏而論述之者，以其爲登峯造極之作家，亦爲影響力最大之巨匠也。

蘇軾字子瞻，眉山人，幼時父洵宦遊四方，從母程太夫人讀，聞古今成敗，每能語其大要。嘗以漢范滂自況，奮厲有用世志。既冠，淹貫經史，屬文日數千言，雅好賈誼陸贄莊子書。嘉祐二年，隨父入汴京，就試禮部，方時文磔裂詭異之弊勝，主試進士者歐陽修思有以救之，得軾刑賞忠厚之至論，驚喜以爲異人，欲擢冠多士，猶疑其客曾鞏所爲，但置第二，復以春秋對義居第一，由是名聞天下。修嘗語梅聖俞曰：『吾當避此人出一頭地。』對策入三等，簽書鳳翔府判官，召直史館。熙寧中，王安石倡行新政，軾上書神宗，痛陳不便，累忤當軸，安石劇怒，使御史謝景溫論奏其過，窮治無所得，軾遂請外，通判杭州。既至杭，徜徉湖山，寄情篇翰，孫莘老張子野皆相過從，而政事每因法以便民，民賴以少安，及罷去，吏民猶謂之『學士』而不言姓。自杭徙知密州，再徙知湖州，言官摭其詩語以爲訕謗，逮赴臺獄，欲置之死，鍛鍊久之，不決，神宗獨憐之，以黃州團練副使安置。軾與田父野老相從溪山間，就州之東坡築雪堂，躬耕自給，自號東坡居士。元祐中，累官翰林學士兼侍讀，尋以龍圖閣學士知杭州，於西湖中南北徑作三十里長堤，杭人名蘇公堤，即舉世聞名之蘇堤者也。後召爲翰林承旨，歷端明殿翰林侍讀兩學士。紹聖元年，復爲新黨所排擠，貶寧遠軍節度副使，惠州安置，累貶瓊州別駕。元符二年赦還，提擧玉局觀，復朝奉郎，建中靖國元年卒於常州，年六十六，諡文忠。著有東坡全集一百十五卷，及易傳、書傳、論語說、仇池筆記、東坡志林、漁樵閒話、物類相感志等，並傳於世。

東坡博學高才，爲人灑落出塵，旣善文，亦善詩，善詞，善書畫，無所不通，亦無所不精。益以一生顚沛，足跡遍於全國，無不見之景物，無不解之人生，得解脫於禪門，悟達觀於道書。爲文師則韓歐，力幹造化，窮理盡性，貫通天人，凡山川風雲，草木華實，千彙萬狀，可喜可愕之事，有感於中，一一寓之文字，風操繁富，機趣橫生。莊子之豪放瑩澈，國策之縱橫排宕，東坡蓋兼而有之，一洗晚唐五代藻麗堆砌脂粉柔靡之風。嘗自謂作文如行雲流水，初無定質，但常行於所當行，止於所不可不止，雖嬉笑怒駡之辭，皆可書而誦之。趙翼評其詩曰：『才思橫溢，觸處生春，胸中萬卷繁富，又足以供其左抽右旋，無不如意。其尤不可及者，天生健筆一枝，爽如哀梨，快如并剪，有必達之隱，無難顯之情，此所以繼李杜爲一大家也。』孫梅評其文曰：『東坡四六，工麗絕倫中，筆力矯變，有意擺落隋唐五季蹊徑，以四六觀之，則獨闢異境，以古文觀之，則故是本色，所以奇也。』高宗卽位，以其詩文置諸左右，昕夕瀏覽，亹亹亡倦，謂其體渾涵光芒，雄視百代，爲文章之宗，親製集贊，賜其曾孫嶠，並崇贈太師，文人身後恩寵，豈有如此其盛者。其追贈太師誥詞曰：『故禮部尚書端明殿學士贈資政殿學士諡文忠蘇軾，養其氣以剛大，尊所聞而高明，博觀載籍之傳，幾海涵而地負，遠追正始之作，殆玉振而金聲。知言自況於孟軻，論事肯卑於陸贄，方嘉祐全盛，嘗膺特起之詔，至熙寧紛更，迺陳長治之策。歎異人之間出，驚讒口之中傷，放浪嶺海，而如在朝廷，斟酌古今，而若斡造化。不可奪者，嶢然之節，莫之致者，自然之名。經綸不究於生前，議論常公於身後，人傳元祐之學，家有眉山之書。朕三復遺編，久欽高躅，王佐之才可大用，恨不同時，君子之道闇而彰，是以論世。儻九原之可作，庶千載以聞風。惟而英爽之靈，服我袞衣之命。可特贈太師，餘如故。』晁公武郡齋讀書志曰：『子瞻初好賈誼陸贄書，論古今治亂，不爲空言，旣謫黃州，杜門深居，馳騁翰墨，其文一變。所爲詩騷銘記書檄論譔，率皆過人。晚喜陶淵明詩，和之幾遍。爲人英辨奇偉，於書無所不通，所作文章，才落筆，四海已皆傳誦，下至閭閻田里，外至夷狄，莫不知其名，門下賓客，亦皆一世豪傑，其盛，本朝所未有也。立朝知無不爲，世稱其忠義。嘗自比范滂孔融，議者不以爲過。』

東坡四六之作，約可分爲兩大類：

(一)居兩制時，所作館閣文字，典贍高華，渾厚和雅。然東坡乃一俶儻不羈之振奇人，胸襟空闊，才華蓋世，故雄放之氣象，亦往往而間出，宋音之盛，遂炳焉與開元大曆爭光。此類作品，幾近二百篇。內制如賜太師文彥博乞致仕不允批答、賜宰相呂公著乞退不允批答、除呂大防左相、除范純仁右相、除呂公著平章軍國事諸篇，外制如王安石贈太傅、贈司馬光三代、贈韓維三代、蘇頌刑部尚書、呂惠卿責授建寧軍節度副使本州安置不得簽書公事諸篇，以及乞校正陸宣公奏議劄子、論高麗狀等，皆錚錚其最著者也。

(二)遷謫諸表啓，則幾於和淚代書，字字俱從至性中流出，而一肚皮不合時宜，亦每每見諸筆端而不自覺，至文情斐亹，丰神秀逸，猶其餘事已。王志堅曰：『蘇公諸表，言遷謫處，淚與聲下，然到底忠鯁，無一乞憐語，可謂百折不回者矣。洪景盧因論昌黎潮州表，而軒輊二公，實爲確論。』(四六法海)此類作品約百餘篇，而以黃州常州揚州杭州潁州英州惠州昌化軍，以及量移汝州、量移永州、量移廉州、乞常州居住、謝賜對衣金帶馬、提舉玉局諸表，賀韓丞相、賀歐陽少師致仕、密州謝執政、徐州謝兩府、登州謝兩府、謝丁連州朝奉、謝賈朝奉諸啓爲最有聲。

今每類各舉如干首，以見東坡之四六，雖奪胎於歐公，而淸空流轉，情致纏綿，則又過之。並爲駢文家開拓得未曾有之新境，故能傑然出北宋諸家之外，獨具一格。

王安石贈太傅制

敕：朕式觀古初。灼見天意。將有非常之大事。必生希世之異人。使其名高一時。學貫千載。智足以達其道。辯足以行其言。瑰瑋之文。足之藻飾萬物。卓絕之行。足以風動四方。用能於朞歲之間。靡然變天下之俗。

故觀文殿大學士守司空集禧觀使王安石。少學孔孟。晚師瞿聃。網羅六藝之遺文。斷以己意。糠粃百家之陳迹。作新斯人。屬熙寧之有爲。冠羣賢而首用。任信之篤。古今所無。方需功業之成。遽起山林之興。浮雲何有。脫屣如遺。屢爭席於漁樵。不亂羣於麋鹿。進退之美。雍容可觀。

朕方臨御之初。哀疚罔極。乃眷三朝之老。邈在大江之南。究觀規摹。想見風采。豈謂告終之間。在予諒闇之中。胡不百年。爲之一涕。

於戲。死生用捨之際。孰能違天。贈賻哀榮之文。豈不在我。是用寵以師臣之位。蔚爲儒者之光。庶幾有知。服我休命。可特贈守太傅。

宋四六最顯著之特色，在於色彩日趨平淡，隸事逐漸減少，惟通篇必須屬對到底，幾不雜以散句，上舉一篇，其著焉者也。

除呂公著特授守司空同平章軍國事加食邑實封餘如故制

門下。仁莫大於求舊。智莫良於選衆。既得天下之大老。彼將安歸。以至國人皆曰賢。夫然後用。今朕一舉。仁智在焉。宜告治朝。以孚大號。

金紫光祿大夫守尙書右僕射兼中書侍郎上柱國東平郡開國公食邑七千一百戶食實封二千三百戶呂公著。訏謨經遠。精識造微。非堯舜不談。昔聞其語。以社稷爲悅。今見其心。三年有成。百揆時敍。維乃烈考。相於昭陵。蓋淸淨以寧民。亦勞謙而得士。凡我儀刑之老。多其賓客之餘。在武丁時。雖莫追於前烈。作召公考。固無易於象賢。

而乃屢貢封章。力求退避。朕重失此三益之友。而閔勞以萬幾之繁。是用遷平土之司。釋文昌之任。毋廢議論。時遊廟堂。

於戲。大事雖資於房喬。非如晦莫能果斷。重德無逾於郭令。而裴度亦寄安危。罔俾斯人。專美唐世。可特授司空同平章軍國事。加食邑七百戶食實封三百戶。餘如故。仍一月三赴經筵。二日一入朝。因至都堂議軍國事。

申公在當時，天下恃以爲輕重，故東坡推崇之如此。文亦氣勢恣肆，其精神肌理，幾與典誥相通，自是宣公以後有數瑋篇。葉夢得避暑錄話云：『申公制云，既得天下之大老，彼將安歸，以至國人皆曰賢，夫然後用。氣象雄傑，格律超然，固不可及。』高步瀛評曰：『用經語如己出，而出以大方，非如南宋諸家專以成語偶對見長矣，然實已開其風矣。』唐宋文舉要

賀歐陽少師致仕啓

伏審抗章得謝。釋位言還。天眷雖隆。莫奪已行之志。士流太息。共高難繼之風。凡在庇庥。共增慶慰。

伏以懷安天下之公患。去就君子之所難。世靡不知。人更相笑。而道不勝欲。私於爲身。君臣之恩。係縻之於前。妻子之計。推輓之於後。至於山林之士。猶有降志於垂老。而況廟堂之舊。欲使辭福於當年。有其言而無其心。有其心而無其決。愚智共蔽。古今一塗。是以用舍行藏。仲尼獨許於顏子。存亡進退。周易不及於賢人。自非智足以周知。仁足以自愛。道足以

忘物之得喪。志足以一氣之盛衰。則孰能見幾禍福之先。脫屣塵垢之外。常恐玆世。不見其人。

伏惟致政觀文少師全德難名。巨材不器。事業三朝之望。文章百世之師。功成社稷。而人不知。窮履艱難。而節乃見。縱使耄期篤老。猶當就見質疑。而乃力辭於未及之年。退託以不能而止。大勇若怯。大智如愚。至貴無軒冕而榮。至仁不導引而壽。較其所得。孰與昔多。

軾受知最深。聞道有自。雖外爲天下惜老成之去。而私喜明哲得保身之全。伏暑向闌。台候何似。伏冀爲時自重。少慰輿情。

張師正倦遊錄云：『歐陽文忠公在蔡州屢乞致仕，門生蔡承禧曰：公德望爲朝廷倚重，且未及引年，豈容遽去也。歐公答曰：修平生名節，爲後生描畫盡，惟有早退，以全晚節，豈可更俟驅逐乎。』歐公神道碑云：『公在亳已六請致仕，比至蔡，逾年復請。熙寧四年，以觀文殿學士太子少師致仕。』東坡受歐公知遇最深，嘉祐二年，應試禮部，歐公擢爲第二，嗣以春秋對義居第一。五年，又薦應制科，謂『學問通博，資識明敏，文采爛然，論議蠭生，行業修飭，名聲甚遠』，東坡因此得中制科，而名震天下。生平事歐公若師若父，故撰寫本文，其眞摯之情感，乃能傾瀉而出，而一肚皮不合時宜，亦借此盡情宣泄，洵東坡集中錚錚之作也。王志堅評曰：『無限曲折，以排偶出之，勢如疊浪，機如貫珠，可謂前無古人，後無來者。』（四六法海）亶其然乎。

謝賜對衣金帶馬表

臣軾言。伏蒙聖慈。特賜臣對衣一襲。金腰帶一條。銀鞍轡馬一匹者。賜之上駟。敢忘致遠之勞。佩以良金。無復忘腰之適。執鞭請事。顧影知慙。

恭惟皇帝陛下禹儉中修。堯文外煥。長轡以御。率皆四牡之良。所寶惟賢。豈徒三品之貴。出捐車服。收輯事功。

而臣衰不待年。寵常過分。枯羸之質。匪伊垂之。而帶有餘。斂退之心。非敢後也。而馬不進。徒堅晚節。難報深恩。臣無任。

東坡謝賜對衣金帶馬表前後六篇，俱載經進東坡文集事略中，此其一也。王銍四六話云：『子瞻幼年，見歐陽公謝對衣金帶表而誦之。老蘇曰：汝可擬作一聯。曰：匪伊垂之，而帶有餘，非敢後也，而馬不進。至爲潁州，因有此賜，用爲表謝云：枯羸之質，匪伊垂之，而帶有餘，斂退之心，非敢後也，而馬不進。後爲兵部尚書，又作謝對衣帶表略云：物生有待，天地無窮，草木何知，冒慶雲之渥采，魚蝦至陋，借滄海之榮光，雖若可觀，終非其有。四六至此，涵造化妙旨矣。』高步瀛評曰：『運典極精切，又極活動，可悟推陳出新之法。』唐宋文舉要

謝賁朝奉啓

自蜀徂京。幾四千里。攜孥去國。蓋二十年。側聞松楸。已中梁柱。過而下馬。空瞻董相之陵。酹以隻雞。誰副橋公之約。宦遊歲晚。坐念涕流。未報不貲之恩。敢懷盍歸之意。常恐樵牧不禁。行有雍門之悲。雨露旣濡。空引太行之望。豈謂通判某官政先慈孝。義篤友朋。首隆學校之師儒。次訪里閭之耆舊。自嗟來暮。不聞拔薤之規。尚意神交。特致生芻之奠。父老感歎。桑梓光華。深衣練冠。莫克垂洟於墓道。昔襦今袴。尚能鼓舞於民謠。仰佩之深。力占難盡。

此東坡集中最贍縟之作，而饒有六朝色彩者。儲同人云：『坡公儷句，風華圓轉，天分獨奇，除太白詩，長康畫，無可擬似者。』觀此篇而益信。

到昌化軍謝表

臣軾言。今年四月十七日奉被告命。責授臣瓊州別駕。昌化軍安置。臣尋於當月十九日起離惠州。至七月二日已至昌化軍訖者。並鬼門而東騖。浮瘴海以南遷。生無還期。死有餘責。伏念臣頃緣際會。偶竊寵榮。曾無毫髮之能。而有丘山之罪。宜三黜而未已。跨萬里以獨來。恩重命輕。咎深責淺。此蓋伏遇皇帝陛下堯文炳煥。湯德寬仁。赫日月之照臨。廓天地之覆育。譬之蠕動。稍賜矜憐。俾就窮途。以安餘命。而臣孤老無託。瘴癘交攻。子孫慟哭於江邊。已爲死別。魑魅逢迎於海上。寧許生還。念報德之何時。悼此心之永已。俯伏流涕。不知所云。

謝丁連州朝奉啓

七年遠謫。不知骨肉之存亡。萬里生還。自笑音容之改易。久恬颶霧。稍習蛙蛇。自疑本儋崖之人。難復見魯衞之士。而況淸時雅望。令德高標。固以聞名而自慚。蓋欲通書而未敢。豈謂知郡朝奉仁無擇物。義有逢時。每憐遷客之無歸。獨振孤風而愈厲。固無心於集菀。而有力於噓枯。遠移一紙之書。何啻百朋之錫。過情之譽。雖知無其實而愧於中。起廢之文。猶欲借此言以華其老。窮途易感。永好難忘。

東坡自遭貶逐，寄身海嶠，滯跡瓊崖，胸中具無限憤鬱，而出筆卻蘊藉如許，讀其文，可以知其人，悲其遇矣。曾鞏後耳目志云：『東坡過海謝表，蕭然出四六畛畦之外。』洵知言哉。

五　汪中

駢文至南宋末造，血肉已枯，菁華已竭。蒙古以異族入主中夏，稽古右文，幾成絕響，除戲曲小說稍有可觀外，其餘則一無是處。元鼎既革，朱氏基命，遠承南宋空疏弇陋之習，近聞時賢格致性理之說，多高談闊論，束書不觀，於是樂散文之簡易，而憚駢文之繁複，卽大才槃槃如前後七子之徒，竟陵公安之輩，率祇作散文，在應用方面，亦以散文爲多，駢文祇限於一部分用處。（如箋啓章表之屬）其間雖有揚棄秦漢，瓣香齊梁者，究多粗製濫造，庸廓膚淺，無復作家風韻，難登大雅門堂。而此時律賦與八股文又如日方中，爲全國學子之所必習，錮蔽作者之性靈，麻醉學者之思想，阻礙文學之進步，流毒華夏，亙數百年，謚之爲駢文之黑暗時代（Dark ages）可也。然而天道周星，物極必反，思潮激盪，終令文學上有撥濃霧見青天之一日，故不旋踵間，而中國之文藝復興（Renaissance）運動之序幕揭開矣。在滿清立國二百六十八年中，學術文化方面之成就，爲過去任何時代所不及，事實具在，無待覼縷。其中作者最多，作品最繁，風流標映，蔚爲國光者，殆非駢儷之文莫屬。

文學之事，每隨時代升降變易，代有新趣，成其主流，然當革故創新之際，輒有尋墜緒而復往古者，若急湍之有迴瀾，殘陽之有返照。宋西崑諸子之期復於藻繪，明前後七子之期復於漢唐，皆欲逆流而追源，變今而崇古。清代駢文作家亦不能獨外，在當日之復古潮流中，作者大都規摹前代，而好尚不同，取舍各異，遂有門戶派別之分，舉其大要，則六朝三唐兩宋三派而已。尊六朝者尚藻麗，尊三唐者尚博富，尊兩宋者尚氣勢。然亦有自抒胸臆，別開蹊徑，不爲前述三派所囿者，吾得二派焉，曰常州，曰儀徵。以時代言，亦有差異，道咸以前，四海乂寧，衆庶悅豫，於是揚葩振藻者如林，咀徵含商者成市，各家所作，俱與現實社會無關。洎乎世亂，文風一變，作者身歷艱苦，頗多憤世哀時之音。此其大較也。

惟是，在此林林總總之文派中，作者最多，作品最美，成就最高者，當推六朝一派。此派作者，早期有尤侗、毛奇齡，中期有邵齊燾、汪中、孔廣森、彭兆蓀、李兆洛、洪亮吉，晚期則有譚獻、王闓運等。其中又以汪中、洪亮吉二氏並稱一代宗師，今分別論述之。

汪中字容甫，江都人，生七歲而孤，家酷貧，不能就外傅，母鄒氏，授以小學四子書。稍長，助書賈鬻書於市，因徧讀經史百家，經耳無遺，過目成誦，遂爲通人。年二十，李因培督學江蘇，試射鴈賦第一，入學爲附生，時杭世駿主講安定書院，見中製述，深加禮異。乾隆四十二年拔貢，提學謝墉，每試別置一榜，署名諸生前，謂所取士曰：『予之先容甫，爵也，若以學，當北面事之矣。』以病怔忡及母氏又老，竟不赴朝考。年三十，顓意經術，與高郵王念孫寶應劉台拱爲友，時共討論。於清代諸儒，最服膺顧炎武閻若璩梅文鼎胡渭惠棟戴震六人，擬作六儒頌，未成。事母至孝，貧無菽水，則賣文以養，母疾篤，侍疾晝夜不寢，滌牏之事，不任僕婢，無愁苦之容，有孺子之慕。居喪，哀戚過人。其於知友故舊，沒後衰落，相存問過於生前。蓋其性之篤厚然也。晚年絕意仕進，潛心著作，後校四庫全書於浙江之文瀾閣。乾隆五十九年卒於西湖之葛嶺園僧舍，年五十一。著有述學、經義知新記、大戴禮記正誤、廣陵通典等書。

乾隆六十年中，區宇乂寧，學術昌盛，名儒蔚起，才士輩出，容甫生丁玆世，以孤童自奮，黽勉成名，雖以母老不赴朝考，科第止於明經，春秋僅及中壽，然聲光煒然，深爲時流所重。乾隆三十五年，儀徵鹽船火，壞船百有三十，焚及溺死者千有四百，容甫爲哀鹽船文以悼之，杭世駿擊節稱賞，爲作短序，稱其『采遺製於大招，激哀音於變徵，驚心動魄，一字千金。』此文傳京師，皆知江都有汪中焉。時容甫年僅二十七歲。厥後書卷閱歷，發其才情，文境益進。五十二年，朱珪提學浙江，容甫往謁，答述揚州割據之迹，死節之人，作廣陵對三千言，博綜古今，天下奇文字也。餘如自序、經舊苑弔馬守眞文、弔黃祖文、蘭韻軒詩集序、狐父之盜頌、漢上琴臺之銘、黃鶴樓銘、泰伯廟銘等，奇情壯采，皆爲百載下人所愛誦。

容甫學富文美，雖盛稱於世，無間然者。惟賦性傲岸，狂放不羈，譏彈謾罵，靡稍寬假，舉世目爲狂生，至今談者，猶以『僥城赤口汪容甫』爲言。或謂人之怪癖，其形成之因素，略可區爲內在的與外在的兩種：所謂內在的者，如身體孱羸，神經衰弱，醫學所稱中樞神經不能控制情感之類是也。所謂外在的者，如受外物刺激，長期抑鬱，生活艱困之類是也。有一於此，則成爲詭激之怪癖。容甫之狂，蓋合抑鬱艱困而然也。李元度汪容甫先生事略云：『生七歲而孤，家酷貧，冬夜藉薪而臥，且供爨給以養親。稍長，傭書村塾中，代學子爲文，塾師大驚異，久之，就書賈借讀經史百家，觸目成誦，遂爲通人。』又容甫先母鄒孺人靈表云：『值歲大饑，再徙北城，所居止三席地，其左無壁，覆之以苫，日常使姊守舍，攜中及妹傫然匄於親故，率日不得一食。歸則藉藁於地，每冬夜號寒，母子相擁，不自意全濟，比見晨光，則欣然有生望焉。方中幼時，三族無見卹者。母九死流離，撫其遺孤，至於成立。蓋終其身，尟一日之歡焉。』身世屯蹇若此，故其性行偏宕，憤世嫉俗，在所不免，一若孟軻韓愈之流，皆因弱年孤苦而有同一發洩也。

至其狂傲處，如陳康祺燕下鄉脞錄云：『汪容甫少狂放，肄業於安定書院，每一山長至，輒挾經史疑難數事請質，或不能對，即大笑出。孫編修志祖、蔣編修士銓，皆爲所窘。時僑居揚州者，程太史晉芳、任禮部大椿、顧明經九苞，皆以讀書賅博負盛名，容甫衆中語人：揚州一府，通者三人，不通者三人，通者高郵王念孫，寶應劉台拱，與己是也。不通者即指程任顧諸人。適有薦紳家居者，請容甫月旦。容甫大言曰：君不在不通之列。其人喜過望，容甫徐曰：君再讀三十年書，可以望不通矣。』徐珂淸稗類鈔譏諷類云：『汪容甫爲諸生時，肄業揚州安定書院，山長某好爲詩，往往詫座客。一日宴會，酒酣，出詩示客，客譽不絕口，次至容甫，容甫擲不觀，大言曰：公爲人師，不以經世之學詔後進，而徒沾沾言詩，詩即工，何益於民，況不工耶。某夙負詩名，聞言慍曰：僕雖不賢，猶若師也，師可狎乎。容甫乃摘三百篇疑義質之，某面赤不能答，容甫撫掌曰：詩人固如是乎。拂衣大笑出。』又廣陵詩事載稱：『容甫與顧文子齊名，金少匯視學揚州，謁時呼二人令自道甲乙，顧謙遜，汪曰：中甲，九苞乙。金責其不讓。汪曰：掄才之地，一言論定，徒務謙虛之名，遂失是非之實，世俗處之，後悔奈何。』蓋於時流不輕許可，有盛名於世者，必譏彈其失，人或規之，則曰：『吾所罵者皆非不知古今者，或者且求吾罵而不得耳。』然亦傳其『能不沒人之實，有一文一詩之善者，亦贊不容口。』是則固有激而然者歟。

世之論容甫文者，多謂其得力於晚漢魏晉，實則容甫之文，所涉者廣，上有會於春秋辭令之妙，而下采唐宋疏宕之致，非僅囿於魏晉也。故風骨高秀，潛氣內轉，善用成語，融化無跡。學六朝者，易流爲堆砌重追，而容甫以輕靈之氣運之。摹八家者，又失於矯揉造作，而容甫以自然之致出之。故能兼駢散兩體之長，而自具清新馨逸之美。善乎王念孫之言曰：『容甫澹雅之才，跨越近代，其文合漢魏晉宋作者而鑄成一家之言，淵雅醇茂，無意摹放，而神與之合，蓋宋以後無此作手矣。當世所最稱頌者，哀鹽船文、廣陵對、黃鶴樓銘，而他篇亦皆稱此。蓋其貫穿於經史諸子之書，而流衍於毫素，揆厥所元，抑亦醞釀者厚矣。』

近儒章太炎先生亦曰：『今人爲儷語者，以汪容甫爲善，彼其修辭安雅，則異於唐，持論精審，則異於漢，起止自在，無首尾呼應之式，則異於宋以後之制科策論。而氣息調利，意度沖遠，又無迫笮蹇吃之病，斯信美也。』（章氏叢書）均推崇備至，略無溢美。

自序

昔劉孝標自序平生。以爲比跡敬通。三同四異。後世誦其言而悲之。嘗綜平原之遺軌。喻我生之靡樂。異同之故。猶可言焉。夫亮節慷慨。率性而行。博極羣書。文藻秀出。斯惟天至。非由人力。雖情符曩哲。未足多矜。余玄髮未艾。野性難馴。麋鹿同遊。不嫌擯斥。商瞿生子。一經可遺。凡此四科。無勞舉例。

孝標嬰年失怙。藐是流離。託足桑門。棲尋劉寶。余幼罹窮罰。多能鄙事。賃舂牧豕。一飽無時。此一同也。孝標悍妻在室。家道轗軻。余受詐興公。勃谿累歲。里煩言於乞火。家構釁於蒸藜。蹀躞東西。終成溝水。此二同也。孝標自少至長。戚戚無歡。余久歷艱屯。生人道盡。春朝秋夕。登山臨水。極目傷心。非悲則恨。此三同也。孝標夙嬰羸疾。慮損天年。余藥裹關心。負薪永曠。鰥魚嗟其不瞑。桐枝惟餘半生。鬼伯在門。四序非我。此四同也。

孝標生自將家。期功以上。參朝列者十有餘人。兄典方州。餘光在壁。余衰宗零替。顧景無儔。白屋藜羹。饋而不祭。此一異也。孝標倦遊梁楚。兩事英王。作賦章華之宮。置酒睢陽之苑。白璧黃金。尊爲上客。雖車耳未生。而長裾屢曳。余簪筆傭書。倡優同畜。百里之長。再命之士。苞苴禮絕。問訊不通。此二異也。孝標高蹈東陽。端居遺世。鴻冥蟬蛻。物外天全。余卑棲塵俗。降志辱身。乞食餓鴟之餘。寄命東陵之上。生重義輕。望實交隕。此三異也。孝標身淪道顯。籍甚當時。高齋學士之選。安成類苑之編。國門可懸。都人爭寫。余著書五車。數窮覆瓿。長卿恨不同時。子雲見知後世。昔聞其語。今無其事。此四異也。孝標履道貞吉。不干世議。余天讒司命。赤口燒城。笑齒啼顏。盡成罪狀。跬步才蹈。荆棘已生。此五異也。

嗟乎。敬通窮矣。孝標比之。則加酷焉。余於孝標。抑又不逮。是知九淵之下。尚有天衢。秋荼之甘。或云如薺。我辰安在。實命不同。勞者自歌。非求傾聽。目瞑意倦。聊復書之。

自昔遺佚阨窮之士，功名頓挫，時命齟齬，往往有感時觸事之作，以洩其無憀不平之鳴，若虞卿之愁、韓非之憤、墨翟之悲、梁鴻之噫、唐衢之哭是也。容甫才性卓異，博通經史，有志用世，於國計民生，古今沿革之事，罔不潛心探研。惟因性情偏宕，言詞過激，以至赤舌燒城，橫逆屢至。益以弱年孤苦，貧不聊生，憤世嫉俗，由之而起，發爲文章，遂多悲號激楚之音。此自古才人，莫不皆然，固不獨容甫一人已也。姚梅伯評曰：『楚些吳歈，能使座人摧愴，況哀蠶軋軋，抽機中獨繭絲耶。』（國朝駢體正宗）張菊齡曰：『兩兩比較，四同五異，激昂悲憤，慨當以慷，有志感絲篁，氣變金石之概。』（同上）據此，則容甫實爲乾嘉時代富有悲劇性格之大作家也。

按自序者，自爲文章敘述自己之生平也。劉知幾史通序傳篇嘗論其由來云：『作者自序，其流出於中古，案屈原離騷經始首章上陳氏族，下列祖考，先述厥生，次顯名字，自敘發跡，實基於此。降及司馬相如，始以自敘爲傳，然其所敘者，但記自少及長立身行事而已，逮於祖先所出則蔑爾無聞。至馬遷又徵三閭（屈原嘗爲三閭大夫）之故事，放文園（司馬相如嘗爲文園令）之近作，楷模二家，勒成一卷，於是揚雄遵其舊轍，班固酌其餘波，自敘之篇，實煩於代，雖屬辭有異，而茲體無易。』爲文自述著書之旨者無論矣，其自述平生之作，司馬相如而降，著稱文苑而膾炙人口者厥爲梁劉峻（孝標）之自序，峻自述其平生際遇以馮衍（敬通）爲比，舉三同四異。汪中仿其體亦作自序，以峻爲比，舉四同五異。自是步武者甚多，世所習知者有：㈠清楊芳燦自序，比跡李商隱，四同三異，凡六四三字。㈡清李慈銘四十自序，敘五悲五窮，凡一五四七字，爲自序文最長之作。㈢民國李詳自序，比跡汪中，三同四異，凡五五六字。㈣民國黃侃自序，比跡馮衍、劉峻、汪中，不相類者三事。凡三九一字。茲將劉峻、李詳、黃侃三氏所作自序錄附本節之末，以供參較。

經舊苑弔馬守眞文并序

歲在單閼。客居江寧城南。出入經迴光寺。其左有廢圃焉。寒流清泚。秋菘滿田。室廬皆盡。惟古柏半生。風煙掩抑。怪石數峯。支離草際。明南苑妓馬守眞故居也。秦淮水逝。跡往名留。其色藝風情。故老遺聞。多能道者。余嘗覽其畫蹟。叢蘭修竹。文弱不勝。秀氣靈襟。紛披楮墨之外。未嘗不愛賞其才。悵吾生之不及見也。夫託身樂籍。少長風塵。人生實難。豈可責之以死。婉孌倚門之笑。綢繆鼓瑟之娛。諒非得已。在昔婕妤悼傷。文姬悲憤。矧茲薄命。抑又下焉。嗟乎。天生此才。在於女子。百年千里。猶不可期。奈何鍾美如斯。而摧辱之至於斯極哉。

余單家孤子。寸田尺宅。無以治生。老弱之命。懸於十指。一從操翰。數更府主。俯仰異趣。哀樂由人。如黃祖之腹中。在本初之弦上。靜言身世。與斯人其何異。祇以榮期二樂。幸而爲男。差無牀簀之辱耳。江上之歌。憐以同病。秋風鳴鳥。聞者生哀。事有傷心。不嫌非偶。乃爲詞曰。

嗟佳人之信嫮兮。挺姸姿以綽約。羌既被此冶容兮。又工顰與善謔。攘皓腕以抒思兮。乍含毫以緜邈。寄幽怨於子墨兮。想蕙心之盤薄。惟女生而從人兮。固各安乎室家。何斯人之高秀兮。

乃蕩墮於女閭。奉君子之光儀兮。誓偕老以沒身。何坐席之未溫兮。又改服而事人。顧七尺其不自由兮。倏風蕩而波淪。紛啼笑其感人兮。孰知其不出於余心。哆樂舞之婆娑兮。固非微軀之可任。哀吾生之鄙賤兮。又何矜乎才藝也。予奪其不可憑兮。吾又安知夫天意也。人固有不偶兮。將異世同其狼藉。遇秋氣之惻愴兮。撫靈蹤而太息。諒時命其不可爲兮。獨申哀而竟夕。

容甫一生，侘傺不偶，三移九往，靡日而寧，每興梁父之吟，空作長沙之哭，舉凡纖介之事物，觸之於目，導之於心，輒往往三復流涕而不能自已。乾隆四十八年，容甫客居江寧，走訪明末秦淮名妓馬湘蘭故居，顧影低徊，百感交集，以爲蒼昊薄情，竟使一代佳人，淪落風塵，爲無主之落花飛絮，翠微宮裏，不度春風，燕子樓中，獨看秋月，才清比水，恨重如山，此豈自古紅顏，例歸飄泊乎。容甫遂不覺以弔湘蘭之故，而轉以自悼，十年蹭蹬之感，五夜瀟湘之恨，壹於此文寓之。乃若欲言而未能直言，未能直言而必舉紅顏以自況，然後隱曲嗚咽而言之，此其所以愈可悲也歟。容甫先生年譜云：『劉先生台拱最愛此文，題云：「容甫已矣，百身莫贖。」』眞乃鞭辟入裏，靈犀相通，謂非容甫之知己可乎。吾故謂容甫乃是乾嘉時代富有悲劇性格之大作家，卽此一篇，已堪認定。

漢上琴臺之銘 幷序

自漢陽北出二里。有丘焉。其廣十畝。東對大別。左界漢水。石隄亘其前。月湖周其外。

方志以爲伯牙鼓琴。鍾期聽之。蓋在此云。居人築館其上。名之曰琴臺。

通津直道。來止近郊。層軒累榭。迥出塵表。土多平曠。林木翳然。水至清淺。魚藻交映。可以棲遲。可以眺望。可以泳游。無尋幽陟遠之勞。靡登高臨深之懼。懿彼一丘。實具二美。桃華淥水。秋月春風。都人冶遊。曾無曠日。

夫以蘷襄之技。溫雪之交。一揮五弦。爰擅千古。深山窮谷之中。廣廈細旃之上。靈蹤所寄。奚事刻舟。勝地寫心。諒符玄賞。

余少好雅琴。觕諳操縵。自奉簡書。久忘在御。弭節夏口。假館漢皋。峴首同感。桑下是戀。於以濯足滄浪。息陰喬木。聽漁父之鼓枻。思游女之解佩。亦足高謝塵緣。希風往哲。何必撫弦動曲。乃移我情。銘曰。

宛彼崇丘。於漢之陰。二子來遊。爰迄於今。廣川人靜。孤館天沈。微風永夜。虛籟生林。泠泠水際。時汎遺音。三歎應節。如彼賞心。朱弦已絕。空桑誰撫。海憶乘舟。巖思避雨。邈矣高臺。巋然舊楚。譬操南音。尙懷吾土。白雪罷歌。湘靈停鼓。流水高山。相望終古。

本文爲容甫代湖廣總督畢沅而作，氣體清華，神情宕逸，描繪如畫，秀語天成，駢散雜陳，自然工緻。姚梅伯評其『縕然其馨，醰然其味。』殆儼然齊梁人小品也。江藩國朝漢學師承記汪容甫傳云：『乾隆五十一年，畢尚書沅開府湖北，君往投之，命作琴臺銘，甫脫稿，好事者爭寫傳誦，其文章爲人所重如此。』

大抵容甫之文，與六朝最近，哀感頑豔，志隱味深，無後人規模漢魏，排比奇字之失，故能孤秀獨出，震鑠古今，終清之世，除陽湖洪亮吉外，未有能出乎其右者。近人李詳謂：『容甫之文，出范蔚宗後漢書，而承祚國志，先於范氏，裴松之注所采諸家，規模如一。觀其約疏爲密，繼以閎麗，文之能事，盡於此矣。容甫竊得此祕，節宣於單複奇偶間，音節遒亮，意味深長，又甚會沈休文、任彥升之樹義遣詞，而不敢輕涉鮑明遠、江文通之藩籬，此其所以獨高一代而推爲絕學也。』（復錢子泉書）諒哉斯言。

【附錄一】

自序

劉峻

余嘗自比馮敬通。而有同之者三。異之者四。何則。敬通雄才冠世。志剛金石。余雖不及之。而亮節慷慨。此一同也。敬通值中興明君。而終不試用。余逢命世英主。亦擯斥當年。此二同也。敬通有忌妻。至於身操井臼。余有悍室。亦令家道轗軻。此三同也。

敬通當更始之世。手握兵符。躍馬食肉。余自少迄長。戚戚無歡。此一異也。敬通有子仲文。官成名立。余禍同伯道。永無血胤。此二異也。敬通膂力剛強。老而益壯。余有犬馬之疾。溘死無時。此三異也。敬通雖芝殘蕙焚。終塡溝壑。而爲名賢所慕。其風流郁烈芬芳。久而彌盛。余聲塵寂寞。世不吾知。魂魄一去。將同秋草。此四異也。所以力自爲序。遺之好事云。

【附錄二】

自序

李詳

梁劉孝標遭世坎廩。嘗爲自敍。謂比馮敬通。同之者三。異之者四。吾郡汪容甫先生追擬孝標。其辭尤戚。當時大雅。咸爲嗟閔。余單門後進。羈屑異所。流俗不容。方寸輒亂。鑽仰先達。復有繼作。不敏之誚。無所逃罪。

夫容甫早傾乾蔭。母子相依。賣履爲生。傭書自給。余弱年失怙。資進無階。菽水不供。慈顏嬰戚。此一同也。容甫洪支彫落。宗鮮近親。余家世鼎族。陵夷衰微。蟬嫣孤蒙。不絕如線。此二同也。容甫君火爲祟。絕意仕宦。余肺病侵尋。流連行藥。負疴頹簷。百憂雨集。握髮劇於亂絲。炊炭烈於鍾玉。此三同也。

容甫文采豔發。譽冠人倫。日翫班揚。氣劘屈宋。淮南賦其桂叢。河北傳其榴枕。是以書籍願歸。言談爲則。余粗解摛辭。遞相非貳。阮籍呼爲老兵。左思夷於傖父。愛斬吹噓。惡生創痏。此一異也。容甫交遊漸廣。羔雁成羣。扶風襒裾。豫章下榻。定僕射之文。飫君侯之膳。余束縛蹉跎。妄蒙一顧。綢繆嘉會。研覽篇章。恃寵揚蛾。橫遭噤害。漳濱淹臥。陽岐連蹇。應生惟燔枯魚。元叔自喻窮鳥。此二異也。容甫博物強識。典校祕書。心貫九流。胸羅四部。余結髮自修。不爲章句。情志相攜。艱多智寡。才劣於仲舒。長逾於伯業。鄭緩輟其呻吟。齊后卑其糟魄。嚴周未聞。論衡罕習。此三異也。

容甫晚善治生。不虞縣罄。室有圖史。門接賓客。余傾家濟難。起偃爲人。逐影亭衢。宿逋相躡。祇首陽之將從。鮮優贏之足恃。雖以囊被見嗤。不免甑塵告匱。硏桑心計。至無用之。鉅挸兼呈。非所覬幸。此四異也。

嗟夫。容甫比於孝標。已謂不逮。余於容甫。又逾下焉。是知九淵之深。未及劫灰。餐荼之苦。劣於含鴆。久病初起。俯仰無憀。攬筆龍鍾。薄言胸臆。好事君子。或其許之。

【附錄三】

自序

黃侃

劉峻自序。比跡馮衍。而汪中作文擬劉。文辭之工。私淑久矣。暇日繙尋舊史。重省汪文。竊慕三君。略陳同異。

至於慷慨之節。金石齊剛。依彼當仁。夫何敢讓。少好玄理。粗識菀枯。寄命危邦。得全爲幸。本不干進。誰能斥之。三君皆遇悍妻。勃谿貽誚。余中年鰥處。罔罔無聊。親愛別離。慙魂弔影。惟此一事。彷佛前文。若乃握符之願。久絕匈懷。伯道之嗟。倖而獲免。持校往者。亦有參差。

敬通旅力方剛。老而益壯。劉汪並稱多疾。惡死憂生。然劉則年過指使。汪亦壽半期頤。以視敬通。知非懸絕。余歲讒三十。羸病以成。卷施拔心。差堪爲比。六芝延命。未見其徵。此不類者一也。

三君文學。誠有等差。而郁烈芬芳。同爲後來所慕。余幼承庭訓。長事大師。六藝百家。皆非牆面。一吟一咏。劣足自娛。然著書不行。解人難索。一歸萬里。永閟修名。此不類者二也。三君雖俱歷艱屯。亦俱逢盛世。衡門高詠。可以忘饑。余遭遇世變。狼狽遷流。避怨辭鄉。扶攜老幼。萍飄蓬轉。稅駕無時。上塚還家。徒存夢想。而且窮年迫於憂慄。終歲不免勞動。樂生之心。淒然已盡。此不類者三也。

詩曰。我不見兮。言從之邁。今之自序。聊欲寄慕古人。非必遺之好事也。

六　洪亮吉

乾嘉之際，學術勃興，吟詠滋繁，駢儷之文，一枝獨秀，以地區言，要當以常州一府（按清置常州府，轄武進、陽湖、無錫、金匱、宜興、荊溪、江陰、靖江，凡八縣。）文風最盛，人才最多，如洪亮吉（陽湖）孫星衍（陽湖）劉星煒（武進）楊芳燦（金匱）楊揆（金匱）惲敬（武進）張惠言（武進）李兆洛（陽湖）趙懷玉（武進）顧敏恆（無錫）劉嗣綰（陽湖）之流，以至稍後之董基誠（陽湖）董祐誠（陽湖）洪符孫（陽湖）洪齮孫（陽湖）何栻（江陰）等，或泛濫於六朝，或馳騄於三唐，或頡頏於兩宋，高張奇采，弘揚葩藻，彬蔚之美，競爽當年，自開闢以來，罕或有焉。其中享高名於一代，振奇響於千秋者，吾得三人焉，曰李兆洛，曰惲敬，曰張惠言。之數子者，不但精通詞章之學，亦且最能持論，立場相同，步調一致，皆刻意破除駢散之界限，恢復駢散不分之魏晉古文，並分別編選駢體文鈔、七十家賦鈔以抗桐城姚鼐古文辭類纂，當時號稱陽湖派，此派主張，亦可謂對桐城文之一種修正也。若乃擘魏晉之鮮華，漱齊梁之芳潤，孤往風標，翛然雲上者，吾得二人焉，曰洪亮吉，曰孫星衍。亮吉所爲駢文，格調纖新，筆致輕倩，世有常州體之稱，稍後之劉嗣綰楊芳燦彭兆蓀曾燠李慈銘專學之，影響殊爲深遠。今卽擧洪氏爲代表，以概餘子。

洪亮吉字稚存，一字君直，號北江，陽湖人。生六歲而孤，依外家讀書，穎悟異常兒，晚自塾歸，母蔣氏篝燈課讀，機聲軋軋，與書聲相間，恆至雞鳴不輟，閭里美之。年十三學爲詩，十九學駢文，旋客浙江學使王杰幕中，所資館穀，歸以養母，母卒，値客遊，聞耗慟絕墮水，遇汲者救甦，旣以不得親視含斂爲終天之恨，其後每遇忌日輒不食，里中稱爲孝子。乾隆五十五年，進士第二人及第，授翰林院編修，督學貴州，敎士以通經學古爲先。嘉慶時上書論事，指斥權臣，有『視朝稍晏，羣小熒惑』語，觸帝怒，遠戍伊犁，明年京師旱，帝悟，赦之，午刻下詔，午後卽雨，計在伊犁不及百日，漢臣賜還之速，未有逾於此者。旣歸，自號更生居士，名其齋曰更生。自是忘情軒冕，專心學問，與同邑孫星衍相研摩，學益宏博，時稱孫洪。嘉慶十四年卒，年六十四。生平著述宏富，於經有春秋左傳詁二十卷，公羊穀梁古義二卷，弟子職箋釋一卷，比雅十二卷，漢魏音四卷，六書轉注錄十卷。於史，預修畢沅續資治通鑑，自著有四史發伏十二卷，補三國疆域志二卷，東晉疆域志四卷，十六國疆域志十六卷，乾隆府廳州縣志五十卷。於文學有卷施閣詩文甲乙集三十二卷，更生齋詩文甲乙集十六卷，詞二卷，外家紀聞二卷，伊犁日記二卷，天山客話二卷，北江詩話六卷，曉讀書齋雜錄八卷。後人合其詩文遺著輯爲洪北江全集八十三卷傳於世。

北江學窮宙合，識邁千古，與江都汪容甫並稱清代駢文之兩顆巨星。夫清代駢文之有汪洪也，譬如六朝之有徐庾，三唐之有王楊，其氣力之勁遒，才華之卓茂，均足以高視一代，盡掩諸家。容甫風骨岸異，吐屬奇高，加以洗伐功深，遂稱鄧林魁父，俗調僞體，至是芟除淨盡，得魚忘筌，登眞舍筏，是之謂歟。北江則由澀得厚，涉筆多奇，往往有孤蓬自振，驚沙坐飛之意，篇章既富，鬱爲詞宗，曠世逸人，良非溢語。善乎吳山尊之序卷施閣文集也，曰：

古經生多不工爲詞，工者劉子政父子揚子雲馬季長數人耳。余平生死友之間得四人焉，餘姚邵先生二雲，陽湖洪稚存太史，孫淵如觀察，江都汪容甫明經。邵先生能爲揚班，而不能爲任沈江鮑徐庾之體，間撰供奉文字，局於格式，未能敵其經學之精深也。容甫遺文有述學內外篇，經術詞術，並臻絕詣，所爲駢體，哀感頑豔，惜皆不傳。淵如早工四六之文，既壯，篤志經術，乃取少作棄之。具兼人之勇，有萬殊之體，篇什獨富，其惟稚存太史乎。太史志行氣節，儒林引重，余讀卷施閣乙集，朴質若中郎，遒宕若參軍，肅穆若燕公，蓋其素所蓄積，有以擧其詞，劉勰謂英華出於情性，信哉。太史於經通小學，於史通地理學，自敍所著書，與他人說經之書，多用偶語述其宗旨，然數典繁碎，初學效之，易假氣格，而破體例，余悉從割愛。聞太史假歸已得請，將就而質之，知其不屑與宋人董彥遠洪景盧周茂振輩排比奇字以鬥博也。

而近人錢基博亦曰：

汪中指事殷勤，情兼雅怨，體視吳錫麒爲疏，氣方邵齊燾則茂，尚澹雅，不貴綺錯，而優游案衍，事外有遠致，使人味之，亹亹不倦。洪亮吉思捷而才儁，理贍而辭堅，尚氣愛奇，動多振絕，汪中不如其雄，孫星衍祖之爲靡。駢文通義推挹北江，亦云至矣。今舉數例，以爲鼎中之一臠焉。

傷知己賦序

粵以仲秋之月。久疾乍瘥。孟冬之辰。二毛甫擢。悲哉。無金石不流之質。有蒲柳先衰之姿。犬馬之齒。過齊太尉之生年。羈旅之期。逾晉文公之在外。接於晝者。希逢舊識。覿於夢者。惟若平生。以是而思。伊其戚矣。

於是窮谷日短。關門雪深。清渭濁涇。共滔滔而東逝。太白太乙。與蒼蒼而齊色。駕言出遊。靡問所之。松柏合抱。云是含元之基。薺蒿尺深。言經端禮之闕。烏飛反鄉。值弋者而登俎。獸窮走壙。遭野虞而褫革。戴日而出。炳燭以歸。萬事逼於窮冬。百憂生於長夜。秦聲揚。不能激已沮之氣。魯酒薄。不能消未來之憂。叢臺有霜。殘月無影。鄰笛起於東西。荒雞鳴乎子亥。

嗟乎。回風美人之曲。楚臣殉之以身。鐘鳴落葉之操。帝子繼之以泣。大地博博。非以載愁。惟天穹穹。豈云可問。是知掘井九仞。冀可覿乎泉塗。載鬼一車。必當逢乎素識。復沛郡丈人之魄。或尚沈酣。起魯國男子之魂。猶應慷慨。生我者父母。知我者鮑子。嗚乎。於是綜其梗概。述其終始。虞山邵先生齊燾。大興朱先生筠。清苑李先生孔陽。尚書錢文敏公。博士全椒朱君沛。明經高郵賈君田祖。縣丞黃君景仁。舅氏大令琦。中表定安定熙。凡十人。

北江爲一代樸學大師，有湛深之學識，與肫摯之情感，尤篤於友朋之誼，世有巨卿之目。但其不幸，仕不遇時，終至遠戍窮邊，孤憤難鳴，發爲篇章，遂多蒼涼激楚之音，極沈鬱纏綿之致。此篇傷諸子之逝，沈折往復，詞不勝情，殆子夏所謂情動於中而形於言者耶。吾故謂北江亦爲一悲劇性格之大作家，觀乎此篇而益信。

出關與畢侍郎牋

自渡風陵。易車而騎。朝發蒲坂。夕宿鹽池。陰雲蔽虧。時雨淩厲。自河以東。與關內稍異。土逼若衖。塗危入棧。原林黯慘。疑披谷口之霧。衢歌哀怨。恍聆山陽之笛。日在西隅。始展黃君仲則殯於運城西寺。見其遺棺七尺。枕書滿篋。撫其吟案。則阿嬭之遺牋尚存。披其繐帷。則城東之小史已去。蓋相如病肺。經月而難痊。昌谷嘔心。臨終而始悔者也。猶復丹鉛狼藉。几案紛披。手不能書。畫之以指。此則杜鵑欲化。猶振哀音。鷙鳥將亡。冀留勁羽。遺棄一世之務。留連身後之名者焉。

伏念明公生則爲營薄宦。死則爲卹衰親。復發德音。欲梓遺集。一士之身。玉成終始。聞之者動容。受之者淪髓。冀其遊岱之魂。感恩而西顧。返洛之旐。銜酸而東指。又況龔生竟夭。

尚有故人。元伯雖亡。不無死友。他日傳公風義。勉其遺孤。風玆來祀。亦盛事也。

今謹上其詩及樂府共四大册。此君平生。與亮吉雅故。惟持論不同。嘗戲謂亮吉曰。予不幸早死。集經君訂定。必乖余之指趣矣。省其遺言。爲之墮淚。今不敢輒加朱墨。皆封送閣下。暨與述庵廉使、東友侍讀共删定之。即其所就。已有足傳。方乎古人。無愧作者。惟稿草皆其手寫。別無副本。梓後。尚望付其遺孤。以爲手澤耳。

亮吉十九日已抵潼關。馬上率啓。不宣。

北江與同邑黃景仁（字仲則）爲風雅交，少以詩齊名於江左，時號洪黃。乾隆四十八年，仲則自京遊陝，次解州，病亟，致書北江，以身後事相屬。北江時客陝西巡撫畢沅幕，得訊，即由西安借馬疾馳，四晝夜走七百餘里，至運城（在今山西安邑縣西南）而仲則已逝，殯古寺中，乃哭臨其喪，並籌資送其柩歸里，時人義之，爲繪蕭寺哭臨圖，遂得巨卿之譽。

此爲北江護喪途中郵致畢沅之書，蓋請其資助梓行仲則遺稿也。全牋敍文士之窮，喪友之悲，借景抒感，言哀入痛，而惺惺相惜之情，尤流露於楮墨之間，讀之令人墮淚。彥和劉氏有云：『英華出於情性，其素所蓄積然也。』其北江之謂乎。

蔣清容先生冬青樹樂府序

蓋聲何哀怨。杜鵑爲望帝之魂。變亦蒼黃。猿鶴盡從軍之侶。遇金人於灞上。能言茂陵。

値銅駝於棘中。誰知典午。又況南遷烽火。北狩軒輿。言締造則東南置尉。拓疆無劉濞之雄。嗟淪胥則五百從亡。歸骨少田橫之島。嗟乎。江山半壁。非仙人劫外之棋。金粉六朝。盡才子傷心之賦。今之作者。意在斯乎。

昔者中徒下士。赴淸泠而不辭。精衞寃禽。投滄溟而不返。斯之挺質。本視鴻毛。未有九重端穆。辭黃屋而乘桴。萬乘輝皇。褰龍裳而蹈海。此卽鱗臣効順。不能使東海之波不揚。而孱主奚堪。更非若南征之舟不復者矣。

夫赤眉構禍。隆準之窆斯開。臨洮肆凶。銅馬之帝遭酷。不過行同竊鈇。號等摸金。雖下竭於三泉。尚不讎於枯骨。惟玆慘虐。更所難言。斷首剝膚。毀裳裂冕。嗚乎。呑炭雖忠。智伯之頭已漆。納肝較晚。懿公之體先殘。至於掩骼之仁。出自采薇之士。問中興之顯運。荒土數抔。慨六葉之承華。冬靑一樹。卽遺黎之感慨。何補於在天之沈痛也哉。

雖然。萇宏化碧。激哀周義士之心。比干剖心。作洛邑頑民之氣。焚山之節。旣顯之推。匪石之誠。亦逾生畝。若夫廬陵信陽之大節。其效龍逢夷叔而分途者乎。迨至風雷一警。遂歸先軫之元。陵谷已遷。尚識王琳之首。哀矣怨矣。求仁得仁。蓋士感知己。伯牙碎琴。義激友生。漸離擊筑。效包胥之慟哭。慷慨登臺。賦宋玉之大招。旁皇生祭。三百年之運。已盡庚申。一二士之心。猶回天地。覆亡之慘。從古無斯。而忠義之忱。亦於今爲烈者焉。

他若生而玉食。長自天家。山陽哀痛之語。命在何時。樂陵永訣之言。兒乎奚罪。柴車而辭鳳闕。破夢而入龍沙。嗚乎。富貴已空。神仙何在。徒使玉輦金輿。禮化人於西域。黃冠纁舄。望紫氣於東來。此則靈妃入道。固無必不死之方。而室主移宮。獨甚此未亡之痛者也。

況乎微子朝周。猶存禮樂。項伯入漢。僅事功名。韓王孫之晚節。漂母見而益哀。劉宗室之陳符。列宗聞而大恥。他若運屬當塗。華子魚尚稱名士。言歸石趙。王夷甫更侈清談。彼人是哉。何足算也。

嗟乎。蘭臺著史。婦豎不能識其辭。隴西墮聲。搢紳或且諱其語。何似取陳留之軼行。抵掌而說中郎。借赤壁之遺聞。快意而談諸葛。則人驚伯有。或能廣閭巷之傳。而鬼有董狐。殊堪增竹素之色。先生於是屬爲之序。遂著於編。

若夫聲音之道。文字之工。則讀臧洪之傳。髮自衝冠。登廣武之原。眥先裂血。抑至此乎。非可詳矣。

冬青樹傳奇爲蔣士銓藏園九種曲之一，記文天祥之殉國始末，凡三十八齣，分四總目，曰謝太后晚年祝髮，趙王孫新國稱臣，文丞相燕臺殉節，謝招討古寺招魂，乃九種曲中最沈痛者也。此篇雖爲序冬青樹傳奇而作，作者卻將一己之情感，全部注入。時明亡已百餘年，處滿人威暴之下，故隱曲其詞以寄痛。北江稟性孤高，伊鬱善感，若其哀文公，則哀宋室也，哀宋室，則哀乎明之覆亡也，黍離麥秀之感，國家民族之痛，一於此文寓之。今觀其文，如見激昂慷歎魁壘債張之狀，試一放聲朗讀，但覺一字一句，化爲淚痕血點，凝結成一片民族沈哀而已。

自餘佳章，若楚相孫叔敖廟碑之造句遣詞，駸駸入古，八月十五夜泛舟白雲谿詩序之寫景狀物，麗而不縟，適汪氏仲姊哀誄之恩誼茂美，悱惻動人，蔣定安墓碣之哀思無限，淒韻欲流，與孫季逑書之意致沈鬱，文筆儁潔，重修唐太宗廟碑記之詞義醇美，音節諧暢，長儷閣遺像贊之語語淒楚，字字哀豔，送汪劍潭南歸序之擺脫町畦，高朗秀出，與崔禮卿書之景協中情，辭薄內素，南華九老會唱和詩序之氣息淵醇，風神散朗，與錢季木論友書之滌辭除濊，鍊筆入穌。皆擲地可作金石聲者也。

七　成惕軒

清社既屋，民國肇建，風雅之道，無遜勝朝，七十年來，工爲儷體者，蔚有其人。其已殂謝者，有李詳、樊增祥、饒漢祥、黃孝紓、陳含光、戴培之等二十餘人。中共統治地區，以海峽阻隔，音訊不通，無得而詳焉。而現猶在臺者，有業師潘重規、高明、成惕軒、謝鴻軒諸先生，及李猷、嚴雲鶴、曾露虹、楊向時等十餘人。（詳見本書第十章）或希風前修，備具衆善，或擺脫町畦，自名一家。雖殊途揚鑣，風貌各異，要其取材立意，琢句裁章，則皆超軼流俗，富美日新，使駢文一道，不使作廣陵之絕，亦云幸矣。

惟在此衆多名家中，或以遺文難覓，遂付闕如，或以專集未刊，無從採掇，或以殘簡零篇，難窺全豹，因特取成惕軒先生一人之作品而論述之。且其作品亦有可得而言者：作品多（按先生平生所作已逾三百篇）而且美，一也。備具前賢之所長，二也。自成一家之風貌，三也。富有時代之精神，四也。擅此四善，集其大成，駢駢六合，自足題名，固無煩余之喋喋也。博雅君子見之，得無哂其阿私所好也乎。

先生字康廬，號楚望，湖北陽新人。天性精敏，才思橫逸，自少於時俗好尚，一不屑意，而刻苦銳進於學，慨然有以文章經國之意。弱冠負笈武昌，從羅田大儒王葆心氏遊，益復肆力羣經，殫精百氏。民國二十年，湖南湖北等省均大水成災，哀鴻徧地，因作愁霖賦以悲之，藝林老宿，爭相推重，而有後賢之畏焉。抗日軍興，旅居重慶，口誅奸回，筆伐強寇，時論多之。其後歷任正陽法學院、政治大學、臺灣師範大學、中國文化大學、中央大學教授，從游學者極衆，率卓然有所樹立。四十九年就任考試院考試委員，以迄於今。生平著作極多，計有汲古新議、考銓叢論、楚望樓詩、藏山閣詩、楚望樓駢體文等行於世。

先生襟抱恢宏，性情肫摯，提攜後進，不遺餘力，士有一藝可取，一長足采，無不獎飾有加，爲之延譽。嘗撰憐才好善篇，頗致慨於世風之澆薄，而思有以變易之。錄其詞如下：

憐才好善篇

僕自趨庭問學。粗聞大義。雅慕前修。輒榜聯語於居室曰。范希文任天下憂樂。馬少游稱鄉里善人。蓋推成己成物之言。用抒獨善兼善之志焉。

洎歷修塗。罕逢樂歲。王仲宣之行役。荆楚風塵。庚子山之生平。江關詩賦。名場溷跡。世網攖懷。借馬無人。禮疏於縞紵。飲羊有術。利競於錙銖。嗟古道之寖亡。問橫流其安屆。

他勿具論。卽如鵷序曾親。雞窗夙契。衣冠之所遊處。壇坫之所唱酬。大抵翻手作雲。轉眼下石。動滋訕謗。橫肆觝排。鮮有以憐才好善爲念者。蛾眉見嫉。比於尹邢。蝸角交鬨。直逾蠻觸。非惟儒效弗彰之害。實亦世風日下之憂。

夫胞與民物。綱紀天人。策名清時。潤色鴻業。上輝趙衰之愛日。下沛傅說之甘霖。廣化育於陶甄。盛招延於吐握。藥籠深貯。藻鑑澄懸。萬流仰若斗山。四海想其風采。是誠丈夫得志之所爲也。

儻驥足靡騁。鵬圖莫申。則退擁絃歌。隱操風敎。峙中流之柱。葆歲寒之姿。坊表羣倫。護持善類。友德星於塵外。播書種於焚餘。抑其次焉。

嘗觀往史所載。如退之之在中唐。永叔之在北宋。皆以碩學閎識。度越衆流。景星慶雲。照耀一代。而其愛才若渴。說士能甘。收瑰奇於巖穴之中。振滯屈於繩樞之下。往往吹噓有賴。曲借齒牙。稱薦爲勞。不避寒暑。序貽東野。俾諸子以其善鳴。策射東坡。讓斯人出一頭地。流風所被。遂能陶鑄一時之雄豪。昌明當日之治化。先正遺軌。百世可師。平生瓣香。二公爲最。及覽韓魏公故事。或謂魏公有相業。無文章。公言琦相而用歐陽修爲學士。天下文章。孰大於琦。富哉言乎。至公無我。益使不佞掩卷生敬。慨然想見其爲人。常以斯風。望之今日。幸者賢其一遇。竟寥寂以無聞。

昔胡震亨有云。詩道須前後輩相推引。李杜兩大家。不曾成就一後進。無以稱多士龍門。

其說雖稍近偏激。要之才宜互借。學貴相師。莫爲之前。雖美不彰。莫爲之後。雖盛不傳。凡百皆然。又豈僅詩道而已哉。

自維檮散。頗識材難。雖輸內翰之能文。竊慕昌黎之薦士。二十年來。身忝試官。分當掄學。故於憐才好善一事。尤所兢兢。每當闈棘初張。榜花待放。焚香默告。冀毋負於穹蒼。落卷搜看。懼偶失乎寒素。良以山多玉韞。海易珠遺。葉底啁啾。何處不聞窮鳥。雲端隱現。此中或遘眞龍。但令杞梓呈材。珊瑚入網。不迷五色之目。無積後來之薪。則致用差得其人。成功奚必自我。

至若敬禮髦彥。獎進孤微。發自寸衷。殆緣天性。或聞聲致慕。遠貽雙鯉之書。或傾蓋言歡。便訂隻雞之約。士有一長足采。一藝稱工。未嘗不拂拭蛇珠。摩挲駿骨。託深情於賞析。極片語之抽揚。

蓋嘗思之。白眼看人。終乖雅尚。赤心推我。迺見精誠。溫厚無邪。風詩早炳夫彝訓。涓涘不棄。江海始呈其大觀。果能恢廓襟靈。覃宣雨化。破除畦畛。弘衍薪傳。則邦步雖艱。士心無死。燈燈以之續照。葉葉以之承華。世運資人師爲轉移。典章與道術相融攝。而品物咸亨之理。乾坤不息之機。將於是乎在。伏生篤老。還傳博士之經。亭林遺敎。載作匹夫之氣。斯固其明徵已。然則憐才好善之念。發之幾微。形諸踐履。其有裨於人紀國命者。詎不重哉。

區區玆意。時以語人。人或未之省也。今特爲我及門諸子言之。遙矢心期。並資勖勵。嗟夫。世正需才。人須寶善。雞鳴風雨。願君著祖逖之鞭。龍臥塵沙。何地乏豐城之劍。

其愛才若渴之情，恂恂長者之風，一一躍現紙上。庾徐健筆，振麗藻於一朝，李杜鴻篇，揚芳聲於百代，善惟止乎其身，澤靡被乎後進，持較今日，其氣象迥不侔矣。

自中原鼎沸，樞府南遷，吟詠之士，項背相望，擊鉢唱酬之風，蓋視前此爲加盛焉。然求其笙簧六藝，馳騁百家，拳拳忠愛，每飯不忘，喬木故國之思，時時流露於行墨者，則非李漁叔先生與成楚望先生莫屬。成氏今古諸體，不下千首，大率緝裁巧密，風調清新，其旨溫以厚，其音和以雅，其辭麗以則，格律本乎四傑，而情韻爲深，敍述類乎香山，而風華爲勝，是豈僅妙筆之生花，蓋亦其蘊積之獨厚歟。

至駢文風格，一如其詩，四十年間，所作已逾三百首，其文備具衆體，無所不宜，探之而益深，索之而益遠，如三辰五星，森麗天漢，昭昭乎可觀而不可窮。或如泰華喬嶽，蓄泄雲雨，巖巖乎莫測其巔際。又如九江百川，波瀾蕩潏，淵淵乎不見其涯涘。人徒見其英華外發之盛，而不知其本固有在也。所謂蘊之爲德行，行之爲事業，發之爲文章者，殆可於此見之。今略錄一二首，以爲鼎臠之嘗焉。

美槎探月記

儒者於一物不知。引以爲恥。聖人則六合之外。存而弗論。二者攝境有判。持義攸殊。一謂熙熙相屬之人寰。一謂浩浩無垠之域表也。

吾華夙進文明。代興材雋。莫不傾其術智。究極天人。璿璣察微。土圭立準。紀虞書之星鳥。早授人時。占羲易之田龍。遠徵天象。下逮鄧平定太初之曆。張衡作渾天之儀。擧蠡測與管窺。胥日精而月密。顧穹廬如蓋。雲路難躋。翹首層霄。但遙見其蒼蒼之色而已。於是窮諸想像。託以神奇。市號華鬘。宮名兜率。幽黃姑於銀漢。參青鳥於瑤池。蟠桃若木之華。霓裳羽衣之曲。紛傳故老。雜見陳篇。縱涉稗官怪誕之言。仍供茗座談諧之樂。而一輪皎月。千里嬋娟。其所沾溉於騷壇藝苑。以爲謳吟摹繪之資者。蓋尤更僕難盡焉。振古以來。從未聞有星槎直上。月窟親探。一明其究竟者。有之。則自美利堅人阿姆斯壯始。

西元一九六九年(中華民國五十八年)七月十七日上午。阿姆斯壯與其同僚艾德林、柯林斯二君。自佛羅里達州甘迺迪角。乘阿波羅十一號太空船。假農神五號火箭升空。歷航程二十五萬英里。於二十一日下午四時十七分。阿姆斯壯步下登月小艇。遂以人類第一人踏入月球表面之寧靜海。繼之者艾德林。因共掇取其中岩石泥土。並留置美國國旗、科學儀器等物。移時離去。復與操御太空船之柯林斯會合。剋期回駛。凡閱三晝夜。降於中太平洋。由直昇機舁賓大黃蜂號海艦上。自啓行至此。歷時八日有奇。休士敦太空中心曾逐日紀程。分告寰宇。斯役也。前後預之者四十萬人。計耗美元二百四十億。集無數科學家、企業家之智慧經驗。九更寒燠。方底於成。此其大較也。

當其迅御長風。上窮碧落。健並行空之馬。神疑噓氣之龍。邁九萬里之鵬摶。睨百二城如蟻聚。張騫鑿空。昔讓雄姿。郭璞游仙。今非幻境。已而影移仙舸。光漾晶盤。夔足一投。鴻爪初印。如哥倫布之登新陸。如武陵人之履仙源。如七寶樓臺。彈指而即現。如九天閶闔。因風而洞開。萬靈效其馳驅。羣動爲之竦息。空空玉斧。伐丹桂以何從。穆穆金波。問素娥其安在。攜將片石。儻容天補媧皇。拾得丸泥。豈但關封函谷。壯哉斯舉。前無古人。可謂瀛表希聞。天荒獨破者矣。

或言登月一舉。奮精神之大無畏。開歷史之新紀元。固已。惟是地屬不毛。事經徵實。則玉宇瓊樓之詠。青天碧海之吟。疇昔中土詞人。所以寄其遐思。抒其玄感者。不幾頓爲減色耶。不知求眞求美。用原不侔。尙理尙情。義各有適。制天之說。旣靡損乎敎侶之禱祈。探月之行。又奚礙於文流之怡玩也。

至其梯雲上界。捫月寥空。挈南箕使簸揚。與帝座通呼吸。和平廣宣於萬族。闕陷待補夫兩間。則更於往哲天人合一之旨。獲一新解焉。默禱諸天。永銷庶劫。銀蟾無恙。定溥淸暉於億萬斯年。緣螘堪邀。且尋舊約於三五之夜。

西元一九六九年七月十七日，美國阿波羅十一號太空船由農神五號火箭發射升空。三太空人阿姆斯壯、艾德林與柯林斯展開登月旅程。二十一日阿氏首先踏上月球表面，圓滿完成登月歷史任務。二十五日三名太空人復駕太空船重返地球，安全降落太平洋海面。此舉不但爲人類歷史首開新紀元，並且爲人類征服太空之起步，所宜大筆特書者也。先生得訊，爲之狂歡，爰揮椽筆，以紀其盛。以古典駢四儷六之文，記述現代尖端科技之事，亙古以來，一人而已，而擧目斯世，亦一人而已。吾前謂先生之文富有時代精神，即將現代事物名詞融入作品之中，或以雅麗之辭藻稱述現代之事物。例如：

㈠美　槎——稱美國太空船。

㈡蘆溝鶴唳——謂民國二十六年日本軍閥發動侵華戰爭。

㈢磨牙鯨鱷——形容侵華日軍之兇殘。

㈣毒　鳶——指抗戰時轟炸中國之日本飛機。

㈤扶桑半萎——謂西元一九四五年日本戰敗後，其國中瘡痍滿目也。

㈥鐵幕四垂——謂民國三十八年大陸淪陷。

此類文詞，在楚望樓駢體文中，觸目皆是，新穎雋爽，生面別開，故能方駕乾嘉諸老，推倒一時豪傑，卓然稱民國以來駢林第一高手。

蕭寺秋游記

鶼終蟀繼。日月跳其雙丸。虎攫龍拏。乾坤賭其一擲。歲華默逝。世局滋艱。哀周子於燼餘。勵越薪於瀛表。豈人生逸豫時耶。然而明月飛烏之夜。魏武則對酒興歌。清秋戲馬之臺。謝瞻則賦詩述美。偶因佳日。略暢幽懷。固有識之恆情。亦前修所不禁也。

今歲秋日。余與絜生、理珂、乾一諸子。集於竹南靈隱精舍。湖鄰青草。圃接黃花。式煎竹院之茶。兼飽桑門之饌。逃虛自憙。逮暝方歸。有棲林之思。適野之樂焉。

慨自九域塵昏。四維道墜。變神京爲虎穴。輕人命若鴻毛。夢裏金焦。橫青峯之兩點。樽前溟渤。湧碧浪以千層。賸攜陶柳遺編。南遷作友。爲問陽關疊唱。西去何年。佳人不來。望樓船於汾水。窮士靡託。感茅屋於秋風。渺渺關河。悠悠天地。謂之何哉。

於是暫尋蕭寺。同禮空王。乘暇日以銷憂。俯晴皋而舒嘯。貯源頭之活水。方寸皆春。過眼底之浮雲。纖微不滓。絳霄寥廓。送無盡之鐘聲。嘉樹扶疏。添有情之畫本。而天人交契。物我兩忘之境。乃獲於此一剎那中遇之。化宇非遙。煩襟盡滌。譬彼漁父。身履仙源。幾不知魏晉之爲何世矣。

夫六合猶堂廡也。百年猶旦暮也。治忽相形。仁必勝暴。剝復相倚。貞斯啓元。故達人不以夷險攖其心。志士不以菀枯易其操。湛軀楚澤。寧紓屈子之離憂。收淚新亭。端賴晉賢之戮力。然則逢辰作健。登山臨水。正足以開拓心胸。濯磨氛垢。又奚損於澤物之弘願。經世之遠圖乎。

駒隙俄遷。鴻泥宛在。平生三徑之約。幸無愧於羊求。他年五嶽之游。還共期於禽尚。

此爲先生退食餘暇，自抒襟抱之作也。觀其遊思綿邈，興會飇擧，當與王羲之蘭亭集序、王闓運秋醒詞序鼎足而三，並屬中年傷於哀樂之有數瑋篇，足以振鑠文壇，傳誦千載而無疑也。

玄武湖雜詩跋尾

金陵之爲都會也。龍蟠虎踞。別有山川。牛首棲霞。環鄰京邑。而林壑之美。近在負郭者。曰玄武湖。湖在玄武門外。一名後湖。周迴四十許里。泜岸沙明。石橋虹霽。地遠氛垢。天開畫圖。行葦森其數叢。垂楊裊其千縷。錦鱗潛泳。水波不興。羣鷺亂飛。雜花增媚。鏡月隨舫。屏山在門。好景備於四時。良朋期夫三徑。挹煙光而欲醉。祛塵慮以俱空。

余於斯湖。夙有偏嗜。春秋佳日。未嘗去懷。偶拾餘閒。輒寄幽賞。或獨往。或偕行。或扣舷。或瀹茗。意有所觸。率宜於詩。游屐既頻。吟箋遂積。删存百一。粗志二三。持較曩篇。儻亦竹垞鴛湖櫂歌、樊榭鶯脰雜詠之流亞乎。

高闈四十年唱酬集序

紬書石室。雅慕前修。射策金門。差償夙願。自民國三十三年蜀闈襄校。三十七年南都典試。綿亙迄於今日。凡四十年。忝任試官。不可謂不久矣。張其珊網。爲建國期得人。貢之玉堂。勗秉時以宣力。式彰弘效。良慰平生。然而驥蹶脩途。佳士或遺於羅隱。鴉塗累紙。蕪辭未革於劉幾。靜言思之。不又慊然若失乎。數十年來。鎖院餘閒。迭有酬唱。中經播越。稿多散亡。頃於叢殘中粗加董理。得詩一百八十餘首。分列上下兩卷。上卷爲惕軒自撰。下卷則時彥所貽。彙爲一編。顏曰高闈四十年唱酬集。蓋紀實也。

或謂樞府遷臺。分科選士。每年高普考試外。舉辦特考。尤見頻數。玆集獨以高闈名之者。何耶。斯則本乎要括之義。撮錄衆篇。特標其最耳。堂堂歲月。運啓鯤身。歷歷雪泥。跡留鴻爪。去日吟朋不見。但餘削草之遺箋。他年試院重來。還續煎茶之故事。

螢橋納涼記

序屆朱明。炎蒸日厲。納涼勝處。迺有螢橋。其地漸離闠市。遙帶澄川。得茶寮近十家。去臺陽不數里。余與意翁乾叟嘗過而小憩焉。飛橋綴岸。則虹腰宛在中央。畫舫搖波。則鷁首紛其上下。纖雲乍捲。一點兩點之螢。清風徐來。千竿萬竿之竹。每值晶蟾皎吐。玉麈輕揮。或談海客之瀛。或話坡仙之鬼。雜陳煙水。旁涉藝文。分苦茗之一甌。滌煩襟於四座。以視盲翁負鼓。說中郎身後是非。宮女白頭。述天寶年間遺事。今昔之感或同。而雅俗之情迥判矣。

嗟夫。沙劫頻經。夢華空憶。閬風懸圃。渺哉無何有之鄉。玉宇銀潢。美此大自然之夜。滄海無恙。莫教再現紅桑。小山在前。且爲一歌叢桂。

哭李漁叔教授文

民國六十一年八月十一日。湘潭李君以疾卒於石牌榮民醫院。得年六十有八。絳帳低垂。泣聞弟子。黃壚獨對。望邈山河。爰濡淚綴辭以哭之曰。

浩浩鄴侯之架。已蛻仙蟫。迢迢衡嶽之雲。不迴征雁。嗟我漁叔。其竟中壽而摧。一瞑不視耶。自來蓬嶠。頻接蘭言。佳節佳辰。或飛觴而共飲。某山某水。時蠟屐以偕游。閒話平生。亦商舊學。檻外之蕉陰未改。甌邊之茶味猶甘。固知歷塊過都。驊騮曾躍於千里。豈謂生天成佛。鸞鶴遽翔於九霄。空谷重來。逝川莫挽。嚮時鄰笛。都成慷慨之聲。落月屋梁。但見淒涼之色。斯人不作。有恨如何。

近體詩發凡序

張君夢機。天稟沖和。風儀雋爽。志橫渠兩銘之學。好平子四愁之吟。嘗問字於吾友李漁叔先生。一時有雄芭之譽。頃以所撰近體詩發凡。乞序於余。蓋此原爲君之碩士論文。曾經漁叔點定者也。

八章粲列。六義昭宣。踵匡說而解人頤。仿紀批而彰律髓。攤羣書於几案。幾枯照夜之螢。示初學以津梁。不愧識途之馬。至君自製古近體詩。則金鍼早度。錦段同鋪。得氣之清。緣情而靡。譬九霄之鸞鳳。翩爾多姿。如初日之芙蓉。自然可愛。尤足徵其善參活句。雅具別才。而無忝於述作之任焉。

華編乍展。倦眼增明。因志數語於簡端。且爲漁叔之得傳人賀也。

右舉五首爲先生短篇小品之作。按短篇小品六朝人最優爲之，其後踵而效之者雖多，而朗麗可誦者殊少，若韓愈雜說、王安石讀孟嘗君傳、袁宏道西湖雜記之以短小精悍見長者，可謂代不數覯。而先生此類作品則多風骨翹秀，情韻欲流，蓋能以少許勝人多許者。

其他作品，雄渾者有重印五種遺規序，典重者有還都頌，精拔者有履端三願記，清圓者有山房對月記，姸潤者有茘莊吟稿序，輕倩者有遊指南宮記，哀婉者有呂姑祠記。若乃氣體清華，使事貼切者，則有南雍今昔記。芊綿其語，摧惻其懷者，則有棲霞集序。夭矯騰驤，負聲結響者，則有迴波閣曲稿序。詞采精拔，神情宕逸者，則有壺樓記。清詞戛玉，高響入雲者，則有花延年室詩序。摛藻瑰麗，吐屬典雅者，則有魚千里齋隨筆序。工力深重，風調諧美者，則有現職銓定人員資格考試及格人員名錄題記。喬皇典重，汪濊博富者，則有孫運璿先生壽序。詞匀色稱，氣靜機圓者，則有李義山詩評論序。文霞淪漪，緒颺搖曳者，則有韜園續集序。峭拔古腴，姿致蔚然者，則有楚望樓詩自序。宏裁高論，卓爍異采者，則有歷代駢文選序。瓌辭博練，奧義環深者，則有張知本先生八十壽序。此外，如晚悔樓詞序之骨氣端翔，音情頓挫。中華大辭典序之淸約謹嚴，鉛華弗御。薪夢廬詩文稿序之詞意蒼涼，聲調激楚。瀛洲校士記之嘉詞絡繹，裁對精工。跋張文襄治鄂記之憑弔往哲，一往情深。藏山閣詩自序之風韻跌宕，筆力靖凝。吳禮卿先生七十壽序之麗詞雲簇，縟旨星羅。來鳳簃記之氣息淵醇，風神散朗。纕蘅詩鈔序之哀思無限，淒韻欲流。與日本木下彪敎授書之古質璘彬，符采相勝。玄廬賸稿序之敍次明晰，鍛鍊精純。曲學例釋序之律呂諧和，宮商輯洽。南都典試與人書之情文相生，華實並茂。張岳軍先生壽序之擺脫町畦，高朗秀出。金門頌之瑰異崇閎，凌厲駿邁。于右任先生壽序之格老氣蒼，筆力健舉。薛玉松女史遺詩序之餘音悽惻，不絕如縷。凡此皆嘔心瀝血，鏤肝鉥膽之作，足以藏之名山，傳諸其人者也。

總而言之，先生之文，雖係綆汲千載，臯牢百家，不宗一體，不法一派，但講求寫作之技巧，重視時代之精神，無論形式內容，並皆充實。緣是六朝渾厚之氣，三唐蘊藉之風，兩宋淡雅之致，均於是乎在。加以舊學湛深，海涵地負，所作多淸新純懿，劃刻淬鍊，而有儒者風。故能於新潮陵蕩之時，文苑塵霾之會，潤色鴻業，振藻揚葩，使此最足以表現中國文字優美之駢文，不致作廣陵之絕，厥功殊偉。趙甌北詩云：『江山代有才人出，各領風騷數十年。』眞不啻爲先生詠也。可謂墨海之洪濤，文峯之鉅嶽矣。

第八章　駢文之評價

駢文爲中國單音節文字所構成之特殊文體，亦中國文化精神所孕育之絕妙文藝，擧目斯世，無論任何國家，皆不能產生此種風華絕代之美文，所謂『祇此一家，別無分店』，此非余一人之私言，乃天下之公言也。

吾國自有文章，卽有駢體，駢體蓋挾中國文學以俱來，且相終始焉。此種高華優美之文體，厚培深植，極數千年之斟酌損益而成，況其藻采繽紛，神韻綿遠，踵襲雅騷之遺，光昭正始之音，蔚爲此一民族之特有文藝，謂宜光大盛業，繇衍無窮。乃不意自韓柳古文運動倡行以還，歷代文家之不慊意於斯體者，蓋不可以僂指計焉。其犖犖較著者，如王應麟辭學指南云：

宋神宗初卽位，擢司馬光爲翰林學士，光辭以不能爲四六。……不得已乃受之。

又洪邁容齋三筆云：

四六駢儷，於文章家爲至淺。

是皆不滿於當時之文體，而發爲是言者。至於淸代古文家震於蘇氏稱韓文起八代之衰之語，遂目駢偶爲俳優，橫加掊擊，不遺餘力。此則古文家以散行之文相號召，其與駢文戾若仇讎，亦埶所必然，無足怪者。乃自鼎革以後，一般思想急進之士，更形變本加厲，高呼科學(science)與民主(democracy)之口號，提倡白話以替代通行數千年之文言，而文必廢駢，詩必廢律之謬說，尤其囂然塵上，謂駢文乃專制時代少數高級知識分子之寵物，非盡人能所學，尤不周於世用，及其末也，且以一無價值之死文學目之矣。揆其用心，則無非震於西洋物質文明之高度發展，非中邦之所能逮，遂以爲人無不是，而我莫不非，詆諆中國文化爲不值一錢，必欲一舉而摧陷廓清之而後已，駢文特其目標之尤著者耳。

夫駢文果爲貴族文學乎，果爲死文學乎，果爲不值一錢乎，在中國文學中果無一席之地乎，若以彼輩之所言爲是，則胡以自東漢以後，詞人雲興，名作間出，雖屢經憂患，飽受摧殘，依然屹立不搖，而與散文迭相雄長，分庭抗禮耶。迹其所以然，是必有其本身之優越條件及種種客觀之因素在也。玆條陳如左：

【一】駢文與中國文學相終始

我國數千年之文章，萬國罕比其美，此舉世所公認之事實。無奈好事之徒，強分文章爲駢散二體，二者遂在中國文壇上分鑣並驅，迭爲盛衰，消長無定。自清汪中倡言打通駢散之藩籬，恢復駢散合一之境界以來，高揭附和之旗幟者，更僕難數，如劉開曾國藩黃季剛諸氏，則其中褎然冠首之人物焉。即以白話文風靡全國之今日，駢句儷辭亦未嘗見棄於文壇。如先總統　蔣公輓胡適聯云：

新文化中舊道德的楷模。
舊倫理中新思想的師表

又如朱自清怱怱云：

燕子去了，有再來的時候，
楊柳枯了，有再青的時候，
桃花謝了，有再開的時候。

皆其例。是知奇偶相間之詞句，爲絕大多數知識分子所愛用，毋乃勢所必然，而稽其所以致此之由，殆卽陸象山所謂『此心同，此理同』者歟。近人瞿兌之於此更有精闢之見解，其言曰：

駢文之理，伏於吾華文字語言之形聲組織，假使僅廢文而不廢語，駢文猶無滅理。何則，不觀口語中之民謠俗諺，必兩兩相對乎，所謂文者，本取彣彰之義，非配儷均齊，映發成趣，不足以當文之目。推之於吾華音樂繪畫建築藝術，罔不基於此。則直謂吾人日日孕育熏習於駢偶之環境中，未爲不可也。又不見人家慶弔必用聯語乎，當世之人，痛詆文言，雖作聯語，亦必白話，雖爲白話，仍是駢偶。足知習俗如此，終不易脫駢文之羈絆也。（中國駢文史序）

談言微中，理則昭然，無復有討論辯駁之餘地矣。揆諸天下萬物奇偶相參剛柔相濟之理，衡諸文運剝復相尋之迹，鑒諸社會上廣大羣衆之需要，駢文（指廣義之駢文而言）之與中國文學相始相終，共江河而長流者，決非過甚之詞，請以證之來日可也。

【二】駢文易於流傳不朽

我國文章，依其形態，大致可分爲駢文散文與白話文三大類。三者如尺寸然，各有所長，亦各有所短，誰是誰非，孰優孰劣，言人人殊，實難有一定之標準，若必欲揚彼以抑此，或軒此而輊彼，是徒爭雞蟲之得失於萬一耳，膠柱鼓瑟，其庸有當乎。質實言之，若以空間上通行之廣而論，俚俗淺顯、婦孺皆知之白話文，自較駢散文易於溝通不同地區之現代人之思想，此其所長也。然而語文一致之結果，勢必難於傳諸久遠，蓋語言必隨時代而改變，語言變則文章亦隨之俱變矣。今舉五四主盟諸君所心醉之白話小說紅樓夢水滸傳儒林外史醒世姻緣爲例，其中方言死語甚多，有非現代知識分子所能了解者。例如：

㈠賈母笑罵道：小蹄子們，還不攙起來，只站着笑。（紅樓夢）

㈡劉老老說道：這箇叉巴子，比我們那裏的鐵掀還沈，那裏拏得動他。（上同）

㈢李俊說宋江是個奢遮的好男子。（水滸傳）

㈣小珍哥說，我淘碌他甚麼來。（醒世姻緣）

㈤成老爹道，這分田全然是我來說的，我要在中間打五十兩銀子的背公。（儒林外史）

又如胡適之名句『匹克里克江邊』（按匹克里克爲英文picnic之音譯，意謂野餐。）郭沫若之詩句『幽靈般的心絃，彈出新的煙士皮里純』（按煙士皮里純爲英文insple-tion之音譯，意謂靈感。），皆歐化句子也，亦非普通知識分子所能解。而紅樓夢『女兒悲，嫁箇男人是烏龜』，尤不雅馴，以視李商隱詩『無端嫁得金龜壻，辜負香衾事早朝』，其神韻迥不侔矣。是則白話文之不能傳諸久遠，彰彰明甚，寧待辭費乎”若以時間上流傳之遠而論，則屬辭比事，協音成韻，而易於諷誦之駢文，自較散文白話文爲長，如江淹之別賦、王勃之滕王閣序、駱賓王之爲徐敬業以武后臨朝移諸郡縣檄、李白之春夜宴從弟桃李園序，千載以下，傳誦不衰。至以儷辭成篇之孝經、文言、繫辭，更無論矣。惟是用典浩博，每令學子卻步，而侔色揣稱，尤非中材所逮，是不能爲駢文諱也。至於散文，適介於兩者之間，故爲多數知識分子所樂用。（請參閱本書二章一節）吾師李曰剛先生在所著中國文學流變史中，嘗就三者之價值，作扼要之批判，不偏不倚，最爲持平，迻錄其言於次：

駢體散體語體，爲中國文章之三大形態”前二者屬於文言，後者爲白話，三者各有其得失，不可作片面之指摘。平情而論：白話文之長處，在於直錄說話，淺顯明白，如用作曉諭大衆之工具，啓瀹人民之知識，自較文言文易於理解。但縷述繁複，篇幅冗長，難於傳之久遠，未始非其缺點。反之，駢文之長在辭句工整，聲韻調和，丹采華悅，琅琅成誦，易於流傳不朽。而其典實艱深之處，每使程度較淺之讀者，見而卻步，不易被大衆所接受。至於散文之特點，適介乎兩者之間，其可吸引之讀者，多於駢文，而少於語體文，可能流傳之力量，強於語體文，而弱於駢文，在目前上層知識階級中，仍佔有極大勢力。

是誠顛撲不破之論，明達之士，必當首肯也。

【三】駢文最能表現中國文學之藝術美

中國之美文多矣，詩詞曲賦駢文等，無一而非美文，而美文之至者，又莫如駢文律詩。駢文律詩既準音署字，修短相侔，兩句之中，又復聲分陰陽，義取比對，可謂美之極致，此諸夏所獨有，而舉世靡與倫匹者也。近人謝无量曰：『中國字皆單音，其美文之至者，莫不準音署字，修短相均，故駢文律詩實世界美文所不能逮。蓋雖有閎文麗藻，音調則前後參差，隸事則上下不切，此未足爲美也。駢文鋪敍議論，語累千萬，比對精深，體裁綺密，句中自協宮商，境界視律詩尤廣。』（駢文指南）律詩非本書討論之範圍，姑從闕，今專論駢文之藝術（art 亦稱美術 fine art）美。

夫美術有兼言內容(contents)者。亦有專重形式(form)者。專重形式之美術，在於支配均齊，節奏調適。駢文音調鏗鏘，合於調適之原則，對仗工整，又合乎均齊之原則，在美學 (aesthetics) 上自有其崇高之價值，其所以被謚爲美文(belles-lettres)者以此，其所以被謚爲『有字之圖畫』者，亦以此也。惟昧者或有以無用之死文學嗤之，是坐不知美術文與實用文之殊耳。抑更進一步言之，駢文予人之美感(sense of beauty)，蓋有四焉，今分述之，

❶**講對仗予人在視覺(sense of sight)方面之美感**　凡自然界之名物，本多對峙，如天地、男女、動植物等皆是。故文中排偶之辭句，各國皆有之（詳見本書第一章，中國語文述略），惟長篇駢文爲中國所獨有耳。良以中國文子，本屬孤立與單音，惟其孤立單音，故長短取舍，至能整齊。言乎對仗之用，可謂與文字以俱來者也。苟無對仗，不但文有不美，亦且意有不達。故自聖經賢傳，諸子百家，下逮小說白話，旁及語錄佛書，無論英雄兒女，君子庸人，但欲爲文，但欲達意，必求利用對仗。而駢文固以對

仗爲第一要件，匪惟字字相稱，句句相儷，而意義、詞性、音節、形體等，亦無一不相儷相稱者，將對稱之整齊美發揮至於極峯。此種整齊畫一之文章，有不令人一見傾心者乎。

㈡用典故予人在心靈(spirit)方面之美感　文學乃緣歷史以發生，人不習知歷史，則必不能從事文學，此中國文史之所以恆爲一體，不容分割也。夫典，事也，所謂典故，古之事也，亦卽歷史之事也。是以典之定義，凡引證歷史中事實或前人言語入文者，皆曰典故。苟不能禁人斷絕歷史知識，則不能禁人不引用典故。古今中外文學作品之用典者，所在多是，以言英文習見之典，報章雜誌中可時時發見之。譬如我國人言『千鈞一髮』，英文則言『the sworb of Domocles』，我國人言『快刀斬亂蔴』，英文則言『to cut the Gordian's Knot』，非大用典而特用典乎，亦何傷其爲流暢之作品耶。是以典非不可以用，只看各人能不能用。文章修辭之法，固不止白描一端，白描特較合乎初學之便而已。至於駢文，固以用典浩博著稱者也，在名篇佳作中，作者融化故事，不著痕跡者，往往能發生新的意趣與新的境界，其予人在心靈方面之美感，蓋有不可以言喻者矣。

㈢調平仄予人在聽覺(sense of heering)方面之美感　中國文字，雖爲衍形，而非衍聲，但有平上去入四聲之分別，故一方面可以取義比對，一方面可以聲分陰陽，駢文之產生，職是故也。駢文有用韻與不用韻之殊，顧雖不用韻，而通篇句必協平仄，聲必調馬蹄，然後有疾徐高下、抑揚抗墜之節，故一篇駢文，正如一首美妙的歌曲，使人聽之，不覺情爲之移，神爲之往，手舞足蹈猶其餘事焉耳。如梁簡文帝與蕭臨川書：

零雨送秋，輕寒迎節，江楓曉落，林葉初黃。

又如丘遲與陳伯之書：

暮春三月，江南草長，雜花生樹，羣鶯亂飛。

再如江淹別賦：

又若君居淄右，妾家河陽，同瓊珮之晨照，共金爐之夕香。君結綬兮千里，惜瑤草之徒芳，慙幽閨之琴瑟，晦高臺之流黃。春宮閟此青苔色，秋帳含玆明月光，夏簟淸兮晝不暮，冬缸凝兮夜何長。織錦曲兮泣已盡，回文詩兮影獨傷。

平情而論，其聲韻之諧，音調之美，讀之確能令人遶屋唱歎，不能自已。故駢文雖稱之爲文藝而兼音樂之一種特殊文學，其誰曰不宜。雖然，散文亦須講求音節之美，昔曾湘鄉深喜桐城姚惜抱之文，而思救其儒緩之失，故論文每以音響爲主，即此意也。惟是散文有散文對法，則有散文之音節，駢文有駢文對法，故有駢文之音節，二者在本質上判若冰炭，不可強同，而駢文則尤講求音節之美耳。

㈣敷藻采予人在嗅覺(olfactory sensation)方面之美感　駢文抽祕逞姸，儷紅媲白，江花謝草，宋豔班香，璀璨滿紙，使人恍如置身金谷園中，流連忘返，其予人在嗅覺方面之美感，有非楮墨所能形容者矣。

據上所述，足知駢文確已將中國文學之藝術美發展到極限，是最足以表現中國文學特色之唯一文體。環觀世界各國之美文，若詩歌，若戲劇，若小說，有一能與中國駢文爭一日之長者乎。乃昧者不察，或謂之爲無用，或詆之爲死文學，遂欲並駢儷之藝術美而去之，是不知美學者也。

【四】駢文可以治空疏

夫人之常情，往往趨易而畏難，避重而就輕，積習既久，驕惰乃生，至於束書不觀，空談性命，此明代士子所以貽譏於後世也。自民初新文化運動倡行以後，趨時之士，類都醉心物欲，醜詆經書，流風所扇，則往日埋首雞窗，兀兀窮年之讀書風氣，已無復可見，而空疏不學之弊，且視明代爲尤甚焉。縱觀域內，庠序間罕見眞正學人，街坊中憑添許多閒漢，學術思想，變作眞空，國脈阽危，國魂戕傷，殆未有甚於此者也。惟上述種種弊端，均可以駢文藥之，蓋初學駢文或專門欲以名家者，必先淹貫羣經諸子，明習史實典故，精研文字音韻，熟讀名家作品，然後始能著筆，而無向壁虛構、信口胡謅之弊，世謂駢文可以徵學殖者（袁枚序胡稚威駢體文云：『散文可踏空，駢文必徵實。』），其故在此。又駢文用典繁多，裁對精切，一字一句不苟措，脫非學有根柢者，不能爲役焉。而廣己造大，學殖荒陋之徒，乃罵宋玉爲罪人，譏永叔爲不學。其作調停之說者，則曰博學不可以工文，工文不可以博學，儒林文苑，自昔判焉，此則流俗之漫言，固非文章之定論，尤非駢文之正解也。試以有清一代而論，二百餘年間，其工爲駢文者，多爲積學之經學家，撰述學之汪中、撰春秋左傳詁之洪亮吉、撰尚書今古文注疏之孫星衍、纂皇清經解之阮元，乃至治公羊學之孔廣森、劉逢祿、魏源、龔自珍、王闓運等，無一非駢文高手，蓋爲駢文者必資博學，此殆學問家易工駢文之故歟。故曰駢文可以治空疏不學之弊，其誰敢疑。

【五】駢文可以藥文弊

夫文章之弊病多矣，無人無之，無代無之，累幅所不能盡也。遠者弗論，卽以近人之文章而言，其弊有三，曰浮淺，曰膚闊，曰枯淡，無論散文語體文，皆所不免，而一可以駢文藥之，此瞿兌之論之甚詳，不復贅也。迻錄其言於次：

近人文字之弊，約有三端，皆可以駢文藥之。一曰浮淺。駢文中無淺語，試看陸士衡豪士賦序及弔魏武帝文，其推論情理處，眞如游魚之出重淵。又如李蕭遠運命論及劉孝標廣絕交論，其反覆申論，面面俱到，名言絡繹，霏玉貫珠，令讀者自得探玩之樂。此駢文之所長一也。一曰膚闊。此是時文大病，而近人每易中其毒。漢魏賦家，從無一語虛構。故太沖之賦，十年而後成。文賦云：『理扶質以立幹，文垂條而結繁。』駢文雖似繁縟，而必以警切爲主。阮文達嘗曰：『議論空而無意以貫之，文選中散文固不爾。』此駢文之所長二也。一曰枯淡。近人文字，每患句調庸熟，用字枯窘，縱有新意，亦無精彩。文選諸篇，足供後人纂組之需，其義尤顯，無待推說。此駢文之所長三也。學者能於此中參悟一二，自不覺爲文之苦，而反有優游自得之樂。一言以蔽之，不讀駢文，不知吾國文字領域之廣，法門之多也。中國駢文史序

【六】駢文可以周世用

世之醜詆駢文者，每謂駢文乃貴族文學，文義艱深，雕繢滿眼，非盡人所能學，尤非盡人所宜學，遂鄙夷之，以爲不周於世用。此猶盲人之摸象，一偏之見也。即如彼等所言駢文爲不周世用，仍然有其崇高之藝術價值在，視之爲藝術品可也，況其非爲無用者乎。若唐之魏鄭公、陸宣公，一代駢文作手也，而辭達理詣，精闢無累，卒成貞觀之隆、興元之盛，能說駢文爲無用乎。甚至駢文由美文而變成應用文，亦自宣公開之，宋人及後之長於公牘者，競效其體，故從來詔勅表箋之類，例用四六，以其便於宣讀，且使聽者無障耳之感也。陳繹曾文章歐治云：

四六之興，其來尚矣。自典謨誓命，已加潤色，以便宣讀。四六其語，諧協其聲，偶儷其詞，凡以取便一時，使讀者無聱牙之患，聽者無詰曲之疑耳。

浸淫至於今日，此風猶未盡替也，能說駢文爲無用乎。日月麗乎天，天之文也，百穀草木麗乎土，地之文也，化工之所爲，有定形乎哉，化工形形，而不形於形，而謂文可有定形乎哉，顧其言之所立者何如耳，烏得以其駢而遂妄下無稽之斷語耶。吾師成楚望先生論之尤精。其言曰：

今之嗤點駢文者，多以文過其質，義不勝辭，譬之蠟淚成堆，非緣別恨，唐花逞豔，本異春芳，但供廟堂點綴之資，寧適民物敷陳之用。不知鶯飛草長，惓惓增故國之思，驪門榛崩，字字抒蕪城之感。他若子山哀江南賦、孝穆在北齊與楊僕射書、賓王代李敬業傳檄天下文、宣公論兩河及淮西利害狀，何嘗不言之有物，文以生情，遠溯時會之推遷，上關宗社之休戚乎。或又以駢儷之文，辭不達意，縱橫累紙，惟是風雲，堆砌成篇，無殊餖飣。子安之帝車華蓋，事有難稽，文通之危涕墜心，義奚所取。不知曉風零雨，客中之況味曾同，孤鶩落霞，畫裏之風光宛在。試觀齊梁作者諸小簡，下逮清人袁簡齋洪北江輩之所爲，何嘗不明白如話，眞樸無華，妙蘊畢宣，老嫗都解耶。是知晦澀之病，不限於美文，纂組之篇，亦周於世用，神而明之，存乎其人。（歷代駢文選序）

觥觥議論，殊足以鍼砭時俗，發人深省，彼信口詆娸駢文爲無用者，允宜三復斯言。近人金秬香亦曰：

夫文辭一術，體雖百變，道本同源，尙質尙文，道日衍而日盛，一奇一偶，數相生而相成。蓋琴無取乎偏絃之張，錦非倚乎獨繭之剝，以多爲貴，雙詞非駢拇也，沿飾得奇，偶語非重臺也。若必謂散文多適用，駢文多無用，則何解於高文典册用相如，飛書羽檄用枚皋，文固各適其用者乎。（駢文概論）

是則駢文之周於世用也，厥理昭然，毋待覼縷焉。

【七】駢文可以感人

文生於情，情生於感，人皆有情，人皆有感，故發而爲文，足以感人。文也，情也，感也，蓋息息相生，因因相續者也。中外古今文學作品之美者，無不以至情出之，出之以至情之文學作品，無論其爲若何體製，亦不限於一時代與一民族，均可收到感人之效果。故屈子爲離騷，賈生感其文，過汨羅，爲賦以弔之。司馬遷則曰：『余讀離騷天問招魂哀郢，悲其志，未嘗不垂涕，想見其爲人。』（史記屈原傳）揚雄亦曰：『悲其文，讀之未嘗不流涕也。』漢書本傳　西人荷馬(Homeros)所作特洛伊(Troy)與德賽(Odyssey)二詩，則能感動亞歷山大(Alexander)漢尼拔(Hannibal)與凱撒(Caesar)。而溫采士特(Winchester)亦稱：『荷馬時代之學術，雖為陳跡，然荷馬在今日，猶未老也，何則，以其訴於古今不滅之人情也。』文學評論之原理　夫駢文亦猶是耳，故讀諸葛亮出師表，覺其忠義之氣，躍然紙上。讀李密陳情表，使人孝養之心，油然而生。讀江淹別賦，則驟然而興別離之恨。讀庾信哀江南賦，則愴然而動故國之情。駱賓王作討武氏檄，則天覽之，至『蛾眉不肯讓人，狐媚偏能惑主』，初微笑之，及見『一坏之土未乾，六尺之孤何託』，矍然曰：『誰為之。』或以賓王對。乃不悅曰：『有如此之才，而使之淪落不偶，宰相之過也。』蓋有遺才之恨也。唐德宗時，藩鎮跋扈，中原板蕩，帝幸奉天，翰林學士陸贄隨行在，揮翰草檄，所下詔書，雖武夫悍卒讀之，無不揮涕激發。議者以德宗克平寇亂，不惟神武之功，爪牙宣力，蓋亦資文德腹心之助焉。饒漢祥民初為大總統黎元洪撰寫通電文告，文情斐亹，反覆曲暢，至今猶傳為美談。昔孔子稱『詩可以興，可以觀，可以羣，可以怨。』論語陽貨篇　駢文之至者，則不僅與觀羣怨之謂矣。

【八】駢文可以陶冶性情

蓋嘗論之，文學之與純文學略有差別，文章原是一種工具，其作用大略可分為記載事故、發表意志、傳達思想、抒寫情感等。惟純文學則有時專為作文而作文，其所作之文並未打算與他人讀，乃至不希望有人讀。然則此類文章更有何用處，不幾等於廢物矣乎。是不然，蓋文章工具說，乃知識作用，而人類於求知之外，尚有所謂精神，爲作文而作文之文章，卽精神作用也。由是言之，則此類文章，其重要性殊不減於工具之文，或有過之。惟此類文章，多屬於韻文方面，駢文卽其一也。駢文設色穠麗，遣詞斑斕，窈曲往復，蘊涵萬端，無處不見良工心苦，雖不必篇篇盡是經國之鴻文，而其足資陶冶性情、移易氣質，則可斷言。譬之珠玉珍玩，飢不可食，寒不可衣，而人貴之者，以其美觀悅目，可供欣賞也。又如雅曲佳畫，皆非經世牖民之所急需，而各級學校責學子以必習者，以音樂可以移情，可以美化人生，丹青可以賞心，可以淨化性靈也。然則駢文之功用，寧有異於是哉。

【九】駢文析理最精

嘗試言之，老子繫辭，皆闡哲理，魏晉雄辯，大率玄旨，胥用駢語，以達幽情，極流暢之能，無難申之意，此駢文之用以析理者也。大唐創業起居注用俳文以入史，劉彥和以偶語論文，陸宣公以儷文作奏議，咸達幽隱之情，歐蘇王曾以四六入表啓，大暢欲言之意。是則駢文無施不可，謂其不能達繁密之意者，亦猶謂古文言之無物（胡適語○見文學改良芻議）耳。皆誤以作者之工拙，爲文體之利弊也。吾師潘石禪先生在文學源流中，嘗發爲宏論，其詞曰：

六朝人尚有談名理議禮制之文章，經近世章太炎劉申叔諸先生特別提出，然後世人乃知此類文章，確爲六朝文之精華，非後代古文家所能夢見。曾滌生謂古文之法，無施不可，獨短於說理，卽由其忽略談名理議禮制一派文章。如嵇康之聲無哀樂論、裴頠之崇有論、范縝之神滅論，皆析理精微之作。通典中所載束晳袁準等人議禮制之文，亦皆擘肌分理，緜密異常。大抵理有事理名理之不同，事理之文，唐宋人尚能命筆，名理之文，惟晚周及六朝人優爲之。古文家不敢規摹周秦，又不願取法六朝，遂有『古文不能說理』之歎耳。

闡幽抉隱，屈曲洞達，彼固執駢文不能析理之成見者，可爲當頭棒喝矣。

【十】駢文摹寫最美

駢文除精於析理而外，摹寫景物，尤所擅場。酈道元之注水經，麗句繽紛，楊衒之之記伽藍，偶語盈卷，而物無隱貌，事盡行間，摹寫之佳，冠絕古今。(唐柳子厚最工寫景，而其胎息於水經注者實深。)此駢文之用以摹寫者也。

※　※　※　※

由上舉十事觀之，則駢文在中國文學中所佔之地位，可以思過半矣。昔王靜安嘗以駢文與楚騷漢賦唐詩宋詞元曲並列，以其皆號稱一代之絕學，所宜等視而齊觀者也。其言曰：『凡一代有一代之文學，楚之騷、漢之賦、六代之駢語、唐之詩、宋之詞、元之曲，皆所謂一代之文學，而後世莫能繼焉者也。』(宋元戲曲史自序)王氏舉六代之駢語，固不足以概中國駢文之全，而謂駢文價值之高，絕不在騷賦詩詞曲之下，則無疑焉。

美哉中華，吾何幸而生於此最大洲之最大國，生於斯，長於斯，聞道於斯，今且闢文境於斯矣。偉哉中華，吾抑何幸而立於此歷史最悠久，文化最燦爛之古國，得以偃仰嘯歌，揚眉瞬目。泱泱哉我中華，吾更何幸而擁有此世界上最優美之文學，晤言一室之內，神交千載以上。我國家，我文化，我先聖昔哲之惠我者多矣。凡我炎黃之胄裔，當思如何復興我國家，重振我民族，發揚我文化，光大我文學——尤其是最足以傲視全球之駢文與律詩。使彼淺見寡聞之士，舍己從人之徒，不得譁衆取寵，鼓其邪說以誣民也。

近儒劉師培氏嘗慨乎言之曰：『儷文律詩爲諸夏所獨有，今與外域文學競長，惟資斯體。』（中古文學史）有靈性、有思想之中華兒女，其諦聽之。

附 成惕軒・各家對駢文之看法

本文原係吾師成楚望先生十餘年前在臺北孔孟學會演說之講稿，曾刊登於孔孟月刊十七卷十一期，茲以其文太長，僅摘其中與駢文價值有關部分迻錄於此，以供參考。

民國七十二年八月著者謹識

自梁陳以來，各家對駢文之看法，約分四派：一曰宗駢，二曰反駢，三曰駢散並重，四曰駢散兼行。茲列擧於左：

【一】宗　駢　除六朝時代盛行駢文，一切著述率以駢文為主之外，後世崇尚駢文者，以遜清之阮元、王闓運為最。

(1)阮元文言說。從略

(2)王闓運湘綺樓論文：『複者，文之正宗。單者，文之別調。』

【二】反　駢　反對駢文者，除韓愈提倡古文運動，號為『文起八代之衰』，為學者所共知外，其持論較著者，有下列諸人：

(1)梁裴子野雕蟲論：『閭閻年少，貴遊總角，罔不擯落六藝，……淫文破典，……其興浮，其志弱，巧而不要，隱而不深。……荀卿有言：「亂代之徵，文章匿而采。」豈近之乎。』

(2)北周蘇綽作大誥。周書謂：『自有晉之季，文章競爲浮華，遂成風俗。太祖欲革其弊，因魏帝祭廟，羣臣畢至，乃命綽爲大誥奏行之。……自是之後，文筆皆依此體。』

(3)隋李諤上文帝論文體輕薄書：『魏之三祖，更尚文詞，忽君人之大道，好雕蟲之小藝。……江左齊梁，其弊彌甚。貴賤賢愚，唯務吟詠。遂復遺理存異，尋虛逐微，競一韻之奇，爭一字之巧。連篇累牘，不出月露之形，積案盈箱，惟是風雲之狀。世俗以此相高，朝廷據玆擢士。祿利之路旣開，愛尙之情愈篤。……故文筆日繁，其政日亂，良由棄大聖之軌模，構無用以爲用也。』

(4)宋洪邁容齋三筆：『四六駢儷，於文章家爲至淺。』

(5)清梅曾亮管異之文集書後：『曾亮少好爲駢體文。異之曰：「人有哀樂者，面也。今以玉冠之，雖美，失其面矣。此駢體之失也。」余曰：「誠有是，然哀江南賦、報楊遵彥書，其意固不快耶，而賤之也。」異之曰：「彼其意固有限。使有孟荀莊周司馬遷之意，來如雲興，聚如車屯，則雖百徐庾之詞，不足以盡其一意。」余遂稍學爲古文辭。』按伯言少好駢文，後復棄去而爲桐城派。

(6)時人胡適文學改良芻議：『文必廢駢，詩必廢律。』

【三】駢散並重　駢散並重者，謂駢文與散文，本出一源，且各有所長，不容軒輊也。

(1)清紀昀四庫提要論駢散源流：『秦漢以來，自李斯諫逐客書，始點綴華詞，自鄒陽獄中上梁王書，始疊陳故事，是駢體之漸萌也。……沿及晉宋，格律遂成。流迨齊梁，體裁大判。由質實而趨麗藻，莫知其然而然。然實皆源出古文，承流遞變，面目各別，神理不殊。』

(2) 清曾燠國朝駢體正宗序。『古文喪眞，反遜駢體，駢體脫俗，卽是古文。跡似兩歧，道當一貫。』又有正味齋駢文序：『豈知秦漢傳薪，實在晉宋，韓柳樹幟，不薄庾徐。大抵駢體之興，古文尙存，古文寖失，駢體亦亡已。』

(3) 清李兆洛駢體文鈔序：『自唐以來，始有古文之目，而目六朝之文爲駢儷，而爲其學者，亦自以爲與古文殊路。既歧奇與偶爲二，而於偶之中，又歧六朝與唐與宋爲三。……文之體，至六代而其變盡矣，沿其流極而泝之，以至乎其源，則其所出者一也。』

(4) 清曾國藩湖南文徵序：『人心各具自然之文，約有二端，曰理曰情。……自羣經而外，百家著述，率有偏勝。以理勝者，多闡幽造極之語，而其弊或激宕而失中。以情勝者，多悱惻感人之言，而其弊常豐縟而寡實。自東漢至隋，文人秀士，大抵義不孤行，辭多儷語。……此皆習於情韻者類也。宋興既久，歐陽曾王之徒，崇奉韓公，以爲不遷之宗。……羣士慕效，類皆法韓氏之氣體，以闡明性道。……此皆習於義理者類也。』又送周荇農南歸序：『一者陽之變，兩者陰之化，故曰一奇一偶者，天地之用也。文字之道，何獨不然。六籍尙已。自漢以來，爲文者莫善於司馬遷。遷之文，其積句也皆奇，而義必相輔，氣不孤伸，彼有偶焉者存焉。其他善者，班固則毗於用偶，韓愈則毗於用奇。蔡邕范蔚宗以下，如潘陸沈任等比者，皆師班氏者也。茅坤所稱八家，皆師韓氏者也。……夫適王都者，或道晉，或道齊，要於達而已。司馬遷，文家之王都也。如周君之所道，進而不已，則且達於班氏，而不爲韓氏所非，又不已，則王都矣。』

(5)時人章太炎文學略說：『駢文散文，各有短長。言宜單者，不能使之偶，語合偶者，不能使之單。周禮儀禮，同出周公，而周禮爲偶，儀禮則單。……文言春秋，同出孔子，而文言爲偶，春秋則單。』又：『駢散二者，本難偏廢。頭緒紛繁者當用駢，敍事者止宜用散，議論者駢散各有所宜。』又：『宋子京筆記謂作史不應有駢語。劉子玄亦云：「史文用駢，似簫笛雜鼙鼓，脂粉飾壯士。」此謂敍事不宜用駢也。不僅宋子京劉子玄知此，六朝人作史，亦無用駢語者。至於散之譏駢，謂近俳優，此亦未當。玉谿而後，雕繢滿眼，弊固然矣。若文選所錄，固無叢積擁腫之病也。今以口說衡之，歷舉數事，不得不駢，單述一理，非散不可。二者並用，乃達神理。以故駢散之爭，實屬無謂。』

【四】駢散兼行　駢散兼行者，謂一篇之中，行文時當散則散，當駢則駢，二者可交相應用也。

(1)清袁枚答友人論文第二書：『尙書曰：「欽明文思安安」，此散也。而「賓於四門，納於大麓」，非其駢焉者乎。易曰：「潛龍勿用」，此散也。而「體仁足以長人，嘉會足以合禮」，非其駢焉者乎。安得以其散者爲有用，而駢者爲無用也。』

(2)清劉開與王子卿太守論駢體書：『夫文辭一術，體雖百變，道本同源。經緯錯以成文，玄黃合而爲采。故駢之與散，並派而爭流，殊塗而合轍。……駢中無散，則氣壅而難疏，散中無駢，則辭孤而易瘠。兩者但可相成，不能偏廢。……夫駢散之分，非理有參差，實言殊濃淡，或爲繪繡之飾，或爲布帛之溫，究其要歸，終無異致。……而偏勝之弊，遂致兩歧。……求其合而一之者，其唯通方之識，絕特之才乎。』

(3)清包世臣文譜：『凝重多出於偶，流美多出於奇。體雖駢，必有奇以振其氣，勢雖散，必有偶以植其骨。』

(4)清孔廣森寄朱滄湄書：『駢體文以達意明事爲主。六朝文無非駢儷，但縱橫開闔，一與散文同也。』

(5)近人孫德謙六朝麗指：『文章之分駢散，余最所不信。何則，駢體之中，使無散行，則其氣不能疏逸，而敍事亦不清晰。』又曰：『碑誌之文，自蔡中郎後，皆逐節敷寫。至有唐以降，乃易其體。若六朝，則猶守中郎矩矱。王仲寶、沈休文外，以庾子山爲最長。觀其每敍一事，多用單行。先將事略說明，然後援引故實，作成聯語，此可爲駢散兼行之證。夫駢文之中，苟無散句，則意理不顯。吾謂作爲駢體，均當如此，不獨碑誌爲然。』又曰：『子山碑誌諸文，述及行履，出之以散。而駢儷之句，則接於其下。推之別種體裁，亦應駢中有散。如是則氣既舒緩，不傷平滯，而辭義亦復軒爽。……要之駢散合一，乃爲駢文正格，倘一篇之內，始終無散行處，是後世書啓體，不足與言駢文矣。』

(6)近人李詳答王翰棻論文書：『文章自六經、周、秦、兩漢、六朝以及三唐，皆奇偶相參，錯綜而成。六朝儷文，色澤雖殊，其潛氣內運，默默相通，與散文無異旨也。』

此外，汪中、譚獻、凌廷堪、劉師培、黃侃諸氏，均主駢散兼行，於其撰述中可以考見。

第九章　歷代駢文家之地域分布

▲附論文學與地理環境之關係▼

我國第一大河流，厥爲長江，發源於青海省巴顏喀喇山之南麓，流經青海、西康、雲南、四川、湖北、湖南、江西、安徽、江蘇九省，至上海附近之吳淞口注入東海，全長五千七百餘公里，亦爲亞洲第一大川，並爲世界第四大川。

長江旣流經華中地區，自古以來卽成爲天然之坑塹，而限隔南北，時日積久，無論民情風俗，以至文化色彩，均有顯著之差異，於是形成南方北方兩種截然不同之面貌。其中所受影響最爲深鉅者，首推文學，而駢文則其尤著者也。

一　地理環境與文學

地理環境足以支配文學，人皆知之。蓋人爲地面產物，旣受地面養育，亦受地面限制。故任何地區之作家，或有形，或無形，必受地理環境之薰染。卽或超奇之詞人，發其神祕之玄思，鑄成畫時代之作品，亦不能自外於地緣而獨立。希哲亞里士多德(Aristotle)在其政治學(Politics)中，以地理風土解釋人民之偏於勇敢或智慧，甚至人類之個性、脾氣等亦恆受地形氣候之影響。法儒孟德斯鳩(Montesquien)法意(Esprit des Lois)亦謂寒冷之國度注重道德，溫暖之國度放縱情欲。日本文學家廚川白村近代文學十講第四講言之尤悉，迻譯其詞如次：

南方諸國，環聚地中海沿岸，景色優美，氣候暖和，天空晴朗，山野青綠，民生其間，舒暢極矣。而北方諸國若瑞典、挪威、蘇俄等，終年雲霧瀰漫，或冰雪載途，氣候寒冷，原野寥寂，其人富理智而重冥想。或云：『冥想之結果，往往產生悲觀與厭世。』某社會學家亦云：『南歐多他殺者，北歐多自殺者。』前者動輒專向情而行，後者表示沈鬱憂思。假定南方宜於產生理想的敍情詩，北方則宜於產生現實的哲學。

由此觀之，南方言情，宜乎弱於理智，北方說理，宜乎薄於情感。此外，文學之形質，又往往依習染爲轉移，而文學之精神，則非外物輕易所能改變。廚川氏云：

各國文學，不盡相同。受同樣的思潮，依國民之素質，其結果恆相異趣。譬如以同一顏料染木棉與綢緞，所得顏色必然不同，非謂紅色或紫色之不同，乃亮光與濃淡之各異耳。（近代文學十講序論）

是故習染者，無論其爲直接或間接，皆文學之染色也，其精神上之區別，乃爲亮光耳。（參用李笠中國文學述評之說）

又日儒鶴見祐輔氏嘗撰古典文明與近代文明，以爲南方文化爲古典文化，北方文化爲近代文化，多言前人之所未言，發前人之所未發，特節譯以備參較。

古典文明多發生於溫暖地帶，沿尼羅河之埃及，臨愛琴海之希臘，以至幼發拉底河畔之巴比倫，恆河畔之印度，長江畔之中國等，指不勝屈。其地物產豐饒，民生富裕，乃有餘晷以致力於文藝、音樂、繪畫、雕刻、宗敎、哲學之硏究，而對美的鑑賞，美的追求，眞的理解等，亦最爲熾熱。北方民族則因土地貧瘠，風雪肆虐，此惟求生而恐不贍，奚暇治文藝哉。故南方乃以眞善美爲理想之藝術文明，而北方則以衣食住爲中心之經濟文明，南方人可以說是『藝術的人』，反之，北方則爲『經濟的人』。（歐美大陸遊記）

是則地理環境與文學藝術關係之密切，非余一人之私言，乃天下之公論也。

二　南北文化比較觀

前已言之，中國學術文化，向有南北之分，而文學亦然。春秋戰國之時，北方以齊魯爲中心，代表北方思潮者爲孔孟之儒敎，南方以宋楚爲中心，代表南方思潮者爲老莊之道敎。以言文學，則詩經與楚辭平分南北之秋色，均爲百代詞藝之祖。其後代代相因，未嘗稍易，此蓋根於民情風土，非人力所能逮也。茲撫拾前賢之說，並竊附己意，以各種角度看南北文化之差異。

❶自然環境

曹操苦寒行：

北上太行山，艱哉何巍巍，羊腸坂詰屈，車輪爲之摧。樹木何蕭瑟，北風聲正悲，熊羆對我蹲，虎豹夾路啼。谿谷少人民，雪落何霏霏，延頸長太息，遠行多所懷。

此雖僅寫太行一地之苦寒，其他北方各地當可推而知之。

曹植贈白馬王彪詩：

大谷何寥廓，山樹鬱蒼蒼，霖雨泥我塗，流潦浩縱橫。中逵絕無軌，改轍登高岡，修坂造雲日，我馬玄以黃。

亦是寫北地跋涉之苦，借以抒其憤懣之思。

按我國古代民族大都居於黃河附近之地帶，其地氣候嚴寒，生物缺乏，關河黯淡，景色悽慘，民生其間，須常年與環境搏鬥。我大漢民族堅忍不拔之個性，實卽孕育於此。

謝靈運過始寧墅詩：

山行窮登頓，水陟盡洄沿。巖峭嶺稠疊，洲縈渚連綿。白雲抱幽石，綠篠媚淸漣。

此寫南方深山大澤，相互環複之狀，非北方之平原遼闊，一望無垠者可比。

丘遲與陳伯之書：

暮春三月，江南草長，雜花生樹，羣鶯亂飛。

江南地方，鶯飛草長，彌望皆是，不若北方之黃塵滾滾，白沙漫漫也。

康有爲中國歌：

以花爲國，燦爛天府，橫覽大地，莫我能與。鳥獸昆蟲，果蓏草木，億品萬彙，物產繁毓。羽毛齒革，錦繡珠玉，衣食器用，內求自足。五色六章，絃絲爲服，飲饌百品，美備水陸。冠絕萬國，猶受多福。

蓋土地滋潤，農產豐衍，稍事勞作，便可優游自適。按康氏所歌頌者當為南方

柳永望海潮詞：

東南形勝，三吳都會，錢塘自古繁華。煙柳畫橋，風簾翠幕，參差十萬人家。雲樹繞堤沙。怒濤卷霜雪，天塹無涯。市列珠璣，戶盈羅綺競豪奢。重湖疊巘清嘉。有三秋桂子，十里荷花。羌管弄晴，菱歌泛夜，嬉嬉釣叟蓮娃。千騎擁高牙。乘醉聽簫鼓，吟賞煙霞。異日圖將好景，歸去鳳池誇。

按羅大經鶴林玉露云：『孫何帥錢塘，柳耆卿作望海潮詞贈之。此詞傳播，金主亮聞之，忻然有慕於三秋桂子，十里荷花，遂起投鞭斷流之志。』

又粵雅堂叢書載無名氏中興禦侮錄云：『金主亮一日登揚州望江亭，指顧江山之勝，謂其下曰：「朕不入浙，誓不返國。」因改其亭曰不歸亭。仍賦詩於壁曰：「萬國車書久混同，江南何尚隔華封，提兵百萬西湖上，駐馬吳山第一峯。」』不謂江浙地方之山溫水暖，荷艷桂香，竟邀韃虜之慕如此。則其地自然環境之優美，寧尚待辭費耶。

❷人民氣質

中庸載孔子答子路問強：

寬柔以敎，不報無道，南方之強也，君子居之。衽金革，死而不厭，北方之強也，而強者居之。

氣質既截然不同，在文學思想上自易於形成兩種各異之傾向。

❸風化之失

顧炎武日知錄南北風化之失：

江南之士，輕薄奢淫，梁陳諸帝之遺風也。河北之人，鬥狠劫殺，安史諸凶之餘化也。

❹學者之病

日知錄南北學者之病：

飽食終日，無所用心，難矣哉。今日北方之學者是也。羣居終日，言不及義，好行小慧，難矣哉。今日南方之學者是也。

❺士大夫之宗教信仰

日知錄士大夫晚年之學：

南方士大夫晚年多好學佛，北方士大夫晚年多好學仙。夫一生仕宦，投老得閒，正宜進德修業，以補從前之闕。而知不能及，流於異端，其與求田問舍之輩行事雖殊，而孳孳爲利之心則一而已矣。

❻儒　學

北史儒林傳序：

大抵南北所爲章句，好尚互有不同。江左，周易則王輔嗣，尚書則孔安國，左傳則杜元凱。河洛，左傳則服子愼，尚書、周易則鄭康成。詩則並主於毛公，禮則同遵於鄭氏。南人約簡，得其英華，北學深蕪，窮其枝葉。考其終始，要其會歸，其立身成名，殊方同致矣。

此六朝學術界之風氣也，而當時之文學思想亦復如此。南人率能深得文學之眞髓，北人則不免泥於文學之面貌。南士擷其英華，北士不過拾其枝葉而已。

❼一般學術

傅庚生中國文學批評通論第九章引黃汝成之說：

疆域既殊，材質斯異，自非魁瓌，多囿士俗。秦晉僿魯，吳越剽詭，凡有撰述，視彼情性。南北異學，自古然矣。

❽音　辭

顏之推顏氏家訓音辭篇：

夫九州之人，言語不同，生民已來，固常然矣。……南方水土和柔，其音清舉而切詣，失在浮淺，其辭多鄙俗。北方山川深厚，其音沈濁而鈋鈍，得其質直，其辭多古語。然冠冕君子，南方爲優，閭里小人，北方爲愈。易服而與之談，南方士庶，數言可辯。隔垣而聽其語，北方朝野，終日難分。而南染吳越，北雜夷虜，皆有深弊，不可具論。

蓋自五馬南渡，胡塵蔽天，虜漢相雜之區，其語言辭令，固難逮以漢族爲中心之江左。良以南方君子，多過江士族之後裔，優於戎狄，自屬當然。惟北方小人，猶是中朝之遺氓，自非吳越細民所及。顏氏雖就音辭爲說，一般風習亦殆庶焉。

又聲律之說，萌生於江左，而不萌生於河朔，與南士之普徧重視音辭，關係至爲密切。

⑨口　音

陸法言切韻序：

吳楚則時傷輕淺，燕趙則多涉重濁，秦隴則去聲爲入，梁益則平聲似去。

劉師培南北文學不同論：

陸法言有言：吳楚之音，時傷清淺，燕趙之音，多涉重濁。此則言分南北之確證也。聲能成章者謂之言，言之成章者謂之文。古代音分南北，河濟之間，古稱中夏，故北音謂之夏聲，又謂之雅言。江漢之間，古稱荊楚，故南音謂之楚聲，或斥爲南蠻鴃舌。荀子有言：君子居楚而楚，居夏而夏。夏爲北音，楚爲南音，音分南北，此爲明徵。

語言歧分南北，乃聲韻學產生之最大關鍵所在。

⑩文　化

劉師培南北學派不同論總論：

三代之時，學術興於北方，而大江以南無學，魏晉以後，南方之地，學術日昌，致北方學者，反瞠乎其後，其故何哉。蓋幷青雍豫古稱中原，文物聲名，洋溢蠻貊。而江淮以南，則爲苗蠻之窟宅。及五胡構亂，元魏憑陵，虜馬南來，胡氛暗天，河北關中，淪爲左衽，積時既久，民習於夷，而中原甲姓，避亂南遷，冠帶之民，萃居江表，流風所被，文化日滋，其故一也。又古代之時，北方之地，水利普興，殷富之區，多沿河水，故交通日啓，文學易輸。後世以降，北方水道，淤爲民田，而荆吳楚蜀之間，得長江之灌輸，人文蔚起，迄於南海不衰，其故二也。故就近代之學術觀之，則北遜於南，而就古代之學術觀之，則南遜於北，蓋北方之地，乃學術發源之區也。

言文化之分南北，乃地理作用，語至精該。

⑪學術思想

梁啓超中國學術思想變遷之大勢：

我中國有黃河揚子江兩大流，其位置性質各殊，故各自有其本來之文明，爲獨立發達之觀，雖屢相調和混合，而其差別自有不可掩者。凡百皆然，而學術思想其一端也。北地苦寒磽瘠，謀生不易，其民族銷磨精神日力，以奔走衣食，維持社會，猶恐不給，無餘裕以馳騖於玄妙之哲理，故其學術思想，常務實際，切人事，貴力行，重經驗，而修身齊家治國利羣之道術最發達焉。惟然，故重家族，以族長制度爲政治之本。（封建與宗法皆族長政治之圓滿者也）敬老年，尊先祖，隨而崇古之念重，保守之情深，排外之力強，則古昔，稱先王，內其國，外夷狄，重禮文，繫親愛，守法律，畏天命，此北學之精神也。南地則反是，其氣候和，其土地饒，其謀生易，其民族不必惟一身一家之飽煖是憂，故常達觀於世界以外，初而輕世，既而玩世，既而厭世。不屑屑於實際，故不重禮法，不拘拘於經驗，故不崇先王。又其發達較遲，中原之人常鄙夷之，謂爲蠻野。故其對於北方學派，有吐棄之意，有破壞之心，探玄理，出世界，齊物我，平階級，輕私愛，厭繁文，明自然，順本性，此南學之精神也。今請兩兩對照比較，以明其大體之差別。

列表如下：

北派崇實際	南派崇虛想
北派主力行主動	南派主無爲主靜
北派貴人事	南派貴出世
北派明政法	南派明哲理
北派重階級中庸曰親親之殺尊賢之等禮所生也	南派重平等如莊子齊物許行並耕之論
北派重經驗	南派重創造
北派喜保守孔子曰非先王法服不敢服非先王德行不敢行	南派喜破壞老子曰絕聖棄智民利百倍絕仁棄義民復孝慈
北派主勉強勉强者節性也書曰節性惟日其邁董子曰勉强學問勉强行道孔子曰克己復禮爲仁	南派明自然自然者順性也莊子山木之喻渾沌竅之喻皆其義也
北派畏天孔子曰畏天命	南派任天老子曰天地不仁以萬物爲芻狗
北派言排外	南派言無我
北派貴自强	南派貴謙弱

⑫文藝思潮

青木正兒中國古代文藝思潮第一章文藝思潮之概觀：

南方氣候溫暖，土地低溼，草木繁茂，山水明媚，物產豐富。北方則與此相反，氣候寒冷，土地高燥，草木稀少，風景既不美，天然物亦不多。南北互相比較：南方人民生活安逸，有空閒時間可以遠思冥索，耽於玄想，偏於情感，容易傾向於逸樂、華美、遊蕩的生活，其文藝思潮是浪漫的。而北方人民，每日必須爲生活努力，重在力行，偏於理智，其文藝思潮則是趨於現實的、質樸的一面。（參用王俊瑜之譯文）

⑬文學氣象

隋書文學傳序：

江左宮商發越，貴於淸綺，河朔詞義貞剛，重乎氣質。氣質則理勝其詞，淸綺則文過其意，理深者便於時用，文華者宜於詠歌。此其南北詞人得失之大較也。

按今人劉永濟中國文學史綱要云：『隋書此說，於南北文學風尙，得其長短矣。蓋文學之事，固關乎時序，亦繫於方土。北方凝重，南方輕浮，影響所被，遂有此異。核而論之，北主於志，南主於文，北近建安之風，南承太康之習，雖各有工拙，而大體固莫能外於此矣。此又詩變之因乎方土者也。』牟潤孫唐初南北學人論學之異趣及其影響亦云：『魏徵雖於南北文學有持平之論，而抑揚之間，於河朔猶有偏袒。』二氏所論，各有精義。

又按：我國幅員廣大，地方風氣，多不同揆。自永嘉遘難，南北分疆以後，差別愈益顯著。燕趙朔漠之間，地貧瘠而險峻，其人多剛實而質樸。吳楚雲水之鄉，地富饒而綺麗，其人易趨於輕逸與虛幻。氣質旣判，發而爲文，遂各具異采，其文氣亦有剛柔之別，一則麗藻繽紛，一則邊聲豪壯。然則文學之興，氣質是繫，氣質之成，土宜攸關，不其信歟。即以詩歌而論，宋齊則有山水派，梁陳則有宮體，摹景狀物，惟麗是崇。而北國則有木蘭詞，乃長篇紀事之體，庾信詠懷二十七首，亦感時傷世之篇，是固江左所未有也。至民間歌謠，如折楊柳歌辭、琅琊王歌辭，其豪邁雄放之概，與江南子夜歌、讀曲歌之纏綿悱惻者，迥不侔矣。凡文化不同之民族，一經融合之後，文學必呈現新面貌、新精神，李唐文物之特起，蒙元戲劇之獨盛，與明淸小說之發達，皆可作一例觀也。

⑭**文學內容**

王葆心古文辭通義：

大河流域，土風膇重，大江流域，土風輕英。輕英秉江海之靈，其人深思而美潔，故南派善言情。膇重含河海之質，其人負才而敦厚，故北派善說理與記事。

劉師培南北文學不同論：

大抵北方之地，土厚水深，民生其間，多尚實際，南方之地，水勢浩洋，民生其際，多尚虛無。民崇實際，故所著之文，不外記事析理二端。民尚虛無，故所作之文，或爲言志抒情之體。

金秬香漢代辭賦之發達：

自來人傑，端資地靈，尚論古音，地分南北。……聲音既殊，詞章因之。大抵南方之地水多，故其文多抒情尚志之作，北方之地土厚，故其文止記事析理二端。

是則北人長於說理，南人善於言情，已爲古今文家所公認。此文筆論與唯美文學之所以產生於南服也。

⑮**文學特色**

王世貞藝苑巵言：

北主剛勁，南主柔媚。

胡適白話文學史第七章南北新民族的文學：

南方民族的文學特別色彩是戀愛，是纏綿宛轉的戀愛。北方的新民族多帶著尚武好勇的性質，故北方的民間文學自然也帶著這種氣概。

李笠中國文學述評：

昔人謂：『文有陰陽剛柔』，以地域區之，則北剛而南柔，北方爲男性文學，南方爲女性文學，此由比較上所生之大別也。

劉永濟文心雕龍校釋定勢篇：

文章體態雖多，大別之，富才氣者，其勢卓犖而奔縱，陽剛之美也。崇情韻者，其勢舒徐而妍婉，陰柔之美也。漢魏之作，陽美爲多，晉宋以後，陰柔漸勝，陰柔之極，至於闡緩，旣病闡緩，遂務新詭，而色媚聲柔，對工典切之文作矣。此固風土時尚使然，而國蹙偏安，人多偸墮，實足以影響斯文。

⑯文　章

梁啓超中國地理大勢論詞章：

燕趙多慷慨悲歌之士，吳楚多放誕纖麗之文，自古然矣。自唐以前，於詩、於文、於賦，皆南北各爲家數。長城飮馬，河梁攜手，北人之氣概也。江南草長，洞庭始波，南人之情懷也。散文之長江大河，一瀉千里者，北人爲優。駢文之鏤雲刻月，善移我情者，南人爲優。蓋文章根於性靈，其受四圍社會之影響特甚焉。

⑰駢　文

孫德謙六朝麗指：

或謂駢文之取法，六朝尙矣，然李延壽作南北史，則以文而論，亦當有南北之分。答之曰：何謂其無也，北人學問，淵綜廣博，南人學問，清通簡要，此世說載之，顧彼論學問耳。若就文言，北人如魏伯起溫鵬擧輩，未嘗不華貴，然不免猶傷於質重，不及南人之簡鍊而輕清也。故六朝文體雖同，而自南自北則區以別矣。

郭象升文學研究法文派篇：

大較北方多壯美，南方多優美。……駢文家如蔡伯喈孔文擧張道濟李文饒，北產也（蔡中州人孔魯人張李皆燕人），其文亦具北體。徐孝穆庾子山，南產也（徐庾皆吳人），其文亦具南體。文章之限於方域，不於此可窺耶。

⑱詩歌

①郭象升文學研究法文派篇：

漢魏之詩壯美，皆北人所作也，六代偏安江左，家工吟詠，北風頗爲不競。

②捉搦歌（北方文學）：

黃桑柘屐蒲子履，中央有系兩頭繫，小時憐母大憐壻，何不早嫁論家計。
誰家女子能行步，反著裌襌後裙露，天生男女共一處，願得兩家成翁嫗。

讀曲歌（南方文學）：

打壞木棲牀，誰能坐相思，三更書石闕，憶子夜題碑。
奈何不可言，朝看莫牛跡，知是宿蹄痕。

按徐嘉瑞中古文學概論第二編六朝平民文學云：『前曲是北方女子信口將心事說出，爽快已極。後曲是舊家庭裏的閨秀，有無限心事，不能說出，只好用隱語半吞半吐的透露出一點來，完全是女性美，並且是南方民族性的表現。』

③馳驅樂歌（北方文學）：

明月光光星欲墮，欲來不來早語我。

華山畿（南方文學）：

一坐復一起，黃昏人定後，許時不來已。

按徐嘉瑞云：『前曲是直截了當，決無迴旋餘地，後曲是委婉纏綿，坐立不安。這是南北民族的大差點。』

④折楊柳歌辭（北方文學）：

腹中愁不樂，願作郎馬鞭。出入擐郎臂，蹀坐郎膝邊。

讀曲歌（南方文學）：

白門前，烏帽白帽來。白帽郎，是儂良，不知烏帽郎是誰。

子夜夏歌（南方文學）：

反覆華簟上，屏帳了不施，郎君未可前，待我整容儀。

按徐嘉瑞云：『前曲很相近西洋式的婦人，後曲純粹是中國式。』

⑲音　樂

梁啓超中國地理大勢論：

通典云：『祖孝孫以梁陳舊樂，雜用吳楚之音，周隋舊樂，多涉胡戎之技，於是斟酌南北，考以古音，而作大唐雅樂。』直至今日，而西梆子腔與南崑曲，一則悲壯，一則靡曼，猶截然分南北兩流。

按梁氏在中國地理大勢論中將哲理、經學、佛學、詞章、書法、雕刻、圖畫、音樂等，包括於文學之內，均受地理環境之影響，而所謂『文學地理』上之差別，又常隨『政治地理』上之差別而轉移。

⑳**繪　畫**

我國山水畫向分南北二宗，肇始於盛唐。王維重渲染，少鉤勒，以秀麗稱，世推南宗之祖，傳荆浩、關仝、董源、巨然、米芾、米友仁、元代四家等。李思訓則山石峭拔，設色濃重，以剛勁勝，世推北宗之祖，傳趙幹、趙伯駒、夏圭、馬遠等。

㉑**書　法**

清阮元分書法爲南北兩派，東晉、宋、齊、梁、陳爲南派，趙、燕、魏、齊、周、隋爲北派。南派書法疏放妍妙，多變篆、隸遺意。北派書法拘謹拙陋，爲篆隸草書遺法。見揅經室集。

三　歷代駢文家之地域分布

駢文爲唯美文學之一種，亦爲唯美文學之極品，自東漢以來，高踞中國文壇，歷時達兩千年之久，其間雖飽受摧殘，備蒙訾議，依然如日月經天，江河行地，而能與散文迭相雄長，無稍多讓。揆其致此之由，殆與文風之鼎盛，以及地理環境之優美有密切關連。

駢文盛行於世，蓋肇始於東漢，自東漢以迄西晉，我國文化重心在黃河流域，洛陽長安乃京師所在地，自然成爲風流澤藪，故當時駢文作家，多產生於河南、河北、陝西、山西、山東各省。逮永嘉亂後，南北分疆，中原士族，大量南徙，文化重心遂亦隨之轉向長江流域，其受益最大者，殆非江蘇浙江兩省莫屬。抑有進者，江浙地區，山水奇麗，風光旖旎，民生其間，往往清慧而文，愛美之情特著。加以土地肥美，物產豐饒，人間實際生活，非所顧慮。故或聽鶯載酒，漱石枕流，或抹日批風，雕雲鏤月，而纂組輝華，宮商協暢之作品遂源源產生矣。劉勰文心雕龍物色篇云：『山林皋壤，實文思之奧府。屈平所以能洞監風騷之情者，抑亦江山之助乎。』蓋青山可以移氣，綠水可以移情，山川秀麗之區，所以文風獨盛者，或以此乎。茲將古今駢文家，按其籍貫，分別排列，以覘地理環境與文風盛衰之關係。

(四)歷代駢文家地域分布表

省籍	姓名	字號	時代	郡縣	歲數	著作	備考
江❶	①陳琳	孔璋	東漢	廣陵		陳記室集	
	②陸機	士衡	西晉	吳郡	四三	陸平原集	

蘇省

③陸雲	士龍	西晉	吳郡	四二	陸清河集	陸機之弟。
④葛洪	稚川	東晉	句容	八〇	抱朴子	
⑤鮑照	明遠	劉宋	東海	六二	鮑參軍集	
⑥蕭子良	雲英	南齊	蘭陵	三五	蕭竟陵集	
⑦張融	思光	南齊	吳郡	五四	張長史集	
⑧蕭衍	叔達	梁	蘭陵	八六	梁武帝集	卽梁武帝。
⑨蕭統	德施	梁	蘭陵	三一	梁昭明集	蕭衍之子。
⑩蕭綱	世纘	梁	蘭陵	四九	梁簡文帝集	蕭衍之子。
⑪蕭繹	世誠	梁	蘭陵	四七	梁元帝集	蕭衍之子。
⑫陶弘景	通明	梁	秣陵	八五	陶隱居集	
⑬王僧孺		梁	東海	五八	王左丞集	
⑭陸倕	佐公	梁	吳郡	五七	陸太常集	
⑮劉孝綽		梁	彭城	五九	劉祕書集	
⑯劉孝儀		梁	彭城	六七	劉孝儀孝威集	

⑰劉孝威		梁	彭城	五四		
⑱劉令嫻		梁	彭城			劉孝綽之妹。
⑲劉勰	彥和	梁	東莞		文心雕龍	
⑳何遜	仲言	梁	東海	六一	何記室集	
㉑蕭子雲	景喬	梁	蘭陵	六四	晉書	
㉒蕭子顯	景陽	梁	蘭陵	四九	南齊書	
㉓徐陵	孝穆	陳	東海	七七	徐孝穆集	其文與庾信齊名，世稱徐庾。
㉔李善		唐	江都	六〇	文選注	
㉕劉知幾	子玄	唐	彭城	六一	史通	
㉖李邕	泰和	唐	江都	七〇	李北海集	李善之子。
㉗顧況	逋翁	唐	蘇州	九〇	華陽集	
㉘劉禹錫	夢得	唐	彭城	七一	劉賓客文集	
㉙陸龜蒙	魯望	唐	吳郡		笠澤叢書	
㉚徐鉉	鼎臣	北宋	廣陵	七六	騎省集	

㉛胡宿	武平	北宋	武進	七二	文恭集	
㉜范仲淹	希文	北宋	吳縣	六四	范文正集	
㉝秦觀	少游	北宋	高郵	五二	淮海集	蘇門四學士之一。
㉞張耒	文潛	北宋	淮陰	六一	宛邱集	
㉟陳師道	無己	北宋	彭城	四九	後山集	
㊱鄒浩	志完	北宋	武進	五二	道鄉集	
㊲孫覿	仲益	南宋	武進	八九	鴻慶居士集	
㊳葉夢得	少蘊	南宋	吳縣	七二	石林居士集	
㊴范成大	致能	南宋	吳縣	六六	石湖集	
㊵高啓	季迪	明	吳縣	三九	大全集・鳧藻集	
㊶王鏊	濟之	明	吳縣	七五	震澤集	
㊷吳綺	園次	清	江都	七六	林蕙堂集	
㊸尤侗	同人	清	吳縣	八七	鶴棲堂集	
㊹陳維崧	其年	清	宜興	五八	迦陵文集	

45	吳兆騫	漢槎	清	吳江	五四	秋笳集	
46	黃之雋	石牧	清	華亭	八一	香屑集	
47	劉星煒	映榆	清	武進	五五	思補堂文集	
48	邵齊燾	荀慈	清	常熟	五二	玉芝堂詩文集	
49	汪中	容甫	清	江都	五一	述學	
50	洪亮吉	稚存	清	陽湖	六四	洪北江詩文集	
51	趙懷玉	億孫	清	武進	七七	亦有生齋文集	
52	沈清瑞	吉人	清	吳縣		沈氏羣峯集	
53	楊芳燦	才叔	清	金匱	六三	芙蓉山館集	少與顧敏恆齊名，時比之顏謝。
54	楊揆	同叔	清	金匱	四五	藤花吟館詩文集	
55	顧敏恆	立方	清	無錫	四五	辟疆園集	少與楊芳燦齊名，時比之顏謝。
56	孫星衍	淵如	清	陽湖	六六	問字堂駢文	
57	王芑孫	念豐	清	吳縣	六三	淵雅堂集	
58	惲敬	子居	清	陽湖	六三	大雲山房文稿	

㊾孫原湘	子瀟	清	昭文	七〇	天眞閣集	
⑩劉嗣綰	醇甫	清	陽湖	五九	尙絅堂集	
⑪阮　元	伯元	清	儀徵	八六	揅經室集	
⑫陳黃中	和叔	清	吳縣		東莊遺集	
⑬張惠言	皋文	清	武進	四二	茗柯文集	編有『七十家賦鈔』。
⑭顧廣圻	千里	清	元和	七〇	思適齋文集	
⑮郭　麐	祥伯	清	吳江	六五	靈芬館集	
⑯彭兆蓀	湘涵	清	鎭洋	五四	小謨觴館集	編有『南北朝文鈔』。
⑰李兆洛	申耆	清	陽湖	七三	養一齋文集	編有『駢體文鈔』。
⑱吳慈鶴	韻皋	清	吳縣	四九	岑華居士外集	
⑲江全德	修甫	清	儀徵		崇睦山房詞	
⑳梅曾亮	伯言	清	上元	七一	柏梘山房文集	
㉑袁　翼	穀廉	清	寶山	七五	邃懷堂集	
㉒董基誠	子詵	清	陽湖		移華館駢體文	

⑦③董祐誠	方立	清	陽湖	三三	蘭石齋駢體文	董基誠之弟。
⑦④汪士鐸	梅村	清	江寧	八八	悔翁詩鈔	
⑦⑤洪符孫	幼懷	清	陽湖		齊雲山人詩文集	洪亮吉之子。
⑦⑥洪齮孫	子齡	清	陽湖	五六	淳則齋駢體文	洪符孫之弟。
⑦⑦蔡召棠	聽香	清	震澤			
⑦⑧董兆熊	夢蘭	清	吳江		味無味齋集	
⑦⑨吳存義	和甫	清	泰興		榴實山莊詩文集	
⑧⓪何栻	廉昉	清	江陰		悔餘庵全集	
⑧①馮桂芬	林一	清	吳縣	六六	顯志堂集	
⑧②曹堉	稼山	清	吳縣		儀鄭堂殘稿	
⑧③繆德棻	馨吾	清	溧陽		怡雲山館駢體文	
⑧④朱銘盤	曼君	清	泰興	四二	桂之華軒遺集	
⑧⑤劉師培	申叔	民國	儀徵	三六	劉申叔先生遺書	民國八年卒。
⑧⑥繆荃孫	炎之	民國	江陰	七六	藝風堂文集	民國八年卒。

87	屠寄	靜山	民國	武進	六六	結一宧駢體文	民國十年卒。
88	馮煦	夢華	民國	金壇	八五	蒿庵類稿	民國十六年卒。
89	徐枕亞		民國	常熟	四九	玉棃魂・雪鴻涙史	
90	沙元炳	健庵	民國	如皋		志頤堂文集	
91	李詳	審言	民國	興化	七三	學製齋集	民國二十年卒。
92	孫德謙	受之	民國	元和	六七	六朝麗指	民國二十四年卒。
93	孫雄	師鄭	民國	昭文	七三	師鄭堂駢體文存	民國二十四年卒。
94	謝覲虞	玉岑	民國	武進	三七		民國二十四年卒。
95	葉楚傖		民國	吳縣			南社巨子。
96	丁傳靖		民國	鎮江			
97	胡常德		民國	華亭			
98	陳含光	移孫	民國	江都	七九	含光儷體文稿	民國四十六年卒。
99	錢倬	逸塵	民國	武進	八〇		民國五十年卒。
100	戴培之		民國	阜寧	八〇		民國七十二年卒。

⑩⑴嚴雲鶴	逸翰	民國	武進			
⑩⑵高明	仲華	民國	高郵		高明文輯	現任文化大學教授。
⑩⑶李猷	嘉有	民國	常熟		紅並樓詩話	

❷浙江省

①范曄	蔚宗	劉宋	山陰	四八	後漢書	
②孔稚珪	德璋	南齊	山陰	五五	孔詹事集	
③沈約	休文	梁	吳興	七三	沈隱侯集	
④丘遲	希範	梁	吳興	四五	丘中郎集	
⑤吳均	叔庠	梁	吳興	五二	吳朝請集	
⑥陳叔寶		陳	吳興	五二	陳後主集	卽陳後主。
⑦沈炯	初明	陳	吳興	五九	沈侍中集	
⑧許敬宗	延族	唐	杭州	八一		
⑨駱賓王		唐	義烏		駱丞集	初唐四傑之一。
⑩陸贄	敬輿	唐	嘉興	五二	翰苑集	
⑪馮宿	拱之	唐	東陽	七〇		

⑫皇甫湜	持正	唐	睦州		皇甫持正集	
⑬沈亞之	下賢	唐	吳興		沈下賢集	
⑭杜光庭	聖賓	唐	縉雲	八四	廣成集	
⑮錢惟演	希聖	北宋	錢塘		擁旄集	
⑯元絳	厚之	北宋	錢塘	七六		
⑰陸游	務觀	南宋	山陰	八六	渭南文集	
⑱樓鑰	大防	南宋	鄞縣	七七	攻媿集	
⑲陳耆卿	壽老	南宋	臨海	五六	篔窗集	
⑳李廷忠	居厚	南宋	於潛		橘山四六	
㉑王應麟	伯厚	南宋	慶元	七四	四明文獻集	
㉒袁桷	伯長	元	慶元	六二	清容居士集	
㉓宋濂	景濂	明	浦江	七二	宋學士全集	
㉔王褘	子充	明	義烏	五二	王忠文公集	
㉕蘇伯衡	平仲	明	金華		蘇平仲集	宋蘇軾之裔。

㉖方孝孺	希直	明	寧海	四六	遜志齋集	
㉗陸　圻	麗京	清	錢塘		從同集	
㉘毛先舒	稚黃	清	仁和	六九	思古堂集	
㉙毛奇齡	大可	清	蕭山	九一	西河文集	
㉚吳農祥	慶百	清	錢塘	七七	蕭臺集	
㉛章藻功	豈績	清	錢塘		思綺堂集	
㉜胡　浚	希張	清	會稽		綠蘿山房文集	
㉝胡天游	稚威	清	山陰	六三	石笥山房文集	
㉞杭世駿	大宗	清	仁和	七八	道古堂集	
㉟陸繁弨	拒石	清	錢塘		善卷堂詩文集	
㊱袁　枚	子才	清	錢塘	八二	小倉山房文集	
㊲吳錫麒	聖徵	清	錢塘	七三	有正味齋集	
㊳孫　梅	松友	清	烏程		四六叢話	
㊴楊夢符	西躔	清	山陰			

㊵王曇	仲瞿	清	秀水	五八	煙霞萬古樓集	
㊶陳球	蘊齋	清	秀水		燕山外史	
㊷胡敬	以莊	清	仁和		崇雅堂詩文集	
㊸查初揆	伯揆	清	海寧	六五	菽原堂集	
㊹陳文述	退庵	清	錢塘		頤道堂集	
㊺王衍梅	律芳	清	會稽	五五	綠雪堂遺稿	
㊻黃安濤	凝輿	清	嘉善	七一	眞有益文編	
㊼龔自珍	定庵	清	仁和	五〇	定庵文集	
㊽姚燮	梅伯	清	鎮海	六〇	大梅山館集	
㊾黃金臺	鶴樓		平湖		木雞書屋集	
㊿宋世犖	确山	清	臨海		确山駢體文	
(51)楊峴	見山	清	歸安	七八	庸齋文集	
(52)陳均	受笙	清	海寧		客秦隨筆	編有『唐駢體文鈔』。
(53)吳清皋	鳴九	清	錢塘		壺庵駢體文	吳錫麒之子。

㊹沈濤	西雝	清	嘉興		瓠廬十經齋集	
㊺徐士芬	誦清	清	平湖		漱芳閣集	
㊻俞樾	蔭甫	清	德清	八六	春在堂全集	
㊼劉履芬	彥清	清	江山	五三	古紅梅閣集	
㊽金應麟	亞伯	清	錢塘		豸華堂集	
㊾徐錦	蘭史	清	嘉興		靈素堂集	
㊿郭傳璞	晚香	清	鄞縣		金峨山館集	
61趙銘	桐孫	清	秀水	六二	琴鶴山房集	
62李慈銘	蓴客	清	紹興	六六	越縵堂駢體文鈔	
63王詒壽	眉叔	清	山陰	五二	縵雅堂集	
64譚獻	仲修	清	仁和	七〇	復堂類集	
65顧壽楨	祖香	清	山陰	二九	孟晉齋文集	
66張預	子虞	清	錢塘			
67黃紹箕	仲弢	清	瑞安	五四	鮮庵遺稿	

㊳陶方琦	子珍	清	會稽	四〇	選廬駢文選	
㊴張鳴珂	玉珊	清	嘉興	八〇	寒松閣詞	編有『國朝駢體正宗續編』。
⑰宋育仁		民國	富順			

❸河南省

①張衡	平子	東漢	南陽	六二	張河間集	
②蔡邕	伯喈	東漢	陳留	六〇	蔡中郎集	
③阮瑀	元瑜	東漢	陳留		阮元瑜集	
④潘勖	元茂	東漢	陳留			
⑤阮籍	嗣宗	西晉	陳留	五四	阮步兵集	
⑥潘岳	安仁	西晉	中牟	五四	潘黃門集	
⑦干寶	令升	東晉	新蔡		晉紀 搜神記	
⑧謝靈運		劉宋	陽夏	四九	謝康樂集	小名客兒。
⑨謝惠連		劉宋	陽夏	三七	謝法曹集	謝靈運之從弟。
⑩袁淑	陽源	劉宋	陽夏	四六	袁忠憲集	
⑪謝莊	希逸	劉宋	陽夏	四六	謝光祿集	

⑫謝　眺	玄暉	南齊	陽夏	三六	謝宣城集	
⑬江　淹	文通	梁	考城	六二	江醴陵集	
⑭庾肩吾	子愼	梁	新野	六五	庾度支集	
⑮江　總	總持	陳	考城	六七	江令君集	
⑯周弘讓		陳	汝南			
⑰庾　信	子山	北周	新野	六九	庾子山集	庾肩吾之子。
⑱岑文本	景仁	唐	棘陽	五一		
⑲朱敬則	少連	唐	永城			
⑳宋之問	延清		弘農			
㉑上官儀	游韶	唐	陝縣			
㉒張　說	道濟	唐	洛陽	六四	張燕公集	與蘇頲齊名，時稱燕許大手筆。
㉓姚　崇	元之	唐	硤石	七一		
㉔賈　至	幼鄰	唐	洛陽	五五		
㉕張　謂	正言	唐	河內			

㉖元結	次山	唐	魯縣	五〇	次山集	
㉗獨孤及	至之	唐	洛陽	五三	毘陵集	
㉘元稹	微之	唐	洛陽	五三	元氏長慶集	
㉙李商隱	義山	唐	河內	四六	李義山文集	其駢文與溫庭筠、段成式齊名，世稱三十六體，以三人排行均爲第十六也。
㉚呂誨	獻可	北宋	開封	五八	呂獻可章奏	
㉛韓忠彥	師朴	北宋	安陽	七二		
㉜王惲	仲謀	元	汲縣	七八	秋澗集	
㉝姚燧	端甫	元	柳城	七六	牧庵文集	
㉞蕭湘南	子瀟	清	固始		七經樓文鈔	
㉟秦樹聲	幼衡	民國	固始			

江❹

①陶潛	淵明	東晉	柴桑	六三	陶淵明集	
②夏竦	子喬	北宋	九江	六七	文莊集	

西　省

③晏殊	同叔	北宋	臨川	六五	晏元獻遺文	
④歐陽修	永叔	北宋	廬陵	六六	文忠集	
⑤王安石	介甫	北宋	臨川	六八	臨川集	
⑥劉敞	原父	北宋	新喻	五〇	公是集	
⑦劉攽	貢父	北宋	新喻	六七	彭城集	劉敞之弟。
⑧曾鞏	子固	北宋	南豐	六五	元豐類稿	
⑨曾肇	子開	北宋	南豐	六一	曲阜集	曾鞏之弟。
⑩黃庭堅	魯直	北宋	分寧	六一	山谷內外集	蘇門四學士之一。
⑪鄧潤甫	溫伯	北宋	建昌	六八		
⑫汪藻	彥章	南宋	德興	七七	浮溪集	
⑬洪皓	光弼	南宋	鄱陽	六八	鄱陽集	
⑭洪适	景伯	南宋	鄱陽	六八	盤洲集	洪皓之長子。
⑮洪遵	景嚴	南宋	鄱陽	五五	小隱集	洪皓之次子。
⑯洪邁	景盧	南宋	鄱陽	八〇	野處類稿	洪皓之幼子。

⑰汪應辰	聖錫	南宋	玉山	五九	文定集	
⑱周必大	子充	南宋	廬陵	七九	文忠集	
⑲楊萬里	廷秀	南宋	吉水		誠齋集	
⑳李劉	公甫	南宋	崇仁		四六標準	
㉑王子俊	材臣	南宋	吉水		格齋四六	
㉒文天祥	履善	南宋	廬陵	四七	文山集	
㉓劉壎	起潛	元	南豐	八〇	水雲村稿	
㉔解縉	大紳	明	吉水	四七	文毅集	
㉕楊士奇		明	泰和	八〇	東里全集	其詩文爲明代臺閣體之祖。
㉖彭元瑞	輯五	清	南昌	七三	經進稿	編有『宋四六選』
㉗曾燠	庶蕃	清	南城	七二	賞雨茅屋集	編有『國朝駢體正宗』。
㉘樂鈞	元淑	清	臨川		青芝山館詩文集	
㉙謝階樹	子玉	清	宜黃		守約堂文集	
㉚謝質卿	蔚青	清	南康		轉蕙軒集	

㉛文廷式	芸閣	清	萍鄉	四九	雲起軒詩錄	
㉜彭醇士	素庵	民國	高安			
㉝楊向時	雪齋	民國	豐城			現任淡江大學教授。
❺山東省						
①孔融	文舉	東漢	曲阜	五六	孔北海集	孔子二十世孫。
②諸葛亮	孔明	東漢	陽都	五四	諸葛忠武集	
③王粲	仲宣	東漢	高平	四一	王侍中集	建安七子之一。
④徐幹	偉長	東漢	北海	四七	中論	建安七子之一。
⑤禰衡	正平	東漢	平原	二六		
⑥左思	太仲	西晉	臨淄	五六		
⑦王羲之	逸少	東晉	臨沂	五九	王右軍集	
⑧顏延之	延年	劉宋	臨沂	七三	顏光祿集	其文與謝靈運齊名，時稱顏謝。
⑨王儉	仲寶	南齊	臨沂	三八	王文憲集	
⑩王融	元長	南齊	臨沂	二七	王寧朔集	
⑪任昉	彥昇	梁	博昌	四九	任彥昇集	

⑫劉峻	孝標	梁	平原	六〇	劉戶曹集	
⑬王筠	元禮	梁	臨沂	六九	王詹事集	
⑭溫子昇	鵬舉	北魏	濟陰	五三	溫侍讀集	
⑮王褒	子淵	北周	臨沂	六四	王司空集	
⑯顏之推	介	北周	臨沂		顏氏家訓	
⑰房玄齡	喬	唐	臨淄	七一	晉書	
⑱崔融	安成	唐	全節	五四		
⑲孫逖		唐	武水			
⑳蕭穎士	茂挺	唐	蘭陵	五二	蕭茂挺文集	
㉑王禹偁	元之	北宋	鉅野	四八	小畜集	
㉒張詠	復之	北宋	鄄城	七〇	乖崖集	
㉓晁補之	无咎	北宋	鉅野	五八	雞肋集	蘇門四學士之一。
㉔晁詠之	之道	北宋	鉅野	五二	崇福集	晁補之之從弟。
㉕李昭玘	成季	北宋	濟南		樂靜集	

㉖李邴	漢老	南宋	任城	六二	草堂集	
㉗綦崇禮	叔厚	南宋	高密	六〇	北海集	
㉘閻復	子靜	元	高唐	七七	靜軒集	
㉙蒲松齡	留仙	清	淄川	八六	聊齋志異	
㉚孔廣森	衆仲	清	曲阜	三五	儀鄭堂駢體文	孔子六十六代孫。
㉛劉孝推		民國	沂水	六七		民國六十八年卒。

❻河北省

①崔駰	亭伯	東漢	安平		崔亭伯集	
②李康	蕭遠	魏	中山			
③張載	孟陽	西晉	安平		張孟陽景陽集	張協爲張載之弟。
④張協	景陽	西晉	安平			
⑤劉琨	越石	東晉	中山	四六	劉中山集	
⑥酈道元	善長	北魏	范陽		水經注	
⑦邢邵	子才	北齊	河間		邢特進集	
⑧魏收	伯起	北齊	鉅鹿	六七	魏特進集 魏書	

⑨盧思道	子行	隋	范陽	五二	盧武陽集	
⑩李德林	公輔	隋	安平	六一	李懷州集	
⑪魏徵	玄成	唐	曲城	六四	梁書 隋書 陳書	
⑫盧照鄰	昇之	唐	范陽	四〇	盧昇之集	初唐四傑之一。
⑬張鷟	文成	唐	陸澤		遊仙窟	遊仙窟係以駢文體撰寫之傳奇小說。
⑭李嶠	巨山	唐	贊皇	七〇		
⑮李百藥	重規	唐	安平	八四	北齊書	
⑯盧藏用	子潛	唐	范陽			
⑰李華	遐叔	唐	贊皇		李遐叔文集	
⑱劉長卿	文房	唐	河間		劉隨州集	
⑲李德裕	文饒	唐	贊皇	六三	會昌一品集	
⑳劉筠	子儀	北宋	大名		中山刀筆集	其文與楊億齊名，號爲楊劉。
㉑李之儀	端叔	北宋	樂壽		姑溪居士集	
㉒李淸臣	邦直	北宋	魏	七一	淇水集	

㉓王太岳	基平	清	定興	六四	清虛山房集	
㉔朱珪	石君	清	大興	七六	知足齋集	
㉕紀昀	曉嵐	清	獻縣	八二	紀文達公文集	
㉖朱筠	美叔	清	大興	五三	笥河集	
㉗方履籛	彥聞	清	大興	四二	萬善花室文集	
㉘張之洞	香濤	清	南皮	七三	廣雅堂集	
㉙吳廷錫	敬之	民國				
㉚溥儒	心畬	民國	北平	六八	寒玉堂集	民國五十二年卒。

❼湖南省

①周南	南仲	南宋	平江	五五	山房集	
②廖行之	天民	南宋	衡州		省齋集	
③李東陽	賓之	明	茶陵	七〇	懷麓堂集	
④魏源	默深	清	邵陽	六四	古微堂集	
⑤曾國藩	滌生	清	湘鄉	六二	曾文正公全集	編有『經史百家雜鈔』。
⑥周壽昌	荇農	清	長沙	七一	思益堂文集	

⑦鄧輔綸	彌之	清	新化	六六	白香亭詩文集	
⑧皮錫瑞	鹿門	清	長沙	五九	經學歷史	
⑨王闓運	壬秋	民國	湘潭	八六	湘綺樓文集	民國五年卒。
⑩王先謙	益吾	民國	長沙	七六	虛受堂詩文集	民國六年卒。
⑪易順鼎	實甫	民國	龍陽	六三	宣南集	民國九年卒。
⑫吳應雲	士萱	民國	長沙		吳士萱先生駢文	
⑬黃光熹		民國	長沙			
⑭饒世忠	默全	民國	長沙	二五	饒編審遺集	
⑮駱鴻凱		民國	長沙		文選學	
⑯譚元徵	東煙	民國	衡陽			
⑰李漁叔		民國	湘潭	六八	花延年室詩	民國六十一年卒。
⑱張齡	劍芬	民國	湘潭	七〇	徵芬簃叢稿	
⑲許君武	筠廬	民國	湘鄉			現任清華大學教授。
⑳張之淦	眉叔	民國	長沙			現任淡江大學教授。

㉑蕭繼宗	幹侯	民國	長沙			現任臺灣大學教授。
㉒曾霽虹		民國	長沙		五朝湘詩家史詠	現任考試院參事。

❽安徽省

①曹丕	子桓	魏	沛郡	四〇	魏文帝集	即魏文帝。
②曹植	子建	魏	沛郡	四一	曹子建集	曹丕之弟。
③嵇康	叔夜	西晉	譙郡	四〇	嵇中散集	竹林七賢之一。
④顧雲	垂象	唐	池州		顧氏編遺	
⑤呂公著	晦叔	北宋	壽州	七二	正獻公集	
⑥方岳	巨山	南宋	祁門	六四	秋崖集	
⑦陶安	主敬	明	當塗	五七	陶學士集	
⑧吳鼒	山尊	清	全椒	六七	夕葵書屋集	編有『八家四六文』。
⑨淩廷堪	仲次	清	歙縣	五五	校禮堂文集	
⑩朱文翰	滄湄	清	歙縣		退思堂初稿	
⑪金式玉	朗甫	清	歙縣	二八	竹鄰遺稿	
⑫朱爲弼	右甫	清	休寧		蕉聲館詩文集	

⑬劉　開	明東	清	桐城	四一	孟塗詩文集	
⑭胡貞幹	時棟	清	涇縣		杏軒集・儷選	
⑮傅　桐	味琴	清	泗州		梧生駢體文鈔	
⑯許麗京	綺漢	清	桐城		蘭園駢體文	
⑰齊彥槐	夢樹	清	婺源		梅麓詩文集	
⑱李鴻章	少荃	清	合肥	七九	李文忠公全集	
⑲江絜生	意雲	民國	合肥			民國七十二年卒。
⑳孫克寬		民國	舒城		詩文述評	現旅居美國。
㉑潘重規	石禪	民國	婺源		中國文字學	現任文化大學教授。
㉒謝鴻軒		民國	繁昌		駢文衡論	現任淡江大學教授。
⑨福建省						
①楊　億	大年	北宋	浦城	四七	武夷新集	其文與劉筠齊名，號爲楊劉。
②林　希	子中	北宋	福州	六七		
③呂惠卿	吉甫	北宋	晉江		呂吉甫集	
④李　綱	伯紀	南宋	邵武	五八	梁谿集	

⑤眞德秀	景元	南宋	浦城	五八	西山文集	
⑥王邁	貫之	南宋	仙遊	六五	臞軒集	
⑦劉克莊	潛夫	南宋	莆田	八三	後村集	
⑧楊榮	勉仁	明	建安	七〇	楊文敏集	其文與楊士奇、楊溥齊名，時稱三楊
⑨陳壽祺	恭甫	清	侯官	六四	左海文集	
⑩林則徐	少穆	清	侯官	六六	雲石山房詩集	
⑪黃濬	秋岳	民國	福州			
⑫黃孝紓	公渚	民國	閩縣		左海黃氏三先生儷體文	民國五十五年卒。
⑬黃君坦						
⑭黃公孟	寬齋					民國三十八年卒。
⑩山西省						
①孫綽	興公	東晉	太原	五八	孫廷尉集	
②薛道衡	玄卿	隋	汾陰	七〇	薛司隸集	
③王績	無功	唐	龍門	六〇	東皋子集	
④王勃	子安	唐	龍門	二八	王子安集	初唐四傑之一。

⑤王維	摩詰	唐	太原	六一	王右丞集	
⑥白居易	樂天	唐	太原	七五	白氏長慶集	
⑦呂溫	和叔	唐	河中	四〇	呂衡州集	
⑧溫庭筠	飛卿	唐	太原		溫飛卿集	其駢文與李商隱、段成式齊名，世稱三十六體。
⑨薛逢	陶臣	唐	河東			
⑩司空圖	表聖	唐	河中	七五	司空表聖文集	
⑪司馬光	君實	北宋	夏縣	六八	傳家集	
⑫文彥博	寬夫	北宋	介休	九二	文潞公集	
⑬王安中	履道	南宋	陽曲	五九	初寮集	
⑭王式通	書衡	民國	汾陽	七三	志庵遺稿	民國二十年卒。
⑪陝西						
①馮衍	敬通	東漢	長安		馮曲陽集	
②班固	孟堅	東漢	安陵	六一	班蘭臺集 漢書	
③楊炯		唐	華陰		盈川集	初唐四傑之一。

省	姓名	字	朝代	籍貫		著作	備註
省	④姚思廉	簡之	唐	萬年		梁書・陳書	
	⑤蘇頲	廷碩	唐	武功	五八		與張說齊名，時稱燕許大手筆。
	⑥于邵	相門	唐	萬年			
	⑦常袞		唐	長安	五五		
	⑧楊炎	公南	唐	鳳翔	五五		
	⑨令狐楚	慤士	唐	華原	七二	表奏集・漆奩集	
	⑩杜牧	牧之	唐	萬年	五〇	樊川文集	
	⑪韋莊	端己	唐	杜陵	七五	浣花集	
	⑫韓偓	致堯	唐	萬年		韓內翰別集	
	⑬張舜民	芸叟	北宋	邠州	六七	畫墁集	
⑫湖北省	①段文昌	墨卿	唐	荆州	六三		
	②段成式	柯古	唐	荆州		酉陽雜俎	其駢文與李商隱、溫庭筠齊名，世稱三十六體。
	③宋庠	公序	北宋	安陸	七一	宋元憲集	

④宋　祁	子京	北宋	安陸	六四	宋景文集	宋庠之弟。
⑤楊　溥	弘濟	明	石首	七五		其文與楊士奇、楊榮齊名，時稱三楊。
⑥楊守敬	惺吾	民國	宜都	七七	晦明軒稿	民國三年卒。
⑦樊增祥	嘉父	民國	恩施	八六	樊山全集	民國二十年卒。
⑧饒漢祥	宓僧	民國	廣濟			民國十六年卒。
⑨黃　侃	季剛	民國	蘄春	五〇	文心雕龍札記	民國二十四年卒。
⑩徐　英	澄宇	民國	漢川		天風閣文集	
⑪李晉芳		民國				名律師。
⑫成惕軒	楚望	民國	陽新		楚望樓駢體文	現任考試院考試委員。
⑬四川省						
①符　載	厚之	唐				
②歐陽炯		唐	華陽	七六		
③王　珪	禹玉	北宋	華陽	六七	華陽集	
④蘇　軾	子瞻	北宋	眉山	六六	東坡全集	

⑤蘇　轍	子由	北宋	眉山	七四	欒城集	蘇軾之弟。
⑥唐　庚	子西	北宋	丹稜	五一	唐子西集	
⑦魏了翁	華父	南宋	蒲江	六〇	鶴山集	
⑧虞　集	伯生	元	仁壽	七七	道園學古錄	
⑨汪維恕	心如	清	定遠		楠園文集	
⑩謝无量		民國	梓潼	八〇	駢文指南	以字行。
⑭廣東省						
①張九齡	子壽	唐	曲江	六八	曲江集	
②陳獻章	公甫	明	新會	七三	白沙集	
③譚　瑩	兆仁	清	南海	七二	樂志堂集	
④馮譽驥	展雲	清	高要			
⑤譚宗浚	叔裕	清	南海	四三	希古堂詩文集	譚瑩之子。
⑥鄧　方	方君	清	順德	二一	小雅樓詩文集	
⑦張其淦	豫荃	民國	東莞			
⑧蘇文擢		民國				現僑居香港。

⑮甘肅省	①牛弘	里仁	隋	安定	六六	牛奇章集	
	②李白	太白	唐	成紀	六二	李太白集	世稱詩仙。
	③權德輿	載之	唐	天水	六〇	權文公集	
	④譚咏昭	仲回	清	武威		看雲書屋詩文集	
⑯廣西省	①鄭獻甫	小谷	清	象州			有駢文二卷。
	②張其鍠	子武	民國				
⑰寧夏省	①傅亮	季友	劉宋	靈州	五三	傅光祿集	

綜觀上表，可資注意者蓋有數事：

(一)吾國現行行政區域為三十五行省，只有十七省產生駢文作家，未達全數之半，此種現象，殊可玩味。

(二)清代為中國之文藝復興時代，故駢文作家為歷代之冠，不但元明二代瞠乎其後，卽金粉六朝亦難望其項背，嗚乎盛已。

(三)清代駢文作家，多為科第中人，且集中在江浙二省。據近人商氏之統計，自順治三年（西元一六四六年）開科取士至光緒三十年（西元一九〇四年）廢科舉，一百十二科中，一甲三名，以至會元籍貫，江蘇一五七人，浙江一

○八人，最稱冠冕，皖、贛、直、魯次之。（詳見清代考試述錄）至於二甲及三甲所錄取之進士，其人數亦以江蘇最多，浙江次之，江西、安徽又次之。（詳見明清進士題名碑錄索引○文史哲出版社印行）

(四)清曾燠輯國朝駢體正宗，著錄四十三人，江蘇佔二十二人，浙江佔十三人。又張鳴珂輯國朝駢體正宗續編，著錄六十人，江蘇十九人，浙江三十一人。其他各家選本，江浙作手，觸目皆是，風雅獨盛，即此可窺。

(五)在江浙兩省之駢文作家中，以常州（包括武進、陽湖、無錫、金匱、宜興、荊溪、江陰、靖江八縣。）人數最多，蘇州（包括元和、震澤、長洲、吳江、吳縣、崑山、新陽、常熟、昭文九縣。）次之，杭州（包括錢塘、仁和兩縣。）又次之，紹興（包括山陰、會稽、蕭山、諸暨、餘姚、上虞、嵊、新昌八縣。）又次之。要而言之，常州一府實駢家之王國，文苑之崑鄧也。

(六)自晉永嘉亂後，南北分疆，中原衣冠世族大舉南遷。此輩多自視甚高，播越南來，不過暫覓一枝之棲，權作避秦之計而已，對江南新地並無多大興趣。加以江南士族對於若輩仍然長期把持政權，壟斷學術，深致不滿，因而造成僑舊之隔閡。其彰明較著之事例，厥爲籍貫問題。如傅亮、謝靈運、江淹、庾信等，其族人定居江南已逾百年，而籍貫則始終未予更改，仍然保持其原籍，此種現象，極不合理。故表中所列東晉及南朝之駢文作家，悉著其祖籍，而非現籍。若以現籍爲斷，則江浙兩省必將增加數十百人而無疑也。（又南宋亦有此種現象）

第十章　歷代駢文書目舉要

駢文自東漢以後，盛行於世，歷時達二千餘年，直至晚近始逐漸衰歇，以故名篇佳製，叢雜猥多，先哲殺靑所就者，蓋非更僕所能盡數也。其中總集、選集、別集以淸代爲多，而硏究評論之著則以晚近爲盛。茲擇其尤要者分別條舉如次，以備參鏡。

(一) 總集類

書名	編著者	出版者
㈠全上古三代秦漢三國六朝文	淸・嚴可均輯	臺北・宏業書局
㈡漢魏六朝一百三家集	明・張溥編	臺北・新興書局
㈢東漢文紀	明・梅鼎祚編	四庫全書本
㈣西晉文紀	明・梅鼎祚編	四庫全書本
㈤宋文紀	明・梅鼎祚編	四庫全書本

(六)南齊文紀　明・梅鼎祚編　四庫全書本
(七)梁文紀　明・梅鼎祚編　四庫全書本
(八)陳文紀　明・梅鼎祚編　四庫全書本
(九)北齊文紀　明・梅鼎祚編　四庫全書本
(十)後周文紀　明・梅鼎祚編　四庫全書本
(十一)隋文紀　明・梅鼎祚編　四庫全書本
(十二)全唐文　清・嘉慶官修　臺北・匯文書局

(二)選集類

(一)文選　唐・李善注　臺北・華正書局
(二)駢體文鈔　清・李兆洛編　臺北・世界書局
(三)四六法海　明・王志堅編　上海・文瑞樓書局
(四)南北朝文鈔　清・彭兆蓀輯　臺北・世界書局
(五)六朝文絜　清・許槤輯　臺北・宏業書局
(八)七十家賦鈔　清・張惠言輯　上海・掃葉山房
(七)唐駢體文鈔　清・陳均編　臺北・世界書局

(八)宋四六選　清・彭元瑞選　臺北・廣文書局
(九)五百家播芳大全文粹　宋・魏齊賢 葉棻編　臺北・學生書局
(十)國朝駢體正宗　清・曾燠編　臺北・世界書局
(十一)國朝駢體正宗續編　清・張鳴珂編　臺北・世界書局
(十二)駢文類纂　清・王先謙編　上海・掃葉山房
(十三)八家四六文注　清・吳鼒選　臺北・文史哲出版社
(十四)麗體金膏　清・陳維崧編　臺北・商務印書館
(十五)後八家四六文鈔　清・張壽榮編　清光緒七年刊本
(十六)清代駢文評注讀本　民國・王文濡編　臺北・鼎文書局
(十七)南北朝文評注讀本　民國・王文濡編　上海・中華書局
(十八)三國晉南北朝文選　民國・陸維釗編　臺北・正中書局
(十九)漢魏六朝文　民國・臧勵龢編　臺北・商務印書館
(二十)駢文選注　民國・成惕軒編　臺北・正中書局
(二十一)歷代駢文選注　民國・張仁青編　臺北・中華書局

(三) 別集類

(一)庾子山集	北周・庾信撰	臺北・中華書局
(二)徐孝穆集	陳・徐陵撰	臺北・中華書局
(三)王子安集	唐・王勃撰	臺北・中華書局
(四)盈川集	唐・楊炯撰	臺北・中華書局
(五)盧昇之集	唐・盧照鄰撰	臺北・中華書局
(六)駱丞集	唐・駱賓王撰	臺北・中華書局
(七)張燕公集	唐・張說撰	臺北・中華書局
(八)翰苑集	唐・陸贄撰	臺北・中華書局
(九)會昌一品集	唐・李德裕撰	臺北・中華書局
(十)樊川文集	唐・杜牧撰	臺北・中華書局
(十一)李義山文集	唐・李商隱撰	臺北・中華書局
(十二)騎省集	宋・徐鉉撰	臺北・中華書局
(十三)經進東坡文集事略	宋・蘇軾撰	臺北・世界書局
(十四)浮溪集	宋・汪藻撰	臺北・商務印書館
(十五)北海集	宋・綦崇禮撰	臺北・商務印書館
(十六)鴻慶居士集	宋・孫覿撰	臺北・商務印書館

(十七)橘山四六　宋・李廷忠撰　臺北・商務印書館
(十八)四六標準　宋・李　劉撰　臺北・商務印書館
(十九)王忠文公集　明・王　禕撰　臺北・商務印書館
(二十)林蕙堂集　清・吳　綺撰　臺北・商務印書館
(廿一)西河文集　清・毛奇齡撰　臺北・商務印書館
(廿二)陳檢討四六　清・陳維崧撰　臺北・商務印書館
(廿三)思綺堂集　清・章藻功撰　臺北・商務印書館
(廿四)小倉山房詩文集　清・袁　枚撰　臺北・商務印書館
(廿五)清虛山房集　清・王太岳撰　臺北・商務印書館
(廿六)述　學　清・汪　中撰　臺北・商務印書館
(廿七)有正味齋集　清・吳錫麒撰　臺北・商務印書館
(廿八)卷施閣集　清・洪亮吉撰　臺北・商務印書館
(廿九)儀鄭堂駢體文　清・孔廣森撰　臺北・商務印書館
(三十)問字堂駢文　清・孫星衍撰　臺北・商務印書館
(三一)煙霞萬古樓集　清・王　曇撰　臺北・商務印書館
(三二)揅經室集　清・阮　元撰　臺北・商務印書館

㉝燕山外史(小說)　清・陳　球撰　臺北・文景書局
㉞越縵堂駢體文鈔　清・李慈銘撰　上海・掃葉山房
㉟湘綺樓文集　清・王闓運撰　臺北・新興書局
㊱學製齋集　民國・李　詳撰　上海・掃葉山房
㊲樊山全集　民國・樊增祥撰　上海・掃葉山房
㊳含光儷體文稿　民國・陳含光撰　臺北・正中書局
㊴楚望樓駢體文內外篇　民國・成惕軒撰　臺北・中華書局
㊵楚望樓駢體文續篇　民國・成惕軒撰　臺北・商務印書館

(四)文評類

㈠四六話　宋・王　銍撰　臺北・商務印書館
㈡四六談塵　宋・謝　伋撰　臺北・商務印書館
㈢雲莊四六餘話　宋・楊囦道撰　臺北・商務印書館
㈣四六金鍼　清・陳維崧撰　臺北・商務印書館
㈤宋四六話　清・彭元瑞撰　臺北・商務印書館
㈥四六叢話　清・孫　梅撰　臺北・世界書局

(七)六朝麗指　民國・孫德謙撰　臺北・新興書局

(五)概論類

(一)文選學　民國・駱鴻凱撰　臺北・中華書局

(二)駢文指南　民國・謝无量撰　上海・中華書局

(三)駢文通義　民國・錢基博撰　上海・大華書局

(四)中國駢文概論　民國・瞿兌之撰　臺北・明倫出版社

(五)駢文概論　民國・金秬香撰　臺北・商務印書館

(六)駢文學　民國・劉麟生撰　上海・商務印書館

(七)中古文學概論　民國・徐嘉瑞撰　臺北・鼎文書局

(八)中古文學風貌　民國・王瑤撰　臺北・鼎文書局

(九)駢文與散文　民國・蔣伯潛撰　臺北・世界書局

(十)漢魏六朝文學　民國・陳鍾凡撰　臺北・商務印書館

(十一)駢文衡論　民國・謝鴻軒撰　臺北・廣文書局

(十二)中國文學理論　民國・何朋撰　香港・中文大學

(十三)中國駢文析論　民國・張仁青撰　臺北・東昇出版公司

㈩六朝唯美文學　民國・張仁青撰　臺北・文史哲出版社
㈯駢文學　民國・張仁青撰　臺北・文史哲出版社
㈰清代駢文通義　民國・陳耀南撰　臺北・學生書局
㈪賦史大要　日本・鈴木虎雄撰　東京・富山房書局

（六）文學史類

㈠中國駢文史　民國・劉麟生撰　臺北・商務印書館
㈡中古文學史　民國・劉師培撰　臺北・鼎文書局
㈢中古文學史論　民國・王瑤撰　臺北・長安出版社
㈣魏晉南北朝文學史　民國・胡國治撰　臺北・金園出版公司
㈤中國駢文發展史　民國・張仁青撰　臺北・中華書局
㈥六十年來之駢文　民國・張仁青撰　臺北・文史哲出版社

（七）文學思想類

㈠梁代文論三派述要　民國・周勛初撰　臺北・鼎文書局
㈡中古文學思想　民國・王瑤撰　臺北・鼎文書局
㈢魏晉南北朝文學思想史　民國・張仁青撰　臺北・文史哲出版社

第十一章　習駢芻言

駢文既爲吾民族文化之遺產，吾人固當珍之寶之，進而系統整理之，發揚光大之，庶幾無愧於前哲。今世國步維艱，學術日繁，誠不必刻意摹仿駢文，提倡駢文，然亦非謂過去有價值之駢文不足爲今日表達情意技巧之所取資也。至爲認識中國文學，進而接受文化遺產，則更不待論矣。職是之故，吾人今日讀駢文，不必爲學作駢文，卽學作古文、語體文，亦應讀駢文若干篇，以救其『辭孤則易瘠』（劉開與王子卿太守論駢體書語○見本章附錄）之病。如欲學作駢文，則雖熟讀百十篇名作，亦不過得其體式已耳，至於眞能著筆，則應別有眞本領在。所謂眞本領者，必先精研文字音韻之學，博覽經子歷史及掌故之書。又駢文中用典繁多，故初讀者必賴詳盡之注釋，而後始能明其義蘊。讀時並應注意其字句之相對，平仄之協調，及段落之構成。著者有鑒於此，故當此書撰述期間，於典故種類之詮釋，莫不窮竟原委，鉅細靡遺，甚至博引旁徵，力求詳贍。其有關對仗、聲調、調句、藻采部分，尤暢加論列，毋使缺漏。凡此皆爲初學計也。至於學作駢文之要訣及其所應注意事項，著者願就平日寢饋所得，兼摭前賢及本師成楚望先生之論說，臚列十則如左，以當芻蕘之獻。閱者倘能有得於筌蹄之外，則尤著者之深幸也。

【一】陋質文人，心好麗文，往往辭必引古，人必點鬼，本非蛩蛩巨虛，洒效比翼之鳥，又非魑魅罔兩，洒爲翳葉之形，既以繁華損枝，膏腴害骨，無關大道，不周世用，此駢文所以爲世詬病也。故初學駢文或專門欲以名家者，當先淹貫羣經諸子，明習史事典故，精究文字音韻，熟讀名家作品，始可出之裕如，無湊雜艱難之態。又駢文非盡能以白描爲之，而人之記憶力有限，故間須取材於類書，如佩文韻府、子史精華、古事比、淵鑑類函、事類統編等書，案頭皆所宜備，然切不可信手撮演，專事塗澤。苟能進窺北堂書鈔、藝文類聚、孔帖、萬花谷，以爲伐山伐材之資，則更佳矣。

【二】初學駢文，宜從小品入手，如謝啓賀啓及宴集小序等，取其意思簡單，翦裁較易。若夫典重矞皇之作，明堂清廟之篇，則以俟之來日可也。

【三】一題到手，必先立意，至其起承轉合之法，與作散文無異也。

【四】初學於轉折處，如用偶句力量不到者，不妨改用散語。

【五】用典用字，必須自然，第所謂自然，初非庸熟之謂，庸熟爲文章之大忌，自然而出以清新，斯爲絕詣。杜少陵懷李白詩：『清新庾開府，俊逸鮑參軍。』自然而出以清新，此駢文中之庾子山所以爲文章宗也。故初學駢文者，切忌飣餖字句，僻典欺人，而傷自然。引用故事，必須與本題切合。能用衆所共知之事則尤佳。勿用生僻之字，以自矜詭異，致貽札闥洪庥之誚。

【六】駢文之氣韻，亦貴自然。善乎孫德謙氏之言曰：『六朝文之可貴，蓋以氣韻勝，不必主才氣立說也。齊書文學傳論曰：「放言落紙，氣韻天成。」若取才氣橫溢，則非六朝眞訣也。昌黎謂惟其氣盛，故言之高下皆宜。斯古文家應爾，駢文則不如此也。六朝文中，往往氣極遒鍊，欲言不言，而其意則若卽若離，上抗下墜，潛氣內轉，故駢文蹊徑，與散文之氣盛言宜，所異在此。』（六朝麗指）錢基博氏亦曰：『主氣韻勿尚才氣，則安雅而不流於馳騁，與散文殊科，崇散朗勿矜才藻，則疏逸而無傷於板滯，與四六分疆。』（駢文通義）閱者試一觀駢散進化之跡，古合而今分，駢文自唐代演變爲四六文後，氣格方傷於板滯，則上項氣韻自然之說，實可作吾人之準繩，而爲今後駢文所取法。

【七】寫作時，兩事相配而優劣不均之病，初學在所難免。故引事時須先搜索枯腸，如有出聯而無對聯，始可檢尋類書以爲之助。

【八】平時留心典故，羣書中有字句新麗奇偉，可充材料者，宜分類而鈔存之，以供采擷，久而久之，自有左右逢源之樂。如胡稚威袁子才既卒，檢其牀後，字料凡數十簏者，是也。

【九】初作駢文，應由摹仿入手，不可憑空臆說，信手塗抹，致罹疏陋無根之病。又摹仿古人，須學其清雅，勿徒學其富麗。此外，勿貪篇幅之長，專事鋪排，致蹈有詞無意之陋習。

【十】寫作須注意避免者有四：**一曰俗**。駢文爲美術文學，若以俗筆寫之，卽使草木蟲魚，數目顏色，對仗極工，難興美感。**二曰亂**。作文之道，不外起承轉合，散文如是，駢文尤甚。蓋散文可隨意抒寫，而駢文則必須掇拾詞華。此種詞華，各有位置，凌亂不得。譬之居室，几座宜在堂，臥榻宜在寢，盌杓宜在庖，失其所置，則凌亂無序。**三曰僞**。文之深淺雅俗，端在意境，不在字面，若意境不眞，徒然剽竊古書、奇字，裝點門面，必使人不可卒讀。**四曰冗**。文章妙處，正要穠纖得中，修短合度，如徒貪多務得，累牘連篇，必使人煩，雖多奚益。故寧淺勿俗，寧薄勿亂，寧樸勿僞，寧檢勿冗，乃作駢要訣。蓋淺可日造於深，而俗不可醫。薄可積漸於厚，而亂不可治。樸可漸雕爲巧，而僞不可久。儉可居積致富，而冗不可理。若能樹骨於漢魏，選辭於齊梁，上效唐宋之疏達，近窺王闓運洪亮吉之淵懿，爲駢之旨，其庶幾乎。

※　※　※　※

質實言之，初作駢文，除儲備材料外，宜熟讀大家作品，始可出之裕如，無湊雜艱難之態。若欲以駢文名家，尤須別有眞本領，非三兩語所得而盡。右所論列，係對一般學子之欲略窺駢文奧祕者而言。至於摹習範本，則以文學本乎性情，各人宜因其所嗜，擇類讀之，本無待余之喋喋。惟學者讀書，或值少時，不諳門徑，隨意涉獵，不徒費時，抑且耗力，故標示書目，導引入門，似不能謂爲毫無意義也。民國十二三年間，梁啓超氏主講清華大學時，嘗草就『最低限度之國學必讀書目』，極受國人注目。余也不敏，竊慕前修，輒欲效顰，爰竭愚夫之千慮，擬一『**最低限度之駢體文必讀書目**』，以爲初學導其先路，博雅君子見之，不以迂悖見哂，則幸矣。

❶**昭明文選**　梁昭明太子蕭統編，唐李善注，此書版本甚多，以臺北華正書局影印本最佳。

❷**六朝文絜**　清許槤評選，黎經誥箋注，林紓參定，臺北宏業書局有排印本。

❸**駢體文鈔**　清李兆洛編，譚獻評，臺北世界書局有排印本。

❹**唐駢體文鈔**　清陳均編，臺北世界書局有影印本。

(五) **五百家播芳大全文粹**　宋魏齊賢葉棻同編，臺北學生書局有影印本。

(六) **宋四六選**　清彭元瑞選，曹振鏞編，臺北廣文書局有影印本。

(七) **四六法海**　明王志堅編，民初有清蔣士銓之評選四六法海朱墨套印八卷本，上海文瑞樓書局印行。

(八) **國朝駢體正宗**　清曾燠編，姚燮評點，張壽榮眉評，臺北世界書局有影印本。

(九) **國朝駢體正宗續編**　清張鳴珂輯，臺北世界書局有影印本。

(一〇) **八家四六文注**　清吳鼒選，許貞幹注，臺北老古出版社有影印本。

(一一) **後八家四六文鈔**　清張壽榮編，光緒七年刊行。

(一二) **駢文類纂**　清王先謙編，上海掃葉山房印行。

(一三) **清代駢文評注讀本**　民國王文濡編，臺北鼎文書局印行。

(一四) **歷代駢文選**　民國張仁青編著，成惕軒校訂，臺北中華書局印行。

以上選集。

(一五) **庾子山集**　南北朝庾信撰，清倪璠注，臺北源流出版社有新校排印本。

(一六) **徐孝穆集**　陳徐陵撰，清吳兆宜箋注，臺北商務印書館有排印本。

(一七) **王子安集**　唐王勃撰，臺北商務印書館有排印本。

(一八) **陸宣公奏議**　四庫全書題曰翰苑集，唐陸贄撰，臺北世界書局有排印本。

(一九) **樊南文集詳注**　唐李商隱撰，清馮浩注，臺北中華書局印行。

㉒經進東坡文集事略　宋蘇軾撰，郎曄注，臺北世界書局有排印本。
㉓湖海樓儷體文集　清陳維崧撰，上海文瑞樓書局印行。
㉔汪容甫文箋　清汪中撰，近人古直箋，臺北世界書局有排印本，與述學合併刊行。
㉕有正味齋駢體文集　清吳錫麒撰，葉聯芬注，上海文瑞樓書局印行。
㉖煙霞萬古樓集　清王曇撰，上海商務印書館列入國學叢書，有排印本。
㉗卷施閣文集　清洪亮吉撰，許貞幹注，臺北世界書局併入洪北江全集刊行。
㉘越縵堂駢體文　清李慈銘撰，上海掃葉山房印行。
㉙楚望樓駢體文內外篇　民國成惕軒撰，張仁青注，臺北中華書局印行。
㉚楚望樓駢體文續篇　民國成惕軒撰，陳弘治、張仁青、李周龍、莊雅州、林茂雄、陳慶煌合注，臺北商務印書館印行。

以上別集。

其他總集別集，可隨所好選讀數種。（駢文書目請參閱本書第十一章）

以上各書，無論學古文、學駢文、學語體文、學詩、學詞、學賦、學戲劇小說……皆須一讀，庶幾於駢文一道得以略窺其概貌，不為門外漢矣。

附　與王子卿太守論駢體書

劉　開

由唐及宋，駢儷之文，變體已極，而古法寖微。國朝作者起而振之，因骨理而加膚澤，易紅紫而爲朱藍，窮波討源，以雅代鄭，意云善矣，法云正矣。然襲末流者，既不歸準衡，追古製者，亦多滯形貌，八珍列而味爽，五官具而神離，良由胎息尚薄，藻飾徒工，情旨未深，意興不飛之所致也。

夫道炳而有文章，辭立而生奇偶。爰自周末，以迄漢初，風降爲騷，經變成史。建安古詩，實四始之耳孫，左馬雄文，乃諸家之心祖。於是枚乘抽其緒，鄒陽列其綺，相如騁其轡，子雲助其波，氣則孤行，辭多比合，發古情於腴色，附壯采於清標，駢體肇基，已兆其盛。東京宏麗，漸騁珠璣，南朝輕豔，兼富花月，家珍匹錦，人寶寸金，奮球鍠以競聲，積雲霞而織色，因妍逞媚，噓香爲芳，名流各盡其長，偶體於焉大備。而情致悱惻，使人一往遙深者，莫如魏文帝之雜篇。氣體肅穆，使人三復靡厭者，莫如范蔚宗之史論。馳騁風議，士衡之意氣激揚，敷切情實，孝標之辭旨雋妙。至於宏文雅裁，精理密意，美包衆有，華耀九光，則劉彥和之文心雕龍殆觀止矣。夫魁傑之才，從事於此者，亦不乏人。大約宗法止於永嘉，取裁專於文選，假晉宋而厲氣，借齊梁以修容，下不敢濫於三唐，上不能越夫六代，如是而已。

若夫文境所及，實非選理，能拘求其絕軌，尚有可言者。昔劉勰辨騷有云：『名儒辭賦，莫不擬其儀表。』是知辭者依騷以命意者也，賦者託騷以爲體者也。後人知賦體之必宜宗騷，而文辭則置騷不論，惑矣。夫辭豈有別於古今，體亦無分於疏整，必謂西漢之彥，能工效正則之辭，東晉以還，不敢乞靈均之佩，無是理也。故良工哲匠，宜取實於楚材，落葉滄波，多問源於湘水。含愁鬱志，爲哀怨之宗，耀豔深華，開明麗之始。夫騷人情深，猶能有資於散體，豈芳草性僻，不欲助美於駢文。蓋經有未窺，抑知者猶寡，宋大夫之悲秋氣，孤懸此心，屈左徒之怨靈修，遂成絕詣。故欲招恨九歌，徵游四海，通辭帝子，修問夫人。造境於幽遐，攬色於古秀，煙雨致其綿渺，雲旗示以陸離，隱深意於山阿，寄遙情於木末。則離騷不能忽焉。

三代既往，百家競興，抉義豈皆淵深，造辭類多精奧。引喻奇古，老氏首發其端，鉤理玄微，蒙莊曲盡其變。禦寇之旨譎誕，乘虛破空，關尹之論瑰奇，鏤塵吹影。夷吾以峭鍊制勝，不韋以淹麗爲工。荀卿質而文，韓非悍而澤。並皆祖述邃初，雕琢羣象，語大則釣巨鼇之首，稱細則截秋蟬之翼，索深則沒波於歸墟之谷，窮高則抱露於中天之臺。搖衣得風，難鼓動物，以盆爲沼，易欺游魚。陽春雖溫，未見芽不土之木，造化至巧，安能卵無雄之雌。冬蓮春菊格於時，心棗肝榆應乎化，物有定分，言無端涯。故欲激盪靈淵，汪洋奧府，闡圓道方德之蘊，想柔心弱骨之儔，招清都之化人，求絳宮之蕊女，氣馭鳳鶴，力席蛟鯨，使尺簡之中，可以反山移海，寸管之末，可以起雷造冰。則周秦諸子所當效焉。

文奇而理典，言古而意新，河伯山精，驅川岳於隻句，聖男智女，束乾坤爲兩人。破險成夷，憑虛構實，匪金能富，不翼而飛。出明入幽，似大易之取象，含風吐雅，本上古之繇詞。則焦氏易林最宜法焉。

內含平壤，外爲深淵，縱斧儒關，鑿石義路，鍊六經而成彩，繪八幽而有形。則太玄法言皆有取焉。

放懷四維，縱步六合，宓妃可妾，雷公能臣。上與鴻荒爲徒，遠尋沈冥之黨。自晦其素，任土蟻之詣青虯，平視彼蒼，見壤蟲之誓黃鵠。言道恍惚，振彩飛揚。則淮南鴻烈亟宜習焉。

至若羅珍列異，耀神炫靈，緣文不足名其奇，白阜難以盡其狀。甘華甘果之芳，天縱以味，膏稻膏黍之種，土湓自生。枝頭日月，分照數國，山中鳥鼠，聯爲一家。則山海經之博麗未可後焉。刻畫纖細，模範高深，被朱紫於煙風，施丹黃於邱壑。鱗甲難潛其影，飛走莫遁其形。寫迹侈張，鏤景工妙。林巒何幸，得斯人之一言，山水有靈，驚知己於千古。則水經注之體物不可少焉。奇抱別開，靈衣在御，內篇言修鍊之旨，外篇寄邁往之才。沈麗獨步，有飛仙之氣逸，博聞多識，藥空談之腹貧。抗靈規於雲衢，讓高懷於陸海，口茹八石，胸祕六奇。鸞羽已奮於重霄，龍章豈陳於晦夜。逝景難追，感飛矢之如電，溫辭乍出，覺冰條之吐葩。則抱朴子之超逸亦足多焉。扶桑九枝，桂林八幹。服水玉者，則有靈蛻之仙，頌火龍者，則爲玗琪之樹。開明虎狀，稟金精以證崑墟，句芒鳥身，銜帝命以錫秦穆。玃如之貌，能兼三形，子夜之尸，分爲七體。鳥酸有葉，黃雚吐華。不信歐絲之人，乃奪蠶職，安得沙棠之木，制爲龍舟。則郭璞山經圖讚之古逸有可取焉。杜伯乘火，流精上蒼，管輅論雨，下刺東井。吳有人言之鳥，魏記鬼目之菜。中土城制，既標女牆，高麗民居，別爲壻屋。木弓竹箭彰其利，獂羊端牛助其饒。離人入禽，東韓五十國之殊俗，架空走海，大秦二百里之飛橋。穴底之徑，深及九梯，果下之馬，高止三尺。交龍用之飾錦，六畜竟以名官。則裴氏三國志注之宏富尚資采焉。

凡此皆筆耕之奧區，漁獵之淵藪，知能之囊橐，文藝之渠魁。儉學得之，以拯其貧，高才得之，以伸其慧。若既熟選學，又能擇善於斯，則煮海爲鹽，本扶輿之妙產，鍊雲生水，等大造之神工。恢策府之殊觀，極斯道之能事，其於前修，庶幾能不囿矣。雖然，猶未足以盡探本之功也。夫文辭一術，體雖百變，道本同源，經緯錯以成文，玄黃合而爲采。故駢之與散，並派而爭流，殊塗而合轍。千枝競秀，乃獨木之榮，九子異形，本一龍之產。故駢中無散，則氣壅而難疏，散中無駢，則辭孤而易瘠。兩者但可相成，不能偏廢。且夫烏生於東，兔沒於西者，兩曜各用其光照也。狐不得南，豹無以北者，一水獨限其方域也。物之然否因乎地，言之等量判乎人，世儒執墟曲之見，騰埳井之波，宗散者鄙儷辭爲俳優，宗駢者以單行爲薄弱，是猶恩甲而仇乙，是夏而非冬也。夫駢散之分，非理有參差，實言殊濃淡，或爲繪繡之飾，或爲布帛之溫，究其要歸，終無異致，推厥所自，俱出聖經。夫經語皆樸，惟詩易獨華，詩之比物也雜，故辭婉而妍，易之造象也幽，故辭驚而創，駢語之采色於是乎出。尚書嚴重，而體勢本方，周官整齊，而文法多比。戴記工累疊之語，繫辭開屬對之門。爾雅釋天以下，句皆珠連，左氏敘事之中，言多綺合。駢語之體製於是乎生。是則文有駢散，如樹之有枝幹，草之有花萼，初無彼此之別，所可言者，一以理爲宗，一以辭爲主耳。夫理未嘗不藉乎辭，辭亦未嘗能外乎理，而偏勝之弊，遂至兩歧。始則土石同生，終乃冰炭相格，求其合而一之者，其唯通方之識，絕特之才乎。今欲問道康莊，伐材衡岱，鑽研乎三極，涵泳乎百氏，窮源而入天，逐流而至海，非深於羣經，括囊先典，則詞術亦不能造其至矣。

先生吐辭東觀，如河漢之決金隄，奏牘西垣，若金石之振雲陛。剖符章貢之閒，置身空同而上。窺情測貌，揖古人而進前，詭勢瓌聲，窮物態其恐後。而過推樗散，得附梗枏，謹以所知，就正通識。知先生必不盂浪其說，塵垢斯言也。

第十二章　駢文之支流——聯語

一　聯語概說

吾國文字，由於具有一字一音之特質，故文辭極易構成對偶，駢文、律詩之形成，其故卽在於此，前已論之詳矣。俗間有聯語一體，通稱對聯，乃駢文之支流，亦爲吾國文字獨有之體裁。自近古以來，文人才士，刻意經營，自闢蹊徑，遂漸由旁支而匯爲巨流，形成中華文化之一大特色。昔卜商有云：『雖小道，必有可觀者焉。』（見論語子張篇）以言對聯，尤爲確切。

對聯之興，相傳起於古代新春之桃符。古人每屆新年，輒以二桃木板懸門旁，上書神荼鬱壘二神名，或畫神荼鬱壘二神像，藉以壓邪，謂之桃符。（詳見荆楚歲時記及六帖）至五代時，又於桃符上題聯語，謂之題桃符。宋史蜀世家云：

孟昶命學士爲題桃符，以其非工，自命筆題云：『新年納餘慶，嘉節號長春。』

是爲春聯之嚆矢。其後明太祖雅好斯道，相傳於殘臘出巡，徧覽民間春帖，並於輿之所至，御筆留題，千古傳爲佳話。上有好者，下必甚焉，於是演用範圍日廣，舉凡樓臺、殿閣、亭園、寺廟、祠堂、軒齋、別墅、名勝、古蹟、酒肆、茶館、商店、客廳、書房等，多懸掛對聯，既發舒情趣，又增益美觀，一舉兩得。故千餘年來，上自帝王公卿，下至販夫走卒，無不樂於此道，因而成爲古典文學之一大特色。

逮滿清入關，代明而有天下，乃極力提倡文事，以籠絡漢人。風氣所播，雅道大昌，卽以對聯而言，上述春聯、楹聯已不能滿足社會之需要，於是壽誕、婚嫁、生育、新居、開業，以至題贈，哀輓等，莫不以對聯爲時尚，幾與詩詞鼎足而三，而鑄辭之精警，則對聯容有尚焉。綜上以觀，對聯約可分爲五大類：

(一)**春　聯**　新年專用之門聯。

(二)**楹　聯**　住宅、機關、廟宇、古蹟等處所用。

(三)**賀　聯**　壽誕、婚嫁、開業等喜慶所用。

(四)**輓　聯**　哀悼死者所用。

(五)**贈　聯**　頌揚或勸勉他人所用。

對聯既產生在駢文、律詩之後，所受於駢文律詩之影響者自深，故最初之對聯多爲四言、五言、七言三種。其後又受宋詞長短句之啓示，三言、六言、八言、九言，以及九言以上之長聯遂觸目皆是矣。（有多至二百餘言者）

茲將對聯構成要件臚列於後：

【一】對仗工整　對聯須講究對仗，一若駢文律詩。一副對聯，上下兩比，不但須字數相同，意義對稱，且詞性亦須相對，卽名詞對名詞，動詞對動詞，形容詞對形容詞，副詞對副詞。此外，如雙聲、疊韻、疊

字、數字、動物、植物等，皆須相對，始合規格。（請參閱本書四章一節）

【二】平仄協調　駢文律詩須平仄協調，盡人皆知，而對聯亦然，其法固與駢文律詩無異。七言律詩之平仄法，以每句之第二字、第四字、第六字爲主眼，其平仄必須絕對遵守。俗問有『一三五不論，二四六分明』之說，未足爲訓，蓋第一字、第三字可以平仄不拘，第五字仍須講求也。對聯既脫胎於駢文、律詩，則調平仄之事，自亦完全相同。雖然，上之所論，係對初學者言之。至文壇巨匠，或閬苑仙才，往往突破藩籬，縱橫馳騁，仍不失爲佳作者，又當別論也。茲舉四言至九言以上對聯平仄格式如次：

❶**四　言**

千祥雲集
百福駢臻
＊
河山依舊
歲月維新
＊
友天下士
讀古人書
＊
國光勃發
民氣昭蘇
＊
謙光受益
和氣致祥

❷**五　言**

祥光徧草木
佳氣滿山川
＊
普天開景運
大地轉新機
＊
爆竹傳春訊
寒梅孕國魂
＊
花開春富貴
竹報歲平安
＊
城收萬景近
天放一山來（宋湘）

❸**六　言**

花好月圓人壽
時和世泰年豐
＊
好鳥枝頭朋友
落花水面文章
＊
新時光莫虛度
好兒女當自強
＊
駿馬秋風薊北
杏花春雨江南（彭玉麟）

❹**七　言**

瑞氣芝蘭光世澤
春風棠棣振家聲

＊

花迎喜氣皆如笑
鳥識歡聲亦解歌

＊

春風閬苑三千客
明月揚州第一樓　（趙孟頫）

＊

幾間東倒西歪屋
一個南腔北調人　（徐渭）

❺八言

不為聖賢　便為禽獸
莫問收穫　但問耕耘　（曾國藩）

＊

身無半畝　心繫天下
讀破萬卷　神交古人　（左宗棠）

＊

南嶽雲興　出為霖雨
大江波靜　退領湖山　（徐樹銘）

❻九言

特立獨行　作一流人物
移風易俗　開萬世太平

＊

花甲慶重周　天開景運
卿雲歌復旦　人醉春風

＊

爆竹二三聲　人間是歲
梅花四五點　天下皆春

❼十言

一元復始為春　人爭擊楫
萬世太平有象　海不揚波

＊

天地無私　為善自然獲福
聖賢有教　修身可以齊家

＊

象有齒則焚　蚌有珠則剖
梅以寒而茂　荷以暑而清

❽十一言

四季如春　人稱蓬島為仙境
孤標出衆　天以梅花作國魂

＊

得飽便休　身外黃金無用物
遇閒且樂　世間白髮不饒人

＊

春到人間　萬里江山迎紫氣
仁施宇內　千年禮教繫黃魂

❾十二言

風雲○會有•時○　柏葉•同傾○新歲•酒•
猿鶴•應無○恙•　梅花○先報•故山○春○

＊

國運•兆昌○隆○　東海•迎春○騰曉•日•
人文○欣薈•萃•　中邦○獻歲•起祥○雲○

❿十五言

八方○在風雨中○　看曉日•曈曈○　光華○復旦•
四季•入圖畫裏•　喜田園○井井•　樂利•民生○

＊

萱花○不老•　芝草•有根○　已見•一堂○羅五•代•
八秩•初開○　百齡○將屆•　好從○首夏•祝長○春○

按下幅爲賀八十女壽聯，上下聯各自成對，爲『當句對』之佳聯。

⓫二十言

開萬古•得未曾有•之奇○　洪荒○留此•山川○　作遺民○世界•
極一生○無可如何○之遇•　缺憾•還諸○天地•　是創格•完人○

按清同治時，沈葆楨爲巡臺使者，請建延平郡王祠，祠成，爲作此聯。

⓬二十一言

逝矣•孝廉○船○　數江關○詞賦•　淮海•風流○　今日•真成○廣陵散•
淒其○鄉國•夢•　賸千樹•綠楊○　二分○明月•　遺篇○猶見•漢家春○

按此爲吾師成楚望先生輓時賢陳含光氏之作，陳氏江蘇江都人，工詞章，有含光儷體文及含光詩行世。

【說　明】

㈠『○』表平聲，『●』表仄聲。

㈡凡字旁標注平仄聲之處，其平仄須絕對遵守，不容更易，其餘則平仄不拘。

㈢作對聯有『平開仄合，仄放平收』之語，亦須絕對遵守。易言之，上聯之末字必定爲仄聲，貼在右方，下聯之末字必定爲平聲，貼在左方。

【三】辭意貼切　作對聯首須認清對象，對象無論其爲人、爲事、爲物，皆須扣緊題旨，遣辭造句，力求貼切，庶幾以有限之篇幅，發揮無窮之妙用。　如彭玉麟題泰山聯：

我本楚狂人　五嶽尋仙不辭遠
地猶鄒氏邑　萬方多難此登臨

此聯乃採集古人詩句而成，上聯見李白廬山謠，下聯首句見唐玄宗經魯祭孔子詩，末句見杜甫登樓詩。而作者之襟抱，登臨之時地，一一表現出來，無不恰到好處，尺幅之中，自具千里之勢。　又如某人輓曾國藩聯：

韓歐無武　李郭無文　集數子所長　勛華巍煥
衡嶽之高　洞庭之大　歎哲人其萎　雲水蒼茫

所用人、地、事，均恰如其分，不可移易，非泛泛不著邊際者可比。　所謂『擬人必於其倫，擬物必得其情』，胥可於此聯見之。

就大體言之，春聯須帶有新年歡樂氣氛與無窮希望，楹聯須切合人、地、時、物，賀聯須含有祝頌之意，輓聯須富有哀惋之情，而贈聯則以贊揚或勖勉爲主，此其大較也。　惟運用之妙，端視各人之匠心耳。

二 古今聯語選粹

(一)諧趣類

❶諷易君左

易君左閒話揚州　引起揚州閒話　易君左矣
林子超主席國府　連任國府主席　林子超然

易君左先生爲清末民初大詩人易順鼎(字實甫號哭庵)氏之哲嗣,湖南龍陽縣人,鳳毛濟美,甚負時譽。民國二十餘年任職江蘇省政府,嘗於公餘之暇,撰寫閒話揚州,描述揚州人生活奢靡頹廢,缺乏朝氣,引起揚州各界人士反感,羣情激憤,聯名上書省府,迫令易氏辭職,一場筆墨風波,乃告平息。當時上海某報因就其事撰上聯公開徵對,下聯作者爲誰,已不復知矣。按下聯『子超』二字爲當時國民政府主席林森氏之別號。

❷無　題

梅蘭芳伶梅之梅　陳玉梅影梅之梅　雙姝徐來　是言菊朋也
左舜生姓左不左　易君左名左不左　二君胡適　豈于右任乎

此乃文人遊戲之作，作者爲誰，已難稽考。上聯綴以影劇界四大名人之姓名，（即梅蘭芳、陳玉梅、徐來、言菊朋。）雖稍嫌牽強，但亦甚見匠心。下聯以當代文化界四大名人之姓名，（即左舜生、易君左、胡適、于右任。）爲對，並說明左易二氏之政治立場，可謂別具巧思。

❸調烏姓官員

鼠無大小皆稱老
龜有雌雄總姓烏

清代有學官烏某巡視太學，適值用膳，見諸生雖已年逾弱冠，仍相互爭食，狀如羣鼠，乃出上聯令諸生作答，某生卽以下聯對，學官爲之愕然。

一說：清制四品以上皆稱大人，以下皆稱老爺。有一烏姓巡撫視察某縣，聞差役皆呼知縣（按知縣爲七品官）爲老爺，因作上聯譏之，詎料某知縣不甘受辱，卽答以下聯，可謂針鋒相對矣。

❹閹豬家春聯

明太祖

雙手劈開生死路
一刀割斷是非根

據滑稽聯話載：春聯之盛，始於明太祖，除夕傳旨，凡公卿士庶家門上，須貼春聯。太祖且微行出觀，偶見一家獨無，詢知爲閹豬苗人家，太祖爲書右聯以貽之。越數日，太祖復出，不見張貼，詢以何故，主人答以御筆所書，特高懸中堂，燃香祝聖，以爲獻歲之瑞云云。太祖大喜，賜銀三十兩。堪稱春聯佳話。

❺調左宗棠

為如夫人洗腳
賜同進士出身

清左宗棠一日拜訪曾國藩，以交久忘形，逕入內房，見曾氏適爲愛妾洗腳，遂調侃之曰：『爲如夫人洗腳。』曾氏率然對曰：『賜同進士出身。』左氏終身銜之。相傳二人交惡，實自此始。按左氏籍湖南湘陰，道光舉人，殿試屢試不第，後以平回疆之亂有功，清廷乃以『賜同進士出身』酬之，然左氏固不以爲榮，且深恐他人道及也。

一說：清乾隆中，紀昀爲愛妾洗腳，其友見之，以上聯屬對，紀氏云：『是不難，請以尊銜「賜同進士出身」爲對如何。』友聞之赧然。

❻調顧問三則

顧此失彼
問東問西

＊

顧我則笑
問道於盲

＊

問心有愧
顧影自憐

近今各機關團體爲應付各方面人情，常以『顧問』名義畀予過去顯赫一時之特殊人物，此輩多屬門外漢，既不顧，亦不問，但坐領乾薪而已，因此有人戲作右聯調之，可謂謔而虐矣。

❼思念多多

朱昌頤

一心祇念波羅蜜
三祝難忘富壽男

清朱昌頤未第時，見其叔父侍婢名多多者，秀外慧中，心甚悅之，會婢索書楹帖，乃信筆書贈右聯。嗣爲其叔發見，欲以婢賜之，婢云：『九郎（朱氏小名）若中狀元，吾當歸之。』明年朱果大魁，其叔爲成好事，一時傳爲佳話。

按『波羅蜜』爲『波羅蜜多』之省稱，梵語，義譯爲到彼岸。『富壽男』爲華州封人祝堯之辭。莊子天地篇：『堯觀乎華，華封人曰：「嘻，聖人，請祝聖人。使聖人壽，使聖人富，使聖人多男子。」』上下兩聯均省去『多』字，蓋婢名多多，作者不敢直書其名，以露形跡也。

又按民初鋼筆初問世時，上海有一少女購以贈其男友明光，作爲畢業賀禮，筆管上刻『光明的我』四字，倒讀則爲『我的明光』矣。其情意之摯，設想之密，與右聯有異曲同工之妙。我國文字之神奇，亦可於此見一斑焉。

❽曾左交惡

季子敢言高　與吾意見常相左
藩臣徒誤國　問他經濟又何曾

清曾國藩與左宗棠（字季高）一度交惡，時相輕詆，好事者乃以二氏姓名嵌入對聯，以誌其事。

❾戲金司空

紀昀

水部火災　金司空大興土木
北人南相　中書君甚麼東西

清乾隆中，工部（即水部）發生火災，尚書（即司空）金某奉令監修，內閣某要員特撰上聯公開徵答，紀昀即對以下聯，當時內閣大員猶古之中書省長官也。此聯妙處爲上聯含『金木水火土』五行，下聯含『東西南北中』五方，允稱千古巧對。

⑩責劉湘

劉主席千古
中華民國萬歲

民國二十七年四川省政府主席劉湘卒，有人作右聯輓之。或曰：『上聯與下聯字數不等，不能成對。』作者答曰：『劉湘桀驁不馴，剛愎自用，如何對得起中華民國。』聞者莫不稱絕。

⑪調李鴻章翁同龢

宰相合肥天下瘦
司農常熟世間荒

李鴻章係安徽合肥縣人，翁同龢係江蘇常熟縣人，清末同掌中樞，權傾一時，京中好事者戲製右聯刊諸報端，語雖諧謔，未必是其眞相，而心裁別出，堪稱奇作。

⑫題施粥廠　朱彝尊

同是肚皮　飽者不知飢者苦
一般面目　得時休笑失時人

此爲清詩人朱彝尊題某施粥廠聯，語雖淺俗，而有至理存焉。

⑬無題

氷冷酒　一點　兩點　三點
丁香花　百頭　千頭　萬頭

此乃一拆字聯，係暗拆而非明拆。相傳某酒店因生意蕭條，門常羅雀，乃於店中高懸上聯，公開徵答，中者卽以其女妻之。某君工詩詞，頗負時譽，經友慫恿，躍躍欲試，詎意苦思終夜，未獲佳句，羞憤之餘，乃於黎明時潛赴後園，意圖自盡。俄見丁香花盛開，如萬頭攢動，靈感忽來，急書下聯以應，而獲雀屏之選。

⑭無題

凍雨洒窗　東兩點　西三點
切瓜分菜　橫七刀　豎八刀

此亦一拆字聯，惟係明拆而非暗拆。上聯『東兩點』係將『凍』字拆開，『西三點』係將『洒』字拆開。下聯『橫七刀』係將『切』字拆開，『豎八刀』係將『分』字拆開。

⑮音樂家

獨覽梅花掃臘雪
依睨山勢舞流溪

此乃一諧音聯。上聯諧西樂譜『do re mi fa sol la si』，下聯諧數字『一二三四五六七』，可謂別具巧思。

⑯無　題

男女平權　公說公有理　婆說婆有理
陰陽合曆　你過你的年　我過我的年

此爲民國初年流行於民間之春聯。按民國成立後，政府修訂法律，明定男女平等，並下令改用陽曆，以順應世界潮流。男女平等，乃理所當然，至今尙無人提出異議。獨過年一事，每屆陽曆新年，除放假兩天外，民間並無任何慶祝活動，此絕非吾國民性保守，實與農業經濟有關，蓋吾華以農立國，農工人口恆佔百分之八十故也。

⑰無　題

會中只賸二人　痛君又去
地下若逢諸老　說我就來

某地有九老會，其中七老已逝，第八老逝時，僅剩一老，此老即輓以右聯。

⑱敬陪末榜

顛之倒之　反在諸君之上
至矣盡矣　方知小子之名

前淸時，某生赴京應試，名居榜末，心殊怏怏，乃作右聯以代家書，其父閱之，不覺莞爾。猶憶數年前，某生參加大專聯合招生考試，錄取私立實踐家政專科學校，亦敬陪末榜，人問之，輒答曰：『向前看是人山人海，向後看是主任委員。』聞者無不解頤，與右聯可謂後先輝映。

⑲贈電話局

祇用耳提　何須面命
吾聞其語　未見其人

此爲某君贈電話局新廈落成楹聯，允稱佳構。

⑳輓汪笑儂

袁克文

你本來七品命官　革職原為唱捉放
此去有三堂會審　問君可敢罵閻羅

民初名伶汪笑儂原爲某縣縣令，因酷愛平劇，竟粉墨登場，演唱捉放曹，致被革職，乃下海正式爲伶。相傳胡迪罵閻羅爲其拿手好戲云。按三堂會審亦爲平劇戲目。

㉑自　嘲

方爾謙

做七品官　無地皮可刮
住三間屋　有天足自娛

民初袁世凱西席方爾謙（字地山）任某縣縣令時，納一妾名天足，嘗自書右聯貼於門前，方氏之放浪形骸，於此可見。

㉒賀李石曾續婚

賈景德

李下早成蹊　老尚多情呼寶寶
石人亦刮目　曾無一葉不田田

今人李石曾氏七十八歲時與田寶田女士結婚於臺北，時田雖已屆中年，尚饒風韻。賈氏特嵌入二人姓名於聯中爲賀，傳誦一時。按田田一語出古樂府『江南可採蓮，蓮葉何田田。』當解作鮮碧貌，而此則不僅鮮碧之謂矣。

㉓秦蘇聯婚

兩手推開窗前月
一石擊破水中天

宋蘇小妹，東坡女弟也，博學多才，目空士類。相傳花燭之夜，正星稀月朗之時，口占上聯囑其夫對，必對妥始允燕好。新郎憑窗苦思不得，東坡於窗外以石投水，新郎聞聲，觸動靈機，因以下聯爲對。

㉔無　題

蓋亦未嘗不可
總之無論如何

甲乙兩君均擅作對聯，一日相聚閒談，甲君順口道出上聯，乙君隨卽答以下聯，可謂旗鼓相敵。

㉕輓髮妻

數十年與汝作夫妻　祇因癖性多乖　朝相罵　夕相爭　到此思量方悔恨
九泉下爲我稟父母　直説兒孫不孝　名未成　學未就　而今家道更飄零

民初江西人詹某，平日與妻感情不睦，時生口角，妻歿，哀痛逾恆，乃輓以此聯，饒有情致。

㉖賀牛稔文娶媳　紀昀

繡閣團圓同望月
香閨靜好對彈琴

清乾隆中，天津府太守牛稔文乃捐班出身，不嫺文墨，一日爲子娶妻，婦係書香門第。紀於牛爲中表兄弟，應邀製此聯賀之。新婚夫婦有如『琴瑟和鳴』，乃易以『對牛彈琴』，可謂善爲調侃者矣。

㉗賀體育教師新婚

掀開紅袖題詩句
笑脫青衫試體操

某校體育教師某君資兼文武，擅作新詩，新婚時友人贈以此聯，令人捧腹。

㉘ 調道士離婚

此之謂神仙眷屬
這才是歡喜寃家

某道士結婚，新婦頗嬌艷，不數日，忽告仳離，好事者戲以此聯謔之。

㉙ 自　嘲

老驥伏櫪
流鶯比鄰

衡陽某太史，居錢局巷，民國十餘年間，杜門謝客，年垂耄矣。所居巷前後左右皆娼家，太史新春戲題右聯於門，見者無不失笑。

㉚ 五代同堂

階前看孫弄孫　且喜我孫作祖
堂上隨祖拜祖　方知汝祖亦孫

舊日社會盛行大家庭制度，五代同堂恆爲鄉里所艷稱，好事者撰此聯以誌其事，見者無不讚歎。

㉛ 雙峯插雲

紀　昀

雙峯隱隱　七層四面八方
孤掌搖搖　五指三長兩短

紀昀字曉嵐爲清乾隆時代之幽默大師，所至多傳其韻事。嘗與友人同遊西湖，至雷峯塔下，遙望雙峯插雲，友人忽出上聯屬對，紀略加思索，卽得下聯，以數目字對數目字，非特奇才，亦捷才也。相傳紀氏生有異稟，少時能於黑夜中看物如貓眼然，及長，此種特殊眼力始漸減退云。

按雙峯插雲爲西湖十景之一，其餘九景爲：平湖秋月，蘇堤春曉，斷橋殘雪，雷峯夕照，南屏晚鐘，曲院風荷，花港觀魚，柳浪聞鶯，三潭印月。

㉜戲臺聯

臺上笑　臺下笑　臺上臺下笑引笑
裝今人　裝古人　裝今裝古人裝人

此聯不知誰人所撰，語雖戲謔，卻切實情。

㉝水牛與山羊

水牛過水　水淹水牛背
山羊爬山　山擬山羊頭

此乃文人遊戲之作，平仄雖不盡諧，而對仗亦殊工整。

㉞以聯作答

出有車　食有魚　當代孟嘗君也
裘未敝　金未盡　今年季子小也

方爾謙

揚州才子方爾謙素工製聯，清末袁世凱任直隸總督時，禮聘入幕，甚見敬重。値歲將闌，幕友多回籍過年，袁氏命公子克文（字寒雲）齎鉅金贈之，且問曰：『聞先生開歲將南歸，信否。』地山笑曰：『翌日可視我春聯。』及履端日，見地山大書右聯於榜門云云。此聯直抒胸臆，而運用典實，恰到好處。以聯作答，尤別開生面。其爲人風趣，皆此類也。

㉟南京中華門外財神廟楹聯

頗有幾文錢　你也求　他也求　給誰是好
不作半點事　朝也拜　暮也拜　教我為難

天下無不勞而倖得之收穫，亦無徒勞而不穫之耕耘，故君子愛財，取之必以其道。往昔民智未開，一般愚夫愚婦往往以膜拜財神爺爲發財之捷徑，而不知奮勉工作，可謂愚不可及。有心人因撰右聯以嘲之，殊足發人深省。

㊱文武相輕

兩船競航　櫓速（魯肅）不如帆快（樊噲）
八音齊奏　笛清（狄青）難比簫和（蕭何）

文武相輕，由來已久。昔有文武官員宴集，某武官口誦上聯徵對，意在誇耀武勝於文。某文官亦不甘示弱，口占下聯爲答。可謂針鋒相對，軒輊難分。

㊲無　題

蔣沙屈三氏均爲當代名人，有人戲以其姓名製作上聯徵對，某君答以下聯，頗見巧思。

蔣百里　沙千里　屈萬里　一萬一千一百里
周文王　楚武王　秦成王　不文不武不成王

38 熊陳互嘲

熊陳二君均好戲謔，一日酒會相逢，陳忽口誦上聯囑熊爲對，熊略加思索，卽以下聯應之。

四腳横行　請問有何能幹
一耳偏聽　到底不是東西

39 無題

相傳中日甲午戰後，李鴻章奉旨赴日訂立和約，某日宴會時，日相伊藤博文忽口占上聯請李對之，意在譏諷中國缺乏人才，諸親王皆係同樣面孔，毫無作爲。李不假思索，答以下聯，立卽還以顏色。或謂該聯爲『琴瑟琵琶八大王，王王在上。魑魅魍魎四小鬼，鬼鬼居邊。』

琴瑟琵琶　八大王一樣面孔
魑魅魍魎　四小醜各懷鬼胎

40 無題

張長弓　騎奇馬　單戈獨戰
接妾手　悽妻心　二人一夫

此爲拆字聯，文人遊戲之筆也。

㊶調司機

馬達一響　黃金萬兩
車輪剛停　香吻迎人

對日抗戰時，後方交通極爲困難，旅客多搭便車，號稱『黃魚』。汽車司機往往任意需索，無不腰纏萬貫，沿途各站常有『臨時夫人』笑臉迎候，時人因撰右聯以嘲之。

㊷塾師與婢女

奴手爲拏　勸先生莫拏奴手
人言爲信　請東翁勿信人言

昔有某塾師見東家女婢貌美，意圖染指，一日婢送茶至，塾師欲牽其手，婢避而告其主，主乃出上聯以規之，塾師以前事未遂，答以下聯。

㊸戲臺

看我非我　我看我　我亦非我
裝誰像誰　誰裝誰　誰就像誰

某地戲臺前懸貼右聯，不知作者爲誰。全聯僅用八個單字，以演員口吻自詡其演技高明，既極通俗動人，又無誇張痕跡，甚具宣傳價值。

㊹送窮

放千枚爆竹　把窮鬼轟開　兩年來被這小奴才　擾累俺一雙空手
燒三枝高香　將財神請進　從今後願你老夫子　保佑我十萬纏腰

唐韓愈嘗作送窮文，欲將窮鬼送走。某名士戲以春聯出之，亦將國人拜年『恭喜發財』之心理表露無遺。

(二)譏諷類

①諷錢謙益

君恩深似海矣
臣節重如山乎

明常熟大詩人錢謙益，萬曆進士，福王時累官至禮部尚書，國亡降清，爲禮部右侍郎，旋歸鄉里，築室曰絳雲樓，讀書其中，以文章標榜東南。某歲除夕，自撰『君恩深似海，臣節重如山』一聯貼於門前，次晨開門視之，見上下聯各加一虛字，對其忘恩降清極盡諷刺之能事。或謂此聯乃諷洪承疇而作，未知孰是。

②諷張治中

治績何存　兩大方案一把火
中心安忍　三顆人頭萬古寃

抗戰初期，張治中任湖南省政府主席，曾擬訂兩大方案治湘，但多徒託空言，鮮有實效。嗣日寇自武漢南下犯湘，尚未至境，張竟張皇失措，突令長沙軍警四處放火，爲焦土抗戰預作準備，於是全城精華，付之一炬。事後檢討，復諉過於部屬，將長沙警備司令酆悌、保安團長徐昆、警察局長文仲孚等三人交付軍法審判，均判死刑。湘人不服，因作右聯以諷，橫額則書『張皇失措』四字。

❸諷暴發戶

一二三四五六七
孝悌忠信禮義廉

昔有暴發戶某，爲富不仁，僅略識之無。會七十初度，乃廣徵詩文，以附風雅。里中有一名士，素不齒其爲人，因作右聯諷之，隱含『忘八』與『無恥』之意，見者無不掩口。

❹諷老童生

行年七十尚稱童　可云壽考△
到老五經猶未熟　不愧書生△

某翁年屆七十，仍童心未減，參加童子試，無奈成績太差，又遭敗北，某君特撰右聯以調之。其中『考』『生』二字語意雙關，見者無不會心一笑。

❺諷貪官

到此方無中飽去
何人不為急公來

此乃抗戰期間某機關廁所門上所貼之楹聯，不知何人所作，諷刺深刻，傳誦一時。

⑥諷潘姓富商

紫石階前綿世澤
翠屏山下衍宗風

某地潘姓商人，以妻美艷，且擅交際，因此營業鼎盛，富甲一方。惟賦性慳吝，為富不仁，頗為鄉人所鄙。某君特撰右聯譏之，閱者無不稱快。

按『紫石階前』指潘金蓮，『翠屏山下』指潘巧雲，皆水滸傳金瓶梅二書中之蕩婦。

⑦諷慈禧太后

在劉漢為呂后　在李唐為則天　淫狠性成　算是千古三人　三人千古
隨先帝奔熱河　隨後主奔秦境　艱難歷盡　可謂一生九死　九死一生

清光緒末年，慈禧太后七十大慶，某革命志士以慈禧殃民禍國，特撰右聯以諷之。

⑧諷蒙古考官

孟孫問孝於我我
賜也何敢望回回

元時某一蒙古大員主考，命題竟誤『孟孫問孝於我』爲『孟孫問孝於我我』，某君乃作下聯對之，一時騰笑士林。

❾諷貪財考官

趙子龍一身是膽
左丘明兩眼無珠

清唐熙五十年，江南鄉試，正主考左必蕃，副主考趙晉，賄通關節，士論大譁，諸生千餘人齊集玄妙觀，推廩生丁汝戩爲首，使人擡五路財神像入府學，鎖之於明倫堂，並作右聯貼於堂前，以示抗議。經巡撫張伯行查明，奏請朝廷將趙處斬，左則革職永不錄用。

(三)哀輓類

❶輓蔡鍔將軍代小鳳仙作〇二首

其一　　金筱鳳

萬里南天鵬翼　直上扶搖　那堪憂患餘生　萍水因緣成一夢
幾年北地燕脂　自傷淪落　贏得英雄知己　桃花顏色亦千秋

＊

其二　　佚名

不幸周郎竟短命
早知李靖是英雄

❷數學教師自輓

滿懷希望無窮大
一生事業等於零

某校數學教師幼甚聰慧，每試皆名列前茅，自信必能飛黃騰達。無奈時運不濟，卒以教授數學終其身，臨終特書右聯自輓。

❸輓胡適博士二首

其一　　曹啓文

講學問　力主『拿出證據來』　傷哉哲人其萎
評政治　最恨『牽著鼻子走』　高矣先生之風

*

其二　　陳眉峯

大膽假設　小心求證　紅樓文學歎胡適
涉外有名　懼內無據　中江韻事笑徐來

民國五十一年胡適博士逝世後，各方致送輓聯甚多，其中引用胡氏生前常用語句，且能表達其治學精神者，莫如前列二首，語雖戲謔，有切事實。

❹輓曹纕蘅先生

原注：纕蘅先生以腦溢血疾卒於南京，適為重九前一日也。　　成惕軒

清望若陳伯玉　王子淵　記蜀道相逢　說士能甘　增價幾人由藻鏡
高會對蔣山青　秦淮碧　嘆重陽剛到　游仙遽渺　袪災無地覓萸囊

❺輓周琥彝中將

前　人

負笈歷兩大洲　嗟壯志未酬　竟孤負書生燕頷　海客虬髯　將軍猿臂
結鄰亙十餘載　溯前塵如夢　最難忘燈火秦淮　煙雲廬阜　風雨巴山

❻輓周鴻經教授　前人

所病在膏肓　極蓬萊方丈之遥　竟無靈藥

平生宏著述　繼周髀算經而後　卓有新編

❼輓某行署主任（原注：係溺死者。）　前人

忠信涉波濤　竟負萬里乘風之志

艱貞立頑懦　豈無中流擊楫其人

❽輓陳布雷先生　前人

人每以燕許擬公　實則機務頻參　功符內相　鞠躬盡瘁　事類武侯　勳名讓青史安排　誠開衡岳雲　清飲建業水

我方冀夔皋再世　豈料高丘寥廓　哀並靈均　滄海横流　歎深尼父　心血為蒼生嘔盡　國逢多難日　天隕少微星

❾輓張默老　前人

伯姬無其壽　茂漪無其位　木蘭良玉　無其文采詞華　隻身看衆美能兼　彤史所徵　允推間出

革命本乎誠　選士本乎公　建策陳言　本乎湛思遠識　垂死歎兩京未復　湘靈如在　定佑中興

吾師成楚望先生爲當代駢文大家，固夫人而知之者。其生平所撰聯語，已逾千首，廣爲士林所傳誦。茲選載六首，以窺豹斑。

⑩**輓桂永清將軍**　張齡

鄮湖壯闊　匡阜靈秀　信非常人生原有自
橫海威聲　凌煙圖畫　雖古名將何以加茲

⑪**代輓潘其武封翁**（原注：夫婦合葬。）　前人

高詠滿江山　遺集應編耆舊傳
寒梅為伴侶　雙棲同對墓門花

⑫**輓劉復**　趙元任

十載湊雙簧　無詞今後難為曲
數人弱一個　教我如何不想他

劉復（字半農）為民初文學家，曾任國立北京大學教授，所作歌詞，輒由趙元任博士為之譜曲，教我如何不想他即為二人合作而流傳至今之名曲。劉氏逝世後，趙氏特撰右聯輓之。文字通俗，描述真切，的是名家手筆。

⑬**輓賈景德先生**　謝鴻軒

司馬文章　臥龍經濟　右軍筆力　工部詩才　百代仰儒宗　桃李春風徧八極
西天駕返　北斗星沈　東海雲低　南疆日黯　萬方悲國老　梧桐秋雨逼重陽

⑭**輓胡適先生**　前人

變韓柳文章　媲程朱德望　繼往開來　儒林永仰千秋業
貫中西學術　導歐美思潮　通今博古　寰宇同悲百世師

⓯輓程發軔先生　前　人

學海蘊天人　教席常親　八秩壽言宣盛業
儒林失泰斗　音徽未沫　千秋宏著有遺規

⓰輓李漁叔師　張仁青

潤逼太白　秀掩遺山　南國詩壇推祭酒
茗銷墨堂　道聞朱閣　秋江夜雨哭先生

⓱代輓李漁叔師　前　人

為膠庠耆宿　擅陶謝才華　朋輩友生　此日同聲一哭
潤沅湘波瀾　鍾衡嶷靈秀　文章學術　如今自足千秋

⓲代輓許世瑛教授　前　人

音韻哲匠　文法宗師　一夕大星沈海嶠
化洽菁莪　芳騰桃李　卅年清範式黌宮

⓳輓梁寒操先生　前　人

名震鄉邦　詩書允為百世範
魂埋海嶠　惆悵不見九州同

⑳代輓戴君仁教授　　前人

德行振黃顧之風　道範長存　中外學人欽大雅
教化繼河汾而盛　英才廣植　縑緗寶卷麗名山

(四)嵌字市招

①大達
△大綱提要領
△達道致中和

②大華
△大名垂宇宙
△華實富春秋

③光華
△光明稱磊落
△華國煥文章

④中華
△中臺新氣象
△華國大文章

⑤中和
△中正無私　能行直道
△和平為貴　可致嘉祥

⑥中興
△中國多材　風行百貨
△興邦有道　雲集千祥

⑦日新
△日進千金　湯盤浴德
△新增五福　箕範添籌

⑧永泰
△永以為好詩所詠
△泰然後安易有言

❾光明
△光前能裕後
△明德本新民

⓫吉祥
△吉星欣在戶
△祥靄喜盈庭

⓭亨利
△亨運開天　新基大定
△利源闢地　活水長流

⓯裕豐
△裕後光前傳駿業
△豐財和衆展鴻猷

⓱瑞成
△瑞祥徵吉兆
△成德展宏圖

⓳鳴祥
△鳴鳥當春　風和日暖
△祥麟出世　國泰民安

㉑豐源
△豐財在和衆
△源遠引長流

❿安全
△全力圖功成駿業
△安居得地固鴻基

⓬吉利
△吉慶從心　增榮益譽
△利權在握　和衆豐財

⓮國泰
△國基綿萬世
△泰運啓三臺

⓰源裕
△源流真浩蕩
△裕後克豐昌

⓲瑞和
△瑞日中天麗
△和風大地春

⓴慶昌
△慶祝和平　人增幸福
△昌興事業　天賜禎祥

㉒麗華
△麗水生金　輝爭日月
△華林綴錦　彩奪雲霞

(五)名勝古蹟

❶杭州西湖關帝廟

此吳地也　不為孫郎立廟
今帝號矣　何須曹氏封侯

❷揚州瘦西湖史可法墓

一紙家書雙血淚
二分明月萬梅花

❸西湖秋瑾墓

浙東西冤獄　鼎足成三　前岳後于　浩氣英風歸女子
湖南北高峯　舉頭有兩　殘山賸水　驚魂血淚葬斯人

❹某地關帝廟

先武穆而亡　大宋千古　大漢千古
後文宣而聖　山東一人　山西一人

❺北平陶然亭

蔡錦泉

客醉共陶然　四面涼風吹酒醒
人生行樂耳　百年幾日得身閑

❻泰山雨花院

雨不崇朝遍天下
花隨流水到人間

❼衡山南嶽

望望七十二峯　工部游時　詩聖有誰能繼響
遙遙一千餘歲　文公去後　嶽雲從此不輕開

❽濟南大明湖

四面荷花三面柳
一城山色半城湖　（劉金門）

＊

地佔百彎多是水
樓無一面不當山　（孫星衍）

❾陝西馬嵬坡

鶯花尚戀霓裳影
環珮空歸月夜魂

畢沅

❿陝西潼關

華嶽三峯憑檻立
黃河九曲抱關來

⑪湖南岳陽樓　畢沅

湘靈瑟　呂仙杯　坐攬雲濤人宛在
子美詩　希文筆　笑題雪壁我重來

⑫成都薛濤井　武介康

古井冷斜陽　問幾樹枇杷　何處是校書門巷
長江橫曲檻　賸一樓風月　要平分工部祠堂

按唐名妓薛濤，字洪度，本長安良家女，父鄖，宦遊卒蜀中，母孀居貧甚，乃墮樂籍。知音律，工詩詞，喜與時士游。韋皋鎮蜀，召之侍酒賦詩，稱女校書。元稹杜牧白居易等皆嘗相與唱和，凡歷十一鎮。僑寓成都百花潭，親製松花紙及深紅小彩牋，裁書供吟，酬獻賢傑，時號薛濤牋，亦曰蠻牋。今其地有薛濤井，相傳卽薛濤製牋汲水處。暮年居浣花溪，衣女冠服，有詩五百首行世。見蜀牋譜。

⑬廣州長壽寺　王士禎

紅樓映海三更月
石路通江兩渡潮

⑭湖南羅漢洞

洞口開自那年　吞不盡瀟湘奇氣
巖腹藏些何物　怕莫是今古牢騷

⑮岳州小喬墓

姊妹花殘　青草湖邊雙斷雁
珮環月冷　紫藤牆外有啼鵑（吳樹楷）

*

銅雀有遺悲　豪傑功隨三國沒
紫鵑無限恨　瀟湘月冷二喬魂（佚　名）

⑯廣東羅浮山

小樓容我住
大地任人忙（楊應琚）

*

萬壑煙雲留檻外
半天風竹拂窗來（梁章鉅）

⑰武昌黃鶴樓

對江樓閣參天立
全楚山河縮地來（方維新）

*

心遠地天寬　把酒憑欄　聽玉笛梅花此時落否
我辭江漢去　推窗寄慨　問仙人黃鶴何日歸來（彭玉麟）

⑱南昌滕王閣

依然極浦遙天　想見閣中帝子
安得長風巨浪　送來江上才人（宋牧仲）

*

我輩復登臨　目極湖山千里而外
奇文共欣賞　人在水天一色之中（李春園）

⑲江西小姑山

金　眉　生

有美一人　中夜聞五銖環珮
遺世獨立　下游俯兩點金焦

⑳九江庾樓　洪亮吉

半壁江山　六朝雄鎮
一樓風月　幾輩傳人

㉑安慶大觀亭　李振鈞

秋色滿東南　自赤壁以來　與客泛舟無此樂
大江流日夜　問青蓮而後　舉杯邀月更何人

㉒南京明故宮　錢謙益

大江東去　浪淘盡千古英雄　問樓外青山　山外白雲　何處是唐宮漢闕
小苑春回　鶯喚起一簾風月　看池邊綠樹　樹邊紅雨　此中有舜日堯天

㉓南京莫愁湖

煙雨湖山六朝夢
英雄兒女一枰棋（范仕義）

*

世事如棋　一著爭來千古業
柔情似水　幾時流盡六朝春（麓山樵客）

王者五百年　湖山具有英雄氣
春光二三月　鶯花合是美人魂（王闓運）

㉔蘇州滄浪亭

四萬青錢　明月清風今有價
一雙白璧　詩人名將古無儔　　江湘嵐

㉕揚州二十四橋

勝地據淮南　看雲影當空　與水平分秋一色
扁舟過橋下　問簫聲何處　有風吹到月三更　　趙孟頫

㉖西湖靈隱山

龍澗風迴　萬壑松濤連海氣
鷲峯雲斂　千年桂月印湖光

㉗西湖冷泉亭

泉自幾時冷起
峯從何處飛來　（董香光）

*

泉自冷時冷起
峯從飛處飛來　（佚名）

*

在山本清　泉自源頭冷起
入世皆幻　峯從天外飛來　（左宗棠）

㉘西湖煙霞洞

倘他時蠟屐重來　須記取山中松徑
攜一片紅雲歸去　莫錯認世外桃源

㉙西湖韜光寺

樓觀滄海日
門對浙江潮

按此爲集句聯，二句並見宋之問靈隱寺詩。

㉚黃州赤壁

五年閒謫官棲遲　試較量惠州僧飯　儋耳蠻花　那得此清幽山水
三蘇中天才獨絕　若只論東坡八詩　赤壁兩賦　尚是公遊戲文章

㉛紹興蓬萊閣

八百里湖山　知是何年圖畫
十萬家煙火　盡歸此處樓臺

㉜西湖蘇小小墓

梅花流水杳然去
油壁香車不再逢

*

湖山此地曾埋玉
花月其人可鑄金

按蘇小小爲南齊時錢塘名妓，容華絕世。白居易詩有『杭州蘇小小，人道最夭斜』，及『若解多情尋小小，綠楊深處是蘇家』等句。樂府詩集及玉臺新詠均著錄錢塘蘇小小歌一首，其詞曰：『妾乘油壁車，郎騎青驄馬，何處結同心，西陵松柏下。』今西湖有蘇小小墓。

㉝邯鄲呂祖祠

睡到二三更時　凡功名皆成幻境
想到一百年後　無少長都是古人

㉞西湖岳廟

天下太平　文官不愛錢　武官不怕死
乾坤正氣　下則為河嶽　上則為日星

*

青山有幸埋忠骨
白鐵無辜鑄佞臣

*

正邪自古同冰炭
毀譽於今判偽真

二帝蒙塵　淚血千秋含憤激
一生完節　清風萬古仰忠貞

㉟某地觀音廟

南海駕慈航　普渡衆生超苦海
西天懸慧日　光昭百姓庇鈞天

㊱某地尼姑庵

洗盡脂香歸淨土
抛殘鏡匣對諸天

㊲上虞曹娥廟

碑辭絕妙才人筆
江水長留孝女名

㊳紹興徐錫麟祠

登百尺樓　看大好江山　天若有情　應識西方思猛士
留一抔土　與爭光日月　人誰不死　獨將千古讓先生

㊴南京隨園

中天懸明月　此地有崇山峻嶺　茂林修竹
絕代有佳人　其人讀三墳五典　八索九丘　（袁枚）

＊

㊵臺灣左營春秋閣岳王廟

報國精忠　三字獄冤千古白
以身作則　一篇詞著滿江紅

㊶當塗采石磯李白祠

我輩來此惟飲酒
先生在上莫題詩

㊷某地劉先主孫夫人祠

思親淚落吳江冷
望帝魂歸蜀道難

㊸衡山紅葉亭

紅透夕陽　好趁餘暉停馬足
茶烹活水　須從前路汲龍泉

㊹西湖月老祠

願天下有情人都能成眷屬
是前生注定事莫錯過姻緣

㊺吉水龍濟寺

天上樓臺山上寺
雲邊鐘鼓月邊僧

㊻鎮江北固山

我輩復登臨　舊業已隨征戰盡
大江流日夜　天風長送海濤來

㊼衡陽雁峯寺

大夢忽聞鐘　任他煙雨迷離　人都醒眼
浮生真過雁　盼到雪花亂墮　我亦回頭

㊽臺北新公園大木亭

梁寒操

騎鯨海上憶英風　重看一旅中興　更無缺憾留天地
焚服世間傳偉業　願種十圍大木　長有奇材作棟樑

㊾廣州黃花岡烈士墓　黃興

七十二健兒　酣戰春雲湛碧血
四百兆國子　愁看秋雨濕黃花

㊿某地孟姜廟　文天祥

始皇安在哉　萬里長城築怨
姜女未亡也　千秋片石銘貞

51 成都望江樓　錢謙益

引袖拂寒星　古意蒼茫　看四壁崇山　青來劍外
停雲佇皓月　予懷浩渺　送一篙春水　綠到江南

52 曲阜孔子廟

功垂萬世
道冠百王

*

祖述堯舜　憲章文武
德參天地　道冠古今

*

觀於海者難為水　道若江河　隨地可成洙泗
譬猶天之不可階　聖如日月　普天皆有春秋

德大千秋祀
名高百世師

*

泗水文章昭日月
杏壇禮樂冠華夷

*

氣備四時　與天地日月鬼神合其德
教垂萬世　繼堯舜禹湯文武作之師

53 某地孟子廟

千里而來　何必曰利　亦有仁義而已矣
百世之下　莫不興起　況於親炙之者乎

54 西湖花神廟

紫紫紅紅　處處鶯鶯燕燕
朝朝暮暮　年年雨雨風風

55 南通狼山寺

長嘯一聲　山鳴谷應
舉頭四望　海闊天空

56 某地留侯廟

椎擊則剛　箸籌則柔　智勇在豪俠聖賢之間　豈獨項王莫能敵
報仇而來　託仙而去　品節出富貴功名以外　自非漢祖所得臣

57 南陽臥龍岡武侯祠

巾扇任逍遙　試看抱膝長吟　高臥尚留名士跡
井廬空眷戀　可惜鞠躬盡瘁　歸耕未遂老臣心

立品於苹野渭濱之間　表請出師　兩朝勳業驚司馬
結廬在紫峯白水之側　曲吟梁父　千載風雲起卧龍

58 睢陽張巡廟

男兒死耳又奚言　若論唐室元勳　四百載功名豈輸李郭
父老談之猶動色　但籲揚州都督　億萬年魂魄永鎮江淮

59 婺源朱文公祠

刪定贊修　直千古同功　較漢唐訓詁諸儒　仰高山而倍切
德性學問　原兩端並舉　任陸王紛紜異説　撼大樹以何能

60 某地袁崇煥祠

天命攸歸　萬里長城宜自壞
人心不死　千秋輿論有公評

61 西湖于忠肅公祠

千古痛錢塘　並楚國孤臣　白馬江邊　怒捲千堆夜雪
兩朝冤少保　同岳家父子　夕陽亭裏　堪傷兩地風波

唐景崧

62 臺南延平王祠

由秀才封王 拄撐半壁舊山河 為天下讀書人頓生顏色
驅外夷出境 開闢千秋新世界 願中國有志者再鼓雄風

63 揚州梅花嶺史可法墓祠

風雪江天 弔古蹟一輪明月
衣冠丘隴 招魂有萬古梅花

殉社稷只江北孤臣 賸水殘山 尚留得風中勁草
葬衣冠有淮南坏土 冰心鐵骨 好伴取嶺上梅花

64 武昌黃鶴樓醉仙亭

偶然一枕遊仙 蝶夢是莊莊夢蝶
莫以半生嗜酒 醒人常醉醉人醒

65 秦淮楊氏水閣

六朝金粉 十里笙歌 裙屐昔年遊 最難忘北海豪情 西園雅集
九曲清波 一簾風月 樓臺依舊好 且消受東山絲竹 南部煙花

薛慰農

66 海陽望海亭

海水潮 朝朝潮 朝潮朝落
波浪漲 長長漲 長漲長消

㊼江西吳城望湖亭

曾國藩

五夜樓船　曾上孤亭聽鼓角
一樽濁酒　重來此地看湖山

㊽南京中央圖書館

戴傳賢

作人當立大志　徹始徹終　有為有守
求學須定宗旨　知本知末　通古通今

㊾宛平蘆溝橋忠烈祠

王靜芝

正氣感人神　為常山舌　為睢陽齒　一點丹心　千秋碧血
精忠塞天地　是文丞廟　是武穆墳　半溝殘月　萬古英魂

㊿臺北指南宮思恩亭

賈景德

問世外桃源　眼前便是
尋仙宮妙境　足下常來

71 南京雨花臺方孝孺墓

血染雨花鮮　為痛忠靈埋十族
聲淒雲影動　長留正氣炳千秋

按明成祖磔方孝孺，滅其十族，謂於宗親九族之外，加入門人一族。

72 桐廬嚴子陵釣臺　　鄭燮

先生何許人　義皇以上
醉翁不在酒　山水之間

(六)其他類

❶無　題

老老哭老老老老老哭老老
回回拜回回回回回拜回回

此乃回文聯，初視之，似不可解，若加排新式標點，則可一目了然。

老老哭老老，老老老哭老老。
回回拜回回，回回回拜回回。

❷無　題

龍游麗水
仙居天台

此乃集浙江四個縣名而成，信手拈來，堪稱佳作。

❸當鋪

我當當　你也當當　應當就當　當仁不讓
獨樂樂　與衆樂樂　該樂卽樂　樂善好施

世人多人典當爲恥，萬不得已，亦必左顧右盼而後入，高雄旗山某當鋪老闆乃針對此一心理，製作右聯，懸於店前，以廣招徠。

❹無錫與平湖

無錫錫山山無錫
平湖湖水水平湖

此爲集三個地名而成之巧聯。無錫隸江蘇省，境內有山名錫山，周秦間產錫，錫竭，乃置無錫縣。平湖隸浙江省，以對上聯，極爲工穩。

❺壽黃季剛五十

韋編三絕今知命
黃絹初裁好著書　章炳麟

蘄春黃侃（字季剛）先生精文字音韻之學，而生平不輕易著書，章炳麟（字太炎）先生數勉其著作，黃氏終靳不肯爲，嘗云：『吾年五十當著紙筆。』民國二十四年黃氏五十初度，章氏製右聯以壽之，黃氏欣然懸之室中，已而命人撤去。蓋此聯首句用一『絕』字，下幅『黃絹』爲『色絲』，又暗藏『絕』字於中，且上下合觀，則明明

『絕命書』三字皆具，太炎先生無意爲之，遂成語讖。是歲重九，黃氏果以咯血沒於南京。太炎先生深自痛悔，常揮淚擧此語人云。

又聞是歲黃氏與居正先生分取蟠龍松子植諸庭，花時，居氏所種皆紅，而黃氏者盡白。易簀之日，繁英璀燦，望之如繐帳焉。

❻李劉互誇

騎青牛　過函谷　老子姓李
斬白蛇　起義師　高祖是劉

李劉二君，年少氣盛，性尤矜誇，一日相逢，互詢姓氏。李君傲然自滿，道出上聯，劉君亦不示弱，立卽答以下聯。可謂工力悉敵。

❼桂林茶亭

忍半時　風平浪靜
退一步　海闊天空

此聯見於桂林郊外一茶亭壁上，雖屬勸世文字，而醰醰若醇醪，無半點道學氣味，苟能身體力行，則終身用之不能盡。

❽茶 酒 樓

某地有一茶酒樓，爲廣招徠，特倩某名士製作右聯，張之壁間，閱者無不稱絕。

為名忙　為利忙　忙裏偷閑　吃杯茶去
勞心苦　勞力苦　苦中作樂　拿壺酒來

❾贈屠夫

魏雨峯

莫羨陳平曾作相
須知樊噲亦封侯

此爲魏雨峯贈某屠夫聯，所用二典均爲屠夫故事，殊貼切。

❿壽胡適四十

丁文江

憑咱這點切實功夫　不怕二三人為少數
看你一團孩子脾氣　誰說四十歲是中年

民國十九年胡適博士四十生日時，地質學家丁文江氏撰此白話聯爲賀。上聯『不怕二三人爲少數』乃胡氏當時之口頭禪。

⓫僧佛婢奴

人曾為僧　人弗可以成佛
女卑為婢　女又不妨稱奴

此爲拼字聯，雖屬文人遊戲之作，然亦頗具巧思。

⑫無　題

馬占山　馮占海　一馬占山　二馬占海　山海關前　移山倒海
牛耕田　犇耕園　一牛耕田　三牛耕園　田園媲美　犂田成園

民國三十四年抗戰勝利後，北平某報以抗日名將馬占山馮占海之名製作上聯公開徵答，下聯傳爲上海申報一記者所對。

⑬無　題

貧窮說話牙無力
富貴驕人鼻有聲

此聯不知誰人所作，寥寥十四字，描盡社會貧富形態，尤其『鼻有聲』三字，更屬神來之筆。

⑭酒　店

劉伶借問誰家好
李白還言此處佳

⑮無　題

閻錫山過無錫　登錫山　見錫山無錫
郭汾陽經臨汾　往汾陽　知汾陽臨汾

此爲某地酒店所懸掛門聯，頗富吸引力。

此乃集人名地名而成之聯，上下聯末句均係雙關語。

⑯無　題

四川成都　重慶中華民國
臺灣光復　安定西太平洋

成都重慶乃四川省二市名，光復（隸花蓮縣）安定（隸臺南縣）乃臺灣省二鄉名，集以製聯，不著斧鑿痕跡，洵屬難得。

⑰無　題

吳市長三連　三連市長
胡主筆一貫　一貫主筆

民國四十年臺北市市長吳三連氏三度連任市長，某報特懸上聯徵對，某君答以下聯，因獲首選。按胡一貫氏曾任中央日報社主筆。

⑱韓江酒樓

韓愈送窮　劉伶醉酒
江淹作賦　王粲登樓

此爲廣州韓江酒樓大門所懸掛之楹聯，將四大文豪姓名嵌入，尚能不見拼湊之跡。

⑲無　題

中國捷克日本
南京重慶成都

民國三十五年國民政府還都南京，某君撰此聯爲賀。上下聯均不用動詞，而動詞自在其中，足見吾國文字之妙。

⑳疊韻聯

屋北鹿獨宿
溪西雞齊啼

此乃疊韻爲聯，讀之頗有佶屈聱牙之感，與沈約詩『偏眠船舷邊』疊韻、劉孝綽詩『梁皇長康強』疊韻、蘇軾詩『笳鼓過軍雞狗驚』雙聲同調，皆文士之戲作也。

㉑贈友人（回文）

謝鴻軒

鳴鳳朝雲春日麗
嘯猿寒月夜風淒

㉒擬述德堂千聯齋回文聯

前人

新歲百祥呈雅室
妙聯千對列高齋

本書重要參考及徵引書目

類別	書名	作者	出版年代	出版書局	出版地點	附註
㈠經學	①周易正義	孔穎達撰	一九五五	藝文印書館	臺北	
	②尚書正義	孔穎達撰	一九五五	藝文印書館	臺北	
	③毛詩正義	孔穎達撰	一九五五	藝文印書館	臺北	
	④禮記正義	孔穎達撰	一九五五	藝文印書館	臺北	
	⑤春秋左傳正義	孔穎達撰	一九五五	藝文印書館	臺北	
	⑥四書集注	朱熹撰	一九五九	臺灣書店	臺北	
㈡史學	⑦後漢書	范曄撰	一九七六	鼎文書局	臺北	新校本
	⑧三國志	陳壽撰	一九七六	鼎文書局	臺北	新校本
	⑨晉書	房玄齡撰	一九七六	鼎文書局	臺北	新校本
	⑩南史	李延壽撰	一九七六	鼎文書局	臺北	新校本

⑪北史	李延壽撰	一九七六	鼎文書局	臺北	新校本
⑫文史通義	章學誠撰	一九七二	漢聲出版社	臺北	
⑬二十二史劄記	趙翼撰	一九七一	樂天出版社	臺北	
⑭兩晉南北朝史	呂思勉撰	一九六九	開明書店	臺北	
⑮魏晉南北朝史	黎傑撰	一九七三	九思出版公司	臺北	
⑯魏晉南北朝通史	岡崎文夫撰	一九三二	弘文堂書房	東京	
⑰國朝先正事略	李元度撰	一九七〇	中華書局	臺北	
⑱清史列傳		一九六九	中華書局	臺北	
㈢子學					
⑲莊子集釋	郭慶藩撰	一九七四	世界書局	臺北	
⑳荀子集解	王先謙撰	一九七四	世界書局	臺北	
㉑論衡	王充撰	一九七四	世界書局	臺北	
㉒抱朴子	葛洪撰	一九七四	世界書局	臺北	
㉓世說新語	劉義慶撰	一九七四	世界書局	臺北	
㉔日知錄	顧炎武撰	一九七〇	明倫出版社	臺北	

(四)總集					
㉕全上古三代秦漢三國六朝文	嚴可均輯	一九七五	宏業書局	臺北	
㉖漢魏六朝一百三家集	張溥編	一九六八	新興書局	臺北	
㉗全漢三國晉南北朝詩	丁福保編	一九六九	世界書局	臺北	
㉘楚辭補注	洪興祖撰	一九六二	藝文印書館	臺北	
㉙全唐文		一九六一	復興書局	臺北	清嘉慶十九年敕編
(五)選集					
㉚文選	蕭統編	一九八二	華正書局	臺北	
㉛南北朝文鈔	彭兆蓀輯	一九六二	世界書局	臺北	與『文選』合刊
㉜六朝文絜箋注	許槤選 黎經誥注	一九八三	宏業書局	臺北	新校本
㉝駢體文鈔	李兆洛編 譚獻評	一九五六	世界書局	臺北	
㉞四六法海	王志堅編 蔣士銓評	一九三〇	文瑞樓	上海	朱墨套印本
㉟唐駢體文鈔	陳均編	一九六二	世界書局	臺北	
㊱五百家播芳大全文粹	魏齊賢 葉棻編	一九六四	學生書局	臺北	
㊲宋四六選	彭元瑞選 曹振鏞編	一九六六	廣文書局	臺北	

㊳國朝駢體正宗	曾　燠編	一九六一	世界書局	臺北	
㊴國朝駢體正宗續編	張鳴珂編	一九六一	世界書局	臺北	
㊵八家四六文注	吳鼒選 許貞幹注	一九七九	老古出版社	臺北	
㊶後八家四六文鈔	張壽榮編	一八八一		北平	刻本
㊷駢文類纂	王先謙編	一九三二	掃葉山房	上海	
㊸清代駢文評注讀本	王文濡編 蔣殿襄 陳乃乾注	一九七二	鼎文書局	臺北	
㊹歷代駢文選	成惕軒校訂 張仁青選注	一九六三	中華書局	臺北	

㊅別集

㊺庾子山集注	庾信撰 倪璠注	一九八三	源流出版社	臺北	新校本
㊻徐孝穆集箋注	徐陵撰 吳兆宜箋注	一九六五	商務印書館	臺北	
㊼王子安集	王勃撰	一九六五	商務印書館	臺北	
㊽評注陸宣公集	陸贄撰 郎曄注 馬傳庚評點	一九七〇	中華書局	臺北	

文㊆

㊾樊南文集詳注	李商隱撰 馮浩注	一九七〇	中華書局	臺北	
㊿經進東坡文集事略	蘇軾撰 郎曄注	一九六〇	世界書局	臺北	
51汪容甫文箋	汪中撰 古直箋	一九六六	世界書局	臺北	
52洪北江全集	洪亮吉撰	一九六七	世界書局	臺北	
53越縵堂駢體文	李慈銘撰	一九三〇	掃葉山房	上海	
54楚望樓駢體文內篇	成惕軒撰 張仁青注	一九七三	中華書局	臺北	
55楚望樓駢體文外篇	成惕軒撰 張仁青注	一九七三	中華書局	臺北	
56楚望樓駢體文續篇	成惕軒撰 陳弘治注	一九八四	商務印書館	臺北	此書由成氏及門弟子陳弘治・張仁青・李周龍・莊雅州・林茂雄・陳慶煌等六人合注
57中國文學批評史	陳鍾凡撰	一九三五	中華書局	上海	
58中國文學批評史	郭紹虞撰	一九六三	宏智書店	香港	

學批評

㊾中國文學批評史	羅根澤撰	一九七九	鳴宇出版社	臺北
㊿中國文學批評	方孝岳撰	一九七一	泰順書局	臺北
61中國文學批評通論	傅庚生撰	一九七五	華正書局	臺北
62中國文學欣賞舉隅	傅庚生撰	一九七四	時代書局	臺北
63中國文學批評史大綱	朱東潤撰	一九六〇	開明書店	臺北
64中國文藝思潮史略	朱維之撰	一九七四	地平線出版社	臺北
65中古文學思想	王瑤撰	一九七七	鼎文書局	臺北
66中國文學思想史	青木正兒撰 張仁青譯	一九七七	開明書店	臺北
67中國文學思想論	橋本循撰	一九七〇	河洛出版社	臺北
68文學評論之原理	Winchester 撰 景昌極 錢堃新譯	一九六九	商務印書館	臺北
69西洋文學批評史	Cleanth Brooks撰 顏元叔譯	一九八〇	志文出版社	臺北

㈧文

70中國文學史	曾毅撰	一九一五	泰東圖書館	上海
71中國文學史	謝无量撰	一九六七	中華書局	臺北

學史

⑫中國文學史大綱	顧實撰	一九二六	商務印書館	上海	
⑬中國文藝變遷論	張世祿撰	一九三二	商務印書館	上海	
⑭中國文學發展史	劉大杰撰	一九七五	華正書局	臺北	
⑮中國文學史論	華仲麐撰	一九六五	開明書店	臺北	
⑯中國文學流變史	李曰剛撰	一九七六	聯貫出版社	臺北	
⑰中國文學史	葉慶炳撰	一九六六	廣文書局	臺北	
⑱中古文學史	劉師培撰	一九七七	鼎文書局	臺北	
⑲中古文學風貌	王瑤撰	一九七七	鼎文書局	臺北	
⑳中國韻文史	龍沐勛撰	一九三四	商務印書館	上海	
㉑中國韻文史	澤田總清撰 王鶴儀編譯	一九三七	商務印書館	上海	
㉒中國韻文通論	陳鍾凡撰	一九五九	中華書局	臺北	
㉓中國駢文史	劉麟生撰	一九六五	商務印書館	臺北	
㉔賦史大要	鈴木虎雄撰	一九三六	富山房	東京	
㉕支那文學史	古城貞吉撰	一九〇五	富山房	東京	此爲最早之中國文學史

(九)文學概論

⑧⑥文學概論	馬宗霍撰	一九六七	商務印書館	臺北
⑧⑦文學論	劉永濟撰	一九六七	商務印書館	臺北
⑧⑧駢文概論	金秬香撰	一九六七	商務印書館	臺北
⑧⑨涵芬樓文談	吳曾祺撰	一九六六	商務印書館	臺北
⑨⑩中國駢文概論	瞿兌之撰	一九七〇	泰順書局	臺北
⑨①駢文衡論	謝鴻軒撰	一九七三	廣文書局	臺北
⑨②駢文通義	錢基博撰	一九三五	大華書局	上海
⑨③駢文與散文	蔣伯潛撰	一九五六	世界書局	臺北
⑨④駢文指南	謝无量撰	一九一八	中華書局	上海
⑨⑤六朝麗指	孫德謙撰	一九六三	新興書局	臺北
⑨⑥六朝文論	廖蔚卿撰	一九七八	聯經出版公司	臺北
⑨⑦文鏡祕府論	弘法大師撰	一九七六	河洛出版社	臺北
⑨⑧清代駢文通義	陳耀南撰	一九七七	學生書局	臺北
⑨⑨六十年來之駢文	張仁青撰	一九七七	文史哲出版社	臺北
⑩⑩文心雕龍注	范文瀾撰	一九五九	開明書店	臺北

㈠文心雕龍	⑩文心雕龍札記	黃　侃撰	一九六二	新亞書院	香港	
	⑩文心雕龍校釋	劉永濟撰	一九四八	正中書局	臺北	
	⑩文心雕龍注訂	張立齋撰	一九七七	正中書局	臺北	
	⑩文心雕龍通識	張　嚴撰	一九六九	商務印書館	臺北	
	⑩文心雕龍校詮	李曰剛撰	一九八三	國立編譯館	臺北	
	⑩文心雕龍批評論發微	沈　謙撰	一九七七	聯經出版公司	臺北	
	⑩文心雕龍研究	王更生撰	一九七八	文史哲出版社	臺北	
㈡文話	⑩四　六　話	王　銍撰	一九七〇	商務印書館	臺北	
	⑩四六談塵	謝　伋撰	一九七〇	商務印書館	臺北	
	⑩四六金鍼	陳維崧撰	一九七〇	商務印書館	臺北	
	⑪宋四六話	彭元瑞撰	一九七〇	商務印書館	臺北	
	⑫四六叢話	孫　梅撰	一九六二	世界書局	臺北	
	⑬楹聯叢話	梁章鉅撰	一九六二	世界書局	臺北	
㈢其	⑭慶祝潘石禪先生七秩華誕特刊		一九七七	中國文化大學中文研究所	臺北	以下四書中有多篇論文足資參考，茲不一一列舉。

他

(115)慶祝高仲華先生六秩誕辰論文集		一九六八	臺灣師範大學國文研究所	臺北
(116)慶祝林景伊先生六秩誕辰論文集		一九六九	國立政治大學中文研究所	臺北
(117)慶祝成楚望先生七秩誕辰論文集		一九八一	文史哲出版社	臺北
(118)高明文輯	高明撰	一九八〇	黎明文化公司	臺北
(119)四庫全書總目提要	紀昀撰	一九七一	商務印書館	臺北
(120)四庫全書簡明目錄	紀昀撰	一九六一	世界書局	臺北
(121)文選學	駱鴻凱撰	一九六八	中華書局	臺北
(122)劉申叔先生遺書	劉師培撰	一九七九	大新書局	臺北
(123)文藝心理學	朱光潛撰	一九六九	開明書店	臺北
(124)傳統文學與類書之關係	方師鐸撰	一九七一	東海大學	臺中
(125)古書修辭例	張文治撰	一九七一	中華書局	臺北
(126)中文參考書指引	張錦郎撰	一九七九	文史哲出版社	臺北
(127)中國文史工具資料書學要	吳小如 莊銘權撰	一九八三	明倫出版社	臺北

附錄　粹芬閣麗體文四篇

張仁青

(一) 慧炬月刊社創立十二周年頌 并序

慈航廣濟。匡援中土之衆生。慧炬長明。普照大千之世界。拯苦海之沈溺。救火宅之焚燒。屏斥邪言。昌明正學。誕敷文德。安勸庶邦。旣無悖於國經。且有裨於王化。澤沾多士。衣被青衿。亦曰盛哉。猗歟偉矣。

中華民國六十二年十一月十五日。欣逢慧炬月刊社創立十二周年紀念。慈雲吐澤。彌天灑佛日之光。法雨垂涼。大地著清華之象。同人等仰止鷲峯。葵忱齊向。踴躍之懷。靡有紀極。所願域中善士。海外名賢。共傳日月之燈。競種菩提之果。庶使金繩輝耀。開覺路於諸天。花雨繽紛。揚梵音於香界。爰獻頌曰。

三辰赫赫。九土茫茫。皇矣慧炬。飛噄明光。耕耘一紀。儒佛顯揚。弘宣聖化。普渡慈航。其一

道濟真俗。學溯漢唐。昭蒙啓惑。翼善搖芳。欲出穢土。遊息淨方。牖民淑世。涵濡八荒。其二

繫維佛祖。說法鷲嶺。心眷蒼生。有懷悲憫。化導羣類。備歷艱窘。慧日西沈。慈波東騁。其三

白馬馱經。青鸞入境。鎔鑄儒道。詞采煥炳。理苞聖愚。義歸寂靜。真如智海。寶藏無盡。其四

天祚中國。載誕聖人。尼山降彩。泗水涵春。業紹公旦。志切覺民。笙簧禮樂。綱紀人倫。其五

誕敷聖教。弘衍傳薪。悠哉化主。邈矣能仁。曰儒曰佛。俱在求真。中外一揆。萬古常新。其六

天綱解紐。世變物遷。釋典蒙塵。真諦莫傳。乃張巨纛。教義廣宣。高擎法炬。燭照大千。其七

拯彼陷溺。勇著先鞭。邪說遠遁。真學緜延。欣逢佳慶。歡動臺員。摛辭晉頌。億萬斯年。其八

(二) 何應欽將軍九秩華誕頌 并序

天開鴻業。必生英傑之雄。斗耀奇光。宜邁期頤之壽。民國六十八年三月十一日卽夏正二月十三日。為今總統府戰略顧問、中山學術文化基金董事會董事兼技術發明委員會召集人何上將軍敬之九旬嶽降良辰。威弧麗日。玉杖延齡。爰賡天保之歌。用代麥丘之頌。禮也。

公誕自德門。熙承奕葉。佩觿而昭時譽。垂韘而表英華。覩滄海之橫流。哀民生之日瘁。乃毅然拜辭故里。飛渡扶桑。先後入振武學校暨士官學校。鄧仲華之偉略。半由天生。班定遠之英姿。獨與衆異。遽卒所業。輒著其鞭。從此玉壘棲遲。金柝驚夢。犯兵塵而驥展。奮劍氣以鷹揚。自護法以至抗戰。無不躬擐甲胄。矢效精忠。故得舞干羽以昭蘇。賦彤弓而飲至。茫茫華夏。再揚舜日之光。惵惵黎元。重覩漢官之盛。斯則天祚中華。挺生邦傑。有以致之。凡此赫赫之勳。雖村童野叟。皆語焉能詳。固無待喋喋者矣。

雲五等或叨陪末席。夙接光儀。或久託同寅。齊司邦憲。值國步之多艱。尤耆英之利賴。繼今而往。其為商山之四皓。句曲之一叟乎。蓬島春暖。華堂人健。遐齡壽世。恭晉王母之瑤觴。明歲還鄉。更祝中邦之大老。乃獻頌曰。

黃草壩上。點將臺邊。山川鍾秀。代出名賢。命世作霖。挽瀾障川。時窮節見。丹素斯傳。其一

於赫何公。天挺明哲。惟嶽降神。姿表瓌傑。邦命維新。奮揚芳烈。文經武緯。中外振鑠。其二

弱歲岐嶷。志切澄清。蒿目時艱。遠涉東瀛。衡窮韜略。胸蘊甲兵。獻身革命。矢勵丹精。其三

清社既屋。賊氛煽熾。護法情殷。乃張義幟。挫銳摧堅。將才初試。敵膽為寒。柱石是寄。其四

乂安六合。建軍攸賴。翊弼元戎。風雲際會。黃埔宣勤。誓剪民害。國士濟濟。氣凌岱泰。其五

旌旆北指。綏靖多方。棉湖躍馬。殲彼強梁。龍潭揮戈。宇內一匡。金湯深固。我武維揚。其六

聖戰初開。邦家遘難。廊廟迴翔。機衡參贊。籌運幄中。檄馳疆畔。鋒鏑所暨。倭奴縮竄。其七

桓桓王師。活虎騰龍。海鯨既掣。終復堯封。萬國仰瞻。受降雄風。大漢天聲。永震亞東。其八

九州告靖。滄海揚塵。臨危受命。爰秉國鈞。燮理陰陽。康濟兆民。丕顯訏謨。絢煥經綸。其九

越居圓嶠。囊智彌增。綢繆生聚。鼓吹中興。元首股肱。大海明燈。德隆輔世。遐邇交稱。其十

技術發明。中山所重。仰稟遺教。慎選邦棟。杞梓靡遺。人力咸用。功參化育。澤被士衆。其十一

欣逢佳慶。冠蓋騰歡。菊香晚節。松勁歲寒。天賜難老。人拜將壇。百鍊金身。山河等安。其十二

（三）瑞安林尹先生六秩華誕頌 并序

鴈蕩天台之際。靈秀早鍾。右軍康樂以還。英賢輩出。伯恭博洽。扇東浙之儒風。君擧淵深。成永嘉之學派。四靈才調。遠祧武功。三老音徽。上嗣彭澤。龜齡數美善之政。水心倡功利之文。後先相輝。僂指難數。洎乎晚近。文運愈昌。仲容集樸學之大成。諦閑窺鷲峯之奥蘊。林氏昆仲。並響於燕京。陳門師徒。聯鑣於珠海。莫不銜窮宙合。學究天人。朝野挹其風猷。中外羨其聲采。若乃吐納百氏。頡頏羣儒。挺棟幹於鄧林。飾羽儀於鳳穴。厲松筠之雅操。守鐵石之深衷。赴鼎鑊其如歸。履危亡而不顧。則要以瑞安　林公景伊為尤著焉。

公志氣縱橫。風情倜儻。蟬嫣門第。荀龍薛鳳之標。杼軸清英。陸海潘江之表。包生民之睿智。步先德之高蹤。傳蘄春之絕學。振永嘉之墜緒。民國十九年畢業國立北京大學國學研究所。即受聘為河北大學教授。雄才逐日。共驥騄而齊驅。迅翼摶風。與鵷鴻而並翥。鄭玄歸魯之後。道藝遂東。陸機入洛之年。聲華丕著。言音韻。則溯厥師承。陋段王之匪精。說蒙莊。則闡其家學。屛向郭之舊注。固已潤逼餘杭。秀掩玄英者也。其後歷任金陵女子文理學院、北平師範大學教授。懸衡鑑以作人。揉鉅鐘而造士。生徒雲集。爭聞馬帳之音。遐邇景從。如入華陰之市。

無何而櫻海鯨翻。蘆溝鶴唳。茫茫華夏。惵惵黎元。琬琰與土礫以俱流。魚鼈雜蛟龍而共盡。樞府定禦侮之宏謀。策安邦之至計。以　公為中國國民黨漢口特別市黨部主任委員兼綰游擊。公橫劍泣血。枕戈嘗膽。

坐揮三略。遙制六奇。作西蜀之雄藩。支前哨之聖戰。四年之間。凡六蒙　總裁嘉獎。功在邦國。時論多之。方將丕展鴻猷。徐圖豹變。乃不幸為敵僞所劫持。由漢而寧而滬。幽囚半稔。脅誘百端。而　公則斥井底之蛙。笑塚中之骨。中春秋攘夷之義。堅文山殉國之心。氣作山河。光爭日月。卒使姦諛改圖。金石為開。昔人所稱見貞心於歲暮。標勁節於嚴風者。其　公之謂乎。南都再宅。政體聿新。本民主之常規。頒憲政之良制。　公既得勝利勳章。復以衆望所歸。膺選第一屆國民大會代表。道協邦衡。義尊國憲。繇召杜之遺愛。作喉舌於斯民。正色而自具陽秋。發言而深切時弊。可謂才兼學行。志蘊公忠者也。

天不佑漢。海又揚波。暫別枌鄉。竭來圓嶠。春日遲遲。難斷新亭之淚。星河耿耿。彌切典午之思。曾酒不足以忘憂。楚歌非關乎取樂。遂乃忘情黻冕。娛志縹緗。遠挹朱陸之清芬。默纘顧黃之盛業。旋受聘為臺灣師範大學教授兼國文研究所主任。十餘年來。並先後執教於政治大學、東吳大學、中國文化學院、淡江文理學院。網珊瑚於海底。收翡翠於炎洲。化雨均霑。雅著龍門之望。春風廣被。高揚鹿洞之光。直使牖民鉅子。無非邦國之英髦。輔世長才。盡屬門牆之桃李。　昔河汾授業。纓緌之士如林。蘇湖談經。紳佩之徒成市。四海慕其清采。萬流仰若斗山。方之我　公。彼獨何人。　韓國建國大學以　公性行英邁。學術湛深。歸然為文界之楷模。作士林之師表。因於今年二月特贈予榮譽文學博士學位。固實至而名歸。宜鳶飛而魚躍。亦曰休哉。猗歟美矣。

綜　公生平。英敏而沈毅。嚴肅而恢宏。體道居貞。含和育粹。器宇淹曠。風神秀偉。煙霞之涯際莫尋。江海之波瀾不測。其門如市。其心若水。言論扇乎四裔。著作等於一身。其已刊印者有莊子通釋、經學略說、切韻韻類考正、兩漢文彙、中國學術思想大綱、中國聲韻學通論等。率言前人之所未言。發前人之所未發。而其所主纂之中文大辭典。尤為學海之津梁。儒林之瑰寶。實伊古所未有。亦舉世所僅見。繼今而往。其沾溉菁莪。斲雕棫樸。弘揚國粹。煥蔚人文者。又寧有涯涘也哉。

民國五十八年十二月十三日夏正十一月初五日。恭逢六秩覽揆之辰。星輝南極。臺陽增壽域之光。月朗東溟。仙嶠煥太平之象。冠裳衍慶。山海騰歡。洵人世之極榮。而有生之至樂也。

生等才均螢燭。何益麗明。質本涓埃。無補川岳。銘心刻骨。永懷闕里之恩。抒素披丹。恭進侯芭之酒。爰獻頌曰。

洋洋浙水。世載其英。碩儒間出。槃才挺生。丹山雛鳳。來翔上京。文驚老宿。名動公卿。其一

屬國行芳。文山志潔。曰若先生。操厲冰雪。禁錮京滬。慷慨泣血。亮節高風。埒美前哲。其二

坐擁皐比。倏逾卅年。門牆桃李。奚止三千。開來繼往。啓後承先。邪說遠遁。真學斯傳。其三

道貫洙泗。術盡老莊。乾嘉緒脈。得公而張。章黃絕學。得公而揚。弘開壽域。永卜康彊。其四

中華民國五十八年十二月　吉日

國立臺灣師範大學國文研究所
國立政治大學中國文學研究所全體校友暨在校學生同敬祝
私立中國文化學院中國文學研究所

受業　張仁青　頓首拜譔

（四）陽新成惕軒先生六秩華誕頌 幷序

藏山著作。馳一代之弘聲。華國文章。立千秋之盛業。振高情而獨秀。棘院翔芬。挺峻節而孤標。膠庠漸德。先憂後樂。襟懷弗讓於希文。物與民胞。志慮且侔乎子厚。其智足以經緯天地。其行足以綱紀人倫。連衡孔門。貽範儒士。其惟吾師成楚望先生乎。

公誕德高門。鍾祥累葉。稟嵩華之琰石。潤江漢之波瀾。桐茂丹山。早聞詩禮之訓。芳挹瑤圃。遂成錦繡之章。故得擢秀鄧林。騰名睢苑。南金東箭。豈資晉史之言。龍躍鳳鳴。無勞張華之識。既而拜辭枌鄉。停蹤鄂渚。從羅田大儒王葆心先生遊。益復肆力羣經。殫精百氏。鸚鵡洲上。諦聽奏雅歌詩。黃鵠磯頭。重覩授玄稽古。過大禹之廟。驟興飢溺之懷。登太白之樓。想見雄豪之氣。此其奎爛荊楚。軒翥漢皋。世不可及者一也。

民國建元以來。考試尚已。服官則有銓選之格。入仕則有貢擧之科。蕊榜高張。多士煥新標之彩。蛇珠廣耀。中邦增日月之輝。公持握朱繩。摩挲駿骨。歷時卅年。校士數萬。中間曾榮膺軍法人員特種考試、金融事業人員特種考試、財務行政人員特種考試、中央公務人員升等考試、中央派用人員暨臺灣省臺北市簡派人員銓定任用資格考試等典試委員長。藻鏡澄懸。喬松直上。蒲梢名馬。都入天閑。閬苑瓊瑰。更登璧府。鳶飛魚躍。欣彈貢禹之冠。鶤翥鵬摶。競折月宮之桂。昔歐陽知擧。丕變場屋之風。陸贄掄才。精選嶽喬之器。汜濩羣倫。楷模萬世。方之我　公。可謂前後相輝。古今同揆。此其名高雁塔。望繫龍門。世不可及者又一也。

自新潮陵蕩。文苑塵霾。擧朝惟效夫鮮卑。元音不聞於正始。公乃於世亂紛乖之時。人心陷溺之會。綆汲千載。牢籠百家。獨扶大雅之輪。用峙中流之柱。佩香荃於楚澤。散綃縠於人間。於是有汲古新議、考銓文彙、楚望樓詩、藏山閣詩、楚望樓駢體文之作。激南皮之高韻。寫元結之雄篇。縟綵鬱於雲霞。逸響振於金石。丕揚忠愛。杜陵夔府之心。嚴辨夏夷。顧氏崑山之戒。度江南之舊曲。頻裂肝腸。擷夢裏之新花。都含霖雨。是以周情孔思。洋溢乎篇章。非徒鮑俊庾清。紛綸於楮墨已也。此其蹤繼開府。殿餘靈光。世不可及者又一也。

夫經邦軌物。有賴於卿才。而琢璧披金。端資乎教澤。　公歷任國立中央大學、國立臺灣師範大學、私立正陽法學院、私立中國文化大學教授。操持風教。獎進寒微。都講歷二十年。成材逾三千士。荊州設帳。龜山之德望日隆。槐市傳經。伯起之風猷懋著。鏘金振玉。壺嶠增春。若乃握髮英髦。片言之善必擧。嘉惠俊乂。一藝之長必稱。尤足以方駕昌黎。駢肩永叔。庾徐健筆。振麗藻於一朝。李杜鴻篇。揚芳聲於百代。善惟止乎其身。澤靡被乎後進。持較今日。其氣象固不侔矣。此其芬扇藻芹。澤沾棫樸。世不可及者又一也。

綜　公生平。襟靈夷雅。氣識沖和。性方德純。量閎學粹。溢聲華於文藻。潤治體於經術。匡濟之抱。至晚節而逾堅。松柏之姿。履嚴霜而益茂。　卿雲南翔。炎運方興。嗣是以往。公之所為揚庥邦國。加裕後生者。又寧有紀極耶。

師母徐夫人。內行淳深。天情溫潤。相我夫子。貊其德音。播嬀汭之芳徽。著彤華之清譽。長君中英。季子中傑。均美國哈佛大學博士。中英現任國立臺灣大學哲學系教授兼系主任。而中傑則為美國太空總署研究員。芝蘭並秀。蔚謝傅之庭階。驥騄齊驅。懋陸家之德業。名震西海。聲高上國。彼燕山之五桂。王氏之三槐。又烏可同年語哉。

辛亥正月初四日即國曆六十年一月二十六日。為　公六秩嵩慶。景麗青陽。淑氣煥椒花之色。月旅大簇。融風飛柏酒之香。禊期與海屋同春。華蓋共壺樓並壽。

青海表庸流。衡門下士。孤舟獨泛。空涉學海之波瀾。黃卷常披。欲叩麗辭之堂奧。名非千里。竟蒙伯樂之憐。才謝九峯。遂侍考亭之坐。既循循以善誘。復切切而為前。教看鴛鴦。且度金鍼於朱閣。標示津逮。更傳花筆於幽莊。故得踵武前修。預名山之勝業。敷教東序。分絳帳之餘春。附驥尾以馳驅。又駒光逾十載。欣值懸弧之慶。長懷化雨之恩。南極輝騰。東溟浪靜。祥雲送色。晉蘭觴於楚望樓中。明歲還鄉。開瓊筵於藏山閣上。頌曰。

洋洋漢水。載毓禎祥。緜緜瓜瓞。肇自高陽。惟公逸德。淑潤承芳。新民輔世。每飯不忘。其一

璿玉致美。奎星照爛。杜陵高才。霞光飛粲。咸陽鴻筆。聲沸天半。魯殿獨存。邦國楨幹。其二

斯文殆喪。吾道難行。乃擁皋比。陶鑄羣英。式宣六藝。載張五倫。大哉夫子。海外長城。其三

欒籠廣貯。珊網高懸。琴尾不焦。蕊珠自妍。憐才好善。埒美前賢。周詩曼頌。君子萬年。其四

中華民國六十年一月　吉日　門人張仁青頓首拜譔